2024

国家统一法律职业资格考试

历年客观试题精讲

主编　桑　磊

编著　贾　健

刑　法

［章节版］

历年经典客观题，配套教材大纲，章节自测

十余位法学专家学者倾力奉献，全新解读；深度解析命题思路，点拨答题方法

中国法制出版社

CHINA LEGAL PUBLISHING HOUSE

图书在版编目（CIP）数据

2024国家统一法律职业资格考试历年客观试题精讲：章节版．刑法／桑磊主编．—北京：中国法制出版社，2024.6

ISBN 978-7-5216-4156-1

Ⅰ.①2… Ⅱ.①桑… Ⅲ.①刑法-中国-资格考试-题解 Ⅳ.①D920.4

中国国家版本馆CIP数据核字（2024）第032524号

策划编辑：李连宇

责任编辑：李连宇　黄丹丹　刘海龙　潘环环

封面设计：拓　朴

2024国家统一法律职业资格考试历年客观试题精讲：章节版．刑法

2024 GUOJIA TONGYI FALÜ ZHIYE ZIGE KAOSHI LINIAN KEGUAN SHITI JINGJIANG：ZHANGJIEBAN. XINGFA

主编／桑　磊

经销／新华书店

印刷／三河市华润印刷有限公司

开本／787毫米×1092毫米　16开

印张／10　字数／290千

版次／2024年6月第1版

2024年6月第1次印刷

中国法制出版社出版

书号 ISBN 978-7-5216-4156-1

总定价：261.00元（全八册）

北京市西城区西便门西里甲16号西便门办公区

邮政编码：100053

传真：010-63141600

网址：http：//www.zgfzs.com

编辑部电话：010-63141811

市场营销部电话：010-63141612

印务部电话：010-63141606

（如有印装质量问题，请与本社印务部联系。）

本书二维码内容由桑磊法考提供，用于服务广大考生，有效期截至2024年12月31日。

目　录

第一章　刑法的基本原则与刑法解释

试　题

第一节　刑法基本原则的内涵

1. 下列哪些选项不违反罪刑法定原则？（2014-2-51）

A. 将明知是痴呆女而与之发生性关系导致被害人怀孕的情形，认定为强奸“造成其他严重后果”

B. 将卡拉 OK 厅未经著作权人许可大量播放其音像制品的行为，认定为侵犯著作权罪中的“发行”

C. 将重度醉酒后在高速公路超速驾驶机动车的行为，认定为以危险方法危害公共安全罪

D. 《刑法》规定了盗窃武装部队印章罪，未规定毁灭武装部队印章罪。为弥补处罚漏洞，将毁灭武装部队印章的行为认定为毁灭“国家机关”印章

2. 甲给机场打电话谎称“3 架飞机上有炸弹”，机场立即紧急疏散乘客，对飞机进行地毯式安检，3 小时后才恢复正常航班秩序。关于本案，下列哪一选项是正确的？（2013-2-1）

A. 为维护社会稳定，无论甲的行为是否严重扰乱社会秩序，都应追究甲的刑事责任

B. 为防范危害航空安全行为的发生，保护人民群众，应以危害公共安全相关犯罪判处甲死刑

C. 从事实和法律出发，甲的行为符合编造、故意传播虚假恐怖信息罪的犯罪构成，应追究其刑事责任

D. 对于散布虚假信息，危及航空安全，造成国内国际重大影响的案件，可突破司法程序规定，以高效办案取信社会

第二节　刑法解释方法及具体应用

1. 关于刑法解释，下列哪一说法是正确的？（2018 年回忆版）

A. 将“持有大炮”解释为“持有枪支”，认定为非法持有枪支罪，不违反罪刑法定原则

B. 生产、销售假药罪中的“假药”是指没有药效的药，因此有药效的并非假药

C. 将“注册与他人商标相似的商标”解释为《刑法》第 213 条假冒注册商标罪中所要求的“注册相同商标”，违反罪刑法定原则

D. 将《刑法》第 111 条为境外窃取、刺探、收买、非法提供国家秘密、情报罪中的“情报”解释为“关系国家安全和利益、尚未公开或者依照有关规定不应公开的事项”，属于缩小解释

2. 关于罪刑法定原则与刑法解释，下列哪些选项是正确的？（2016-2-51）

A. 对甲法条中的“暴力”作扩大解释时，就不可能同时再作限制解释，但这并不意味着对乙法条中的“暴力”也须作扩大解释

B.《刑法》第 237 条规定的强制猥亵、侮辱罪中的“侮辱”，与《刑法》第 246 条规定的侮辱罪中的“侮辱”，客观内容相同、主观内容不同

C. 当然解释是使刑法条文之间保持协调的解释方法，只要符合当然解释的原理，其解释结论就不会违反罪刑法定原则

D. 对刑法分则条文的解释，必须同时符合两个要求：一是不能超出刑法用语可能具有的含义，二是必须符合分则条文的目的

3. 关于刑法解释，下列哪些选项是错误的？（2015-2-51）

A. 《刑法》规定“以暴力、胁迫或者其他手段强奸妇女的”构成强奸罪。按照文理解释，可将丈夫强行与妻子性交的行为解释为“强奸妇女”

B. 《刑法》对抢劫罪与强奸罪的手段行为均使用了“暴力、胁迫”的表述，且二罪的法定刑相同，故对二罪中的“暴力、胁迫”应作相同解释

C. 既然将为了自己饲养而抢劫他人宠物的行为认定为抢劫罪，那么，根据当然解释，对为了自己收养而抢劫他人婴儿的行为更应认定为抢劫罪，否则会导致罪刑不均衡

D. 对中止犯中的“自动有效地防止犯罪结果发生”，既可解释为自动采取措施使得犯罪结果未发生；也可解释为自动采取防止犯罪结果发生的有效措施，而不管犯罪结果是否发生

4. 关于刑法用语的解释，下列哪一选项是正确的？（2014-2-3）

A. 按照体系解释，刑法分则中的“买卖”一词，均指购买并卖出；单纯地购买或者出售，不属于“买卖”

B. 按照同类解释规则，对于刑法分则条文在列举具体要素后使用的“等”、“其他”用语，应按照所列举的内容、性质进行同类解释

C. 将明知是捏造的损害他人名誉的事实，在信息网络上散布的行为，认定为“捏造事实诽谤他人”，属于当然解释

D. 将盗窃骨灰的行为认定为盗窃“尸体”，属于扩大解释

5. 关于刑法解释，下列哪一选项是错误的？（2013-2-3）

A. 学理解释中的类推解释结论，纳入司法解释后不属于类推解释

B. 将大型拖拉机解释为《刑法》第 116 条破坏交通工具罪的“汽车”，至少是扩大解释乃至是类推解释

C.《刑法》分则有不少条文并列规定了“伪造”与“变造”，但不排除在其他一些条文中将“变造”解释为“伪造”的一种表现形式

D.《刑法》第 65 条规定，不满 18 周岁的人不成立累犯；《刑法》第 356 条规定，因走私、贩卖、运输、制造、非法持有毒品罪被判过刑，又犯本节规定之罪的，从重处罚。根据当然解释的原理，对不满 18 周岁的人不适用《刑法》第 356 条

详　解

第一节　刑法基本原则的内涵

1. ［答案］ACD　　［难度］易

［考点］罪刑法定原则

［命题和解题思路］本题表面上考查的是对罪刑法定原则的理解，但实际上是借罪刑法定的平台考查相关分则罪名的知识点。某种意义上说，这种考查方式并不是考查对罪刑法定原则的理解，而是对分则罪名构成要件的熟悉程度，这比单纯考查罪刑法定原则本身难度更大。

［选项分析］A 项是重点干扰项。考生不能假想痴呆女的痴呆程度不严重或还存在性的自我防卫能力。题目中明确说是痴呆女就意味着其没有性的自主防卫能力，否则出题人会专门提及。《刑法》第 236 条第 3 款第 6 项规定的是“致使被害人重伤、死亡或者造成其他严重后果的”。按照同类解释的规则，“其他严重后果”必须是与致人重伤、死亡危害程度类似的情节。而被侵害人怀孕，对于痴呆女或未成年人等弱势群体而言，可以将之视为与重伤、死亡等类似的严重后果。因此，将致使痴呆女怀孕解释成“造成其他严重后果”并未超出文义范围，符合罪刑法定原则的要求。A 项正确。

《刑法》第 217 条侵犯著作权罪中的“发行”，是指非法制作侵犯著作权的产品，通过出售、出租等方式向公众提供一定数量的作品复制件的行为。可见，发行必须有一定的载体—作品复制件，而卡拉 OK 厅未经著作权人许可大量播放的音像制品并没有相应的载体，且第三人没有随时或反复使用侵权复制品的可能性，只能在卡拉 OK 厅使用，因此不能解释为“发行”。这一知识点较为生僻，不具有相关知识储备且对该罪构成要件并不理解的考生可能会做错。B 项错误。

C 项中，专门提到了“重度”“高速公路”“超速”，这种行为的危害性其实已经与放火、爆炸、决水等相当，因此，将重度醉酒后在高速公路上超速的行为解释为以危险方法危害公共安全罪并不违反罪刑法定原则。C 项正确。

我国《刑法》第 375 条第 1 款规定了盗窃武装部队印章罪，第 280 条第 1 款规定了毁灭国家机关印章罪，实际上，军事机关显然也属于国家机关，因此，将毁灭武装部队印章的行为解释为毁灭“国家机关印章”并不违反罪刑法定原则，某种意义上说，这一解释路径也具有实质的正当性，因为毁灭军事机关印章的危害性可能比毁灭普通国家机关印章更重。D 项正确。

2. ［答案］C　　［难度］易

［考点］罪刑法定原则

［命题和解题思路］本题从某种程度上说，属

于法理与刑法交叉的题目，难度不大，但考生必须对编造、故意传播虚假恐怖信息罪的犯罪构成很熟悉，否则可能会错误地选择 A 项。

[选项分析] A 项为重点干扰项。《刑法》第 291 条之一第 1 款规定："……编造爆炸威胁、生化威胁、放射威胁等恐怖信息……严重扰乱社会秩序的……"说明编造、故意传播虚假恐怖信息罪的成立要求"严重扰乱社会秩序"，否则不成立本罪。当然，如果考生不太熟悉该罪的构成要件，也可以通过法理推导出来，该罪的法定刑是 5 年以下有期徒刑、拘役或者管制，可以说并非典型的重罪，对于此类罪名，一般都需要有一定的定量因素。因此，即使是根据法理也可以推导出 A 项错误。

B 项中，如果考生注意到"谎称"二字，就会得出本题题干中的案例并不构成危害公共安全类犯罪，而是构成妨害社会秩序类犯罪，因此，不可能判处甲死刑，这一点只要对编造、故意传播虚假恐怖信息罪的罪名有所了解，是不会做错的。因此，B 项错误。

C 项中，题干中清楚交代甲是"谎称"3 架飞机上有"炸弹"，致使机场紧急疏散乘客并导致航班延误数小时，完全符合编造、故意传播虚假恐怖信息罪的犯罪构成——故意编造爆炸、生化、放射性威胁等恐怖信息或者明知是编造的虚假恐怖信息而故意传播，严重扰乱社会秩序的行为。因此，C 项正确。

D 项中，该选项设计得较为简单，考生凭直觉都会察觉出说法有误。"依法治国"原则要求任何案件，不论影响力多大，都必须遵守《刑事诉讼法》的程序规定，不能突破应有的程序框架，必须按照《刑事诉讼法》规定的诉讼程序进行追诉。D 项错误。

第二节　刑法解释方法及具体应用

1. [答案] D　　[难度] 易

[考点] 刑法解释

[命题和解题思路] 本题结合分则具体罪名主要想考查扩大解释与类推解释的界限问题。对于二者之间的界限，要以是否超出了一般人所能理解的语词具有的最远含义边界为准。当然，本题还需要对《药品管理法》《商标法》的相关规定有所了解。

[选项分析] 选项 A 涉及大炮与枪支两个词语在刑法中的内涵与外延问题。从日常生活语言的角度看，大炮和枪支并不相同，但仅凭此，可能并不清晰。还要结合《刑法》中的规定来看，《刑法》中已经有与武器相关的罪名，而大炮属于武器范畴，由此可知，立法者也是认为枪支和大炮是不同的，否则就不会规定"非法持有枪支罪"，而是径直规定"非法持有武器罪"。另外，《枪支致伤力的法庭科学鉴定判据》规定，枪支的管状器具的直径通常小于 20 毫米，如果大于 20 毫米，就不能认定为枪支。当然，有考生可能会注意到最高人民检察院法律政策研究室 2004 年 11 月 3 日公布的《关于非法制造、买卖、运输、储存以火药为动力发射弹药的大口径武器的行为如何适用法律问题的答复》规定，对于非法制造、买卖、运输、储存以火药为动力发射弹药的大口径武器的行为，应当依照《刑法》第 125 条第 1 款的规定，以非法制造、买卖、运输、储存枪支罪追究刑事责任。A 项错误。

《药品管理法》第 98 条第 2 款规定："有下列情形之一的，为假药：(一) 药品所含成份与国家药品标准规定的成份不符；(二) 以非药品冒充药品或者以他种药品冒充此种药品；(三) 变质的药品；(四) 药品所标明的适应症或者功能主治超出规定范围。"按照此法关于假药的定义，显然并非所有的假药都没有药效，如以此种药品冒充彼种药品以及标明的适应症或功能超出规定范围的药品尽管有药效，但仍属于假药。B 项错误。

假冒注册商标罪，是指违反国家商标管理法规，未经注册商标所有人许可，在同一种商品、服务上使用与其注册商标相同的商标，情节严重的行为。而按照《商标法》第 57 条的规定，未经商标注册人的许可，在同一种商品上使用与其注册商标近似的商标，或者在类似商品上使用与其注册商标相同或者近似的商标，容易导致混淆的，属于侵犯注册商标专用权的行为。因此将"注册与他人商标相似的商标"解释为《刑法》第 213 条假冒注册商标罪中所要求的"注册相同商标"，并不违反罪刑法定原则。C 项错误。

境外窃取、刺探、收买、非法提供国家秘密、情报罪属于刑法中的危害国家安全犯罪的下位罪名，因此，该罪中的"情报"理应做如此限定。不过这一选项的考点并不在于此，而是问这一解释方法是否属于缩小解释。应该说，“情报”既包括公开的也包括非公开的，既包括关系国家安全和利益的也包括和国家安全利益无关的，将为境外窃取、刺探、收买、非法提供国家秘密、情报罪中的情报限制解释为“关系国家安全和利益、尚未公开或者依照有关规定不应公开的事项”，属于缩小解释。D 项正确。

2. [答案] AD [难度] 易

[考点] 罪刑法定原则、刑法解释

[命题和解题思路] 本题考查刑法解释的界限问题，即对于刑法用语的解释，哪些是合理的，没有违背罪刑法定原则。刑法解释的界限既可以就刑法解释理论本身来说，如 CD 项，也可以结合刑法分则罪名构成要件来谈，如 B 项，如果考生不熟悉强制猥亵、侮辱罪和侮辱罪各自的构成要件，便很可能会选错本题，这种考查方法对考生的要求显然更高。

[选项分析] 针对同一法条的同一用语，不可能既作扩大解释又作限制解释，否则将导致刑法适用的混乱，进而违背罪刑法定原则。但对于不同法条的相同用语，由于规范保护目的、体系解释的一致性以及刑罚配置等的不同，完全可能具有不同的含义，即适用不同的解释立场。例如，对抢劫罪的暴力就必须扩张解释为包括杀害在内；而暴力干涉婚姻自由罪因为法定刑低，其暴力就应该限制解释为程度很轻的暴力，行为人实施程度很高的暴力的，则构成故意杀人或故意伤害罪。A 项正确。

B 项是重点干扰项。需要对强制猥亵、侮辱罪和侮辱罪的构成要件、保护的法益有所了解。强制猥亵、侮辱罪保护的是被害人的性自主决定权，而侮辱罪保护的法益则是他人名誉权。尽管二者都涉及被害人的名誉，但是强制猥亵、侮辱罪中的侮辱必须与性自主决定权相关，而侮辱罪中的侮辱行为则只限于对一般人格权的侵犯。因此，两罪中“侮辱”的客观含义并不相同，进而导致其主观内容也不一样。B 项错误。

C 项也是干扰项。根据当然逻辑进行推理解释，即刑法虽然没有明确规定某一事项，但是依照形式逻辑以及事物属性的当然道理，自然可以得出的逻辑推理解释。主要运用的是“轻”与“重”相比较的逻辑，出罪时“举重以明轻”，入罪时“举轻以明重”。由于涉及出入罪的问题，因此还要考虑与其他解释方法、司法解释和规范保护目的的协调，因此，并非符合当然解释方法的结论，都会和罪刑法定原则不相冲突。C 项错误。

不能超出刑法用语可能具有的含义是罪刑法定最基本的要求，因为一旦超出刑法用语的可能含义便意味着超出国民的预测可能性。必须符合分则条文的目的是指对于分则构成要件的解释必须结合保护法益进行，脱离各罪的保护法益无法得到正确的解释结论。D 项正确。

3. [答案] BCD [难度] 中

[考点] 刑法解释

[命题和解题思路] 本题主要考查与罪刑法定原则相关的刑法解释问题。刑法解释是适用刑法的基础，法律规定不完美或是有漏洞，在遵守罪刑法定原则的前提下能够尽可能地通过解释予以弥补。命题人需要考生注意的是：扩张解释和类推适用存在一定界限，不能超越法条文义通常的含义进行解释，解释结论不能让一般人感觉太意外。由此很容易确定 A 项正确，C 项错误。

[选项分析] A 项是重点干扰项。需要注意的是，命题人并没有问婚内强奸是否应成立强奸罪，而是问根据文理解释，强行与妻子性交能否被解释成强奸妇女。应该说，从强奸罪的条文字面含义出发，“以暴力、胁迫或者其他手段强奸妇女”的刑法文本并未将强奸罪的对象限定为妻子以外的女性，妻子当然也是妇女。所以，起码从文理解释的角度看，法条规定承认婚内强奸并不存在障碍。A 项正确。

对于 B 项，2016 年卷二中也考了相似的点，对于构成要件要素的解释，除了表述相同外，还要考虑规范保护目的、体系的协调性、刑罚的配置等因素。罪名的法定刑相同、对于个别构成要件要素的表述相同，并不意味着一定要对相同的构成要件要素作相同的解释。抢劫罪的暴力，包含了以抢劫为目的直接杀死被害人，所以抢劫罪中的暴力是整个刑法分则罪名中程度最高的暴力；而强奸罪中的暴力显然不包含故意杀人，如果行为人意图性侵而将被害人先行杀死，则应认定为故意杀人罪和侮辱尸体罪。B 项错误。

“举轻以明重”的当然解释原理，在逻辑上似乎没有问题，但从结论上看，婴儿与宠物不同，其无论如何不是财物，而抢劫罪的对象是“公私财物”，因此，不能将抢劫他人婴儿的行为认定为抢劫罪。当然，本项可能存在一些设计问题，因为，既然A项考查的是根据文理解释的方法所做的推演，而非关注其结论，那么，C项考查的也应该是其推演过程，即站在当然解释的立场所做的推演，而不问结论是否恰当。C项错误。

我国刑法对中止犯明文规定“自动有效地防止犯罪结果发生”，从文理解释看，如果行为人产生中止意思，也积极地防止犯罪结果发生，但犯罪结果还是合乎逻辑与事理地发生的话，便不能认定为“有效地防止犯罪结果发生”，进而认定为中止犯。例如，甲以杀人故意砍了乙数刀后心生悔意，将乙送医，但乙最终还是伤重不治身亡。乙被砍成重伤后导致死亡是当然的结果，此时不能认定甲有效地防止了犯罪结果的发生。必须提醒考生注意的，也是最近几年时常出现的考点是，并非行为人预期的危害结果发生都会否定中止犯的成立。如果结果的发生和行为人前阶段的犯罪行为没有因果关系，即结果的发生与犯罪行为之间欠缺结果归属关系（不能将结果算在行为人先前犯罪行为的头上），一旦行为人有中止的意思也采取了中止的行动，但结果是因为第三人或者是被害人自身的异常介入等因素导致的，此时应当肯定成立中止犯。例如，甲以杀人故意砍了乙数刀后心生悔意，将乙送医，乙基于各种原因拒绝本可以治愈的治疗行为导致死亡的，就应当认定甲成立犯罪中止。D项错误。

4. ［答案］B　　［难度］中

［考点］刑法解释方法

［命题和解题思路］本题表面上考查的是刑法解释，实际上考查的是考生对于各罪构成要件的熟悉程度，对于此类题目，特别要注意刑法的规定与我们日常生活中理解的差异。

［选项分析］按照体系解释的要求，刑法中相同的用语应尽量保持统一的解释。但是，基于保护法益的需求，在不违背文字所能具有的最大含义的前提下，需要对不同条文的相同用语作相对的理解。对于“买卖”来说，并不只是指“买进并且卖出”，而是包括了“买进”或“卖出”。在刑法分则的罪名中，如非法买卖枪支罪就包含了买进枪支后卖出、只购买枪支、只出卖枪支（如拾得枪支后出卖）。显然，从保护公共安全法益的角度看，如果将买卖限定解释为买进后卖出，便是在人为地制造不可忍受的处罚漏洞。再如买卖国家机关公文、证件、印章罪，也包括了单纯购买或单纯出售相关证件等情形。A项错误。

我国刑法条文中有多达几十处“等”，而规定“其他”字样的则更多，这其实是一种立法的技巧，但基于刑法明确性和罪刑法定原则的考虑，必须对“等”“其他”作与具体列举要素的内容以及性质类似的解释。否则，“等”“其他”这类概括用语便会制造很多的所谓“兜底条款”和“口袋罪名”，冲击罪刑法定原则。例如，对于我国《刑法》第114条规定的以危险方法危害公共安全罪中“其他”的解释，必须限定为与放火、决水、爆炸相类似的危险行为。B项正确。

C项是重点干扰项。按照《关于办理利用信息网络实施诽谤等刑事案件适用法律若干问题的解释》的规定，明知是捏造的损害他人名誉的事实，在信息网络上散布，情节恶劣的，以“捏造事实诽谤他人”论。按照本司法解释的规定，C项的前半段论述是正确的。不过，这并非基于当然解释得出的结论。当然解释可分为两种基本形态：“举轻以明重”（某一行为事实是否被禁止）和“举重以明轻”（某一行为事实是否被允许）。在适用“举轻以明重”时，由于考虑对行为事实是否入罪，必须是在不超过条文用语含义的情形下才能适用。“明知是捏造的损害他人名誉的事实，在信息网络上散布”较“捏造事实诽谤他人”为轻，将前者通过解释的方法入罪，显然并非“举重以明轻”，更不是“举轻以明重”。C项错误。

对于扩大解释与类推适用的区分，必须以是否超出了文字所可能有的最大含义为界限。如果超出一般人对于文字字面含义的理解，则应视为类推适用，而非扩大解释。一般来说，骨灰和尸体具有质的区别，在生活中也不会混用。需要指出的是，即使按照现在有力的观点，即允许有利于犯罪嫌疑人的类推解释，也不能将骨灰解释为尸体，因为这显然是扩大了入罪的范围，并非有利于犯罪嫌疑人。《刑法修正案（九）》第34条已经将骨灰增加进了《刑法》第302条中，将其修改为“盗窃、侮辱、故意毁坏尸体、尸骨、骨灰的，处三年以下有期徒刑、拘役或者管制。”据此，也可以看出，对尸体的理解不能扩大到骨灰，否则就不用专门修改该条规定了。D 项错误。

难点解析

对于 A 项，需要进一步扩展的是，对于刑法分则规定的“买卖”“贩卖”，大体上有两种处罚方式：第一，只处罚出售行为，而不处罚单纯的购买行为，如贩卖毒品罪、贩卖淫秽物品牟利罪。第二，既处罚出卖行为，也处罚单纯的购买行为，还处罚买进后卖出的行为，如非法买卖枪支、弹药、爆炸物罪。不存在只处罚买进而不处罚卖出的情况。

5. ［答案］A　　［难度］中

［考点］刑法解释

［命题和解题思路］本题主要考查考生对于罪刑法定原则的派生原则—禁止类推适用的理解。命题人同时结合了刑法总则与刑法分则、累犯与毒品再犯的关系等知识点进行命题，提高了本题的难度。但是，命题人将本题正确答案放在了第一个选项，并且第一个选项相较于其他三个选项来说更容易理解与排除，对于第一个选项的错误论述，考生应该更容易“内心确信”其为正确答案，如此则作答时毋庸多花时间去排除其余三个选项的对错，命题人借此又直接降低了本题的难度。

［选项分析］罪刑法定原则的一个主要内容就是禁止类推适用（解释）。在学理上，不能超越法条文义进行类推，即使被纳入司法解释以后，类推解释仍是类推解释，不会因为其被纳入司法解释以后，就变得正当、可接受。因此，A 项的说法错误，是本题的正确选项。

B 项，设计得较为稳妥。其并没有说将拖拉机解释为汽车就是类推解释，因为扩大解释与类推适用，虽然在理论上的界限比较明确，即对刑法用语的解释是否超出了文字字面含义所可能有的含义，如果超出了字面含义的最大诠释边界则属于类推适用，但实践中却并非如此清晰，有时对是否超出一般人对争议用语的理解范围，是比较模糊的。但无论如何，将大型拖拉机解释为汽车，要么是类推解释，要么是扩大解释，这是可以肯定的。因此，B 项的论述是正确的。

C 项，需要考生对刑法分则中与“伪造”“变造”有关的罪名的构成要件比较熟悉，刑法中“伪造”和“变造”两者的关系比较复杂。例如，由于《刑法》分别在第 170 条和第 173 条规定了伪造货币罪与变造货币罪。因此，第 170 条的伪造货币不能包含变造货币。再如，《刑法》第 174 条规定的伪造、变造、转让金融机构经营许可证、批准文件罪中明确规定了“伪造、变造、转让……”因此，本条规定的伪造显然也不包含变造。但是，《刑法》第 227 条规定的伪造、倒卖伪造的有价票证罪，条文中的伪造便应当包括变造车票、船票以及邮票等有价票证；第 307 条的帮助毁灭、伪造证据罪里面的伪造也包括了变造。不过，将变造解释为伪造的形式之一，也并不违背罪刑法定原则，原因在于，无论是变造还是伪造，实质都是“以假乱真”，由此，将变造行为解释为伪造行为的表现形式之一也并没有超出一般国民的预测可能性。所以 C 项的论述正确。

D 项是重点干扰项。刑法总则对于刑法分则的解释具有原则上的、不可动摇的拘束力，总则规定了未成年人不成立累犯，而《刑法》第 356 条规定的毒品再犯可以将其理解成一种特殊累犯，因此，未成年人当然也不应适用关于毒品再犯的特别规定。所以，D 项的论述是正确的。

第二章　刑法的适用范围

试　题

1. 关于刑法及司法解释的时间效力，下列哪些选项是正确的？（2018 年回忆版）

A. 甲在 2010 年受贿 500 万元，2016 年司法解释规定受贿罪“数额特别巨大”的标准为 300 万元，2017 年司法解释规定受贿罪“数额特别巨大”的标准为 600 万元，甲在 2018 年被抓获，应适用新的司法解释，不能认定为受贿“数额特别巨大”

B. 2016 年司法解释规定了受贿罪的数额标准，乙于 2015 年至 2018 年间连续受贿多次，乙的所有受贿行为均可以适用该司法解释

C. 1997 年刑法规定，生产、销售有毒、有害食品罪为具体危险犯，只有造成具体的危险才能定罪。2011 年《刑法修正案（八）》将该罪规定为抽象危险犯，只要实施了生产、销售行为，就认为有抽象的危险，应以犯罪论处。丙于 2010 年实施生产、销售有毒、有害食品的行为，但并没有造成具体危险状态，于 2015 年被抓获。丙的行为可以适用《刑法修正案（八）》，应以犯罪论处

D. 2000 年最高人民法院出台了针对某一问题的司法解释，该解释不能适用于其生效之前的犯罪行为

2. 关于刑事司法解释的时间效力，下列哪一选项是正确的？（2017-2-1）

A. 司法解释也是刑法的渊源，故其时间效力与《刑法》完全一样，适用从旧兼从轻原则

B. 行为时无相关司法解释，新司法解释实施时正在审理的案件，应当依新司法解释办理

C. 行为时有相关司法解释，新司法解释实施时正在审理的案件，仍须按旧司法解释办理

D. 依行为时司法解释已审结的案件，若适用新司法解释有利于被告人的，应依新司法解释改判

3. 《刑法修正案（八）》于 2011 年 5 月 1 日起施行。根据《刑法》第 12 条关于时间效力的规定，下列哪一选项是错误的？（2013-2-4）

A. 2011 年 4 月 30 日前犯罪，犯罪后自首又有重大立功表现的，适用修正前的刑法条文，应当减轻或者免除处罚

B. 2011 年 4 月 30 日前拖欠劳动者报酬，2011 年 5 月 1 日后以转移财产方式拒不支付劳动者报酬的，适用修正后的刑法条文

C. 2011 年 4 月 30 日前组织出卖人体器官的，适用修正后的刑法条文

D. 2011 年 4 月 30 日前扒窃财物数额未达到较大标准的，不得以盗窃罪论处

详　解

1. ［答案］AB　　［难度］难

［考点］司法解释的溯及力

［命题和解题思路］本题主要考查刑法修正案和司法解释的时间效力问题。某种意义上说，本题降低了难度，原因在于其将刑法修正案和司法解释的内容写到了选项里，而不需要考生再去回忆。

［选项分析］《关于适用刑事司法解释时间效力问题的规定》第 3 条规定："对于新的司法解释实施前发生的行为，行为时已有相关司法解释，依照行为时的司法解释办理，但适用新的司法解释对犯罪嫌疑人、被告人有利的，适用新的司法解释。"新旧司法解释均可以适用于甲，原则上应适用行为时的司法解释，但如果新的司法解释更有利于行为人的，应适用新的司法解释。A 项正确。

司法解释既可以适用于其生效之前的行为，也可适用于其生效之后的行为。司法解释是对刑法条文含义的说明，司法解释的适用实践与刑法的效力同步。所以乙的所有受贿行为均可适用该解释。B 项正确。

新法（《刑法修正案（八）》）较旧法更重，原则上适用旧法，丙的行为不构成犯罪。C 项错误。

司法解释的内容是对现有刑法规定的再次阐述，并未改变刑法规定的内容，当然可以适用于刑法生效后、司法解释生效之前的犯罪行为。D 项错误。

2. ［答案］B　　［难度］难

［考点］司法解释的溯及力

［命题和解题思路］本题主要考查的是司法解释的溯及力问题。司法解释是对刑法规定的解释，其时间效力依附于解释对象—刑法规定，而不具有独立的时间效力。换句话说，只有刑法文本才有从旧兼从轻的适用问题，而司法解释属于对刑法规定在实务上如何适用所作的有权解释，其合法性从之前已经存在的成文刑法规定延伸出来，因此并没有必须坚持从旧兼从轻的道理。本题需要对《关于适用刑事司法解释时间效力问题的规定》的相关条款比较熟悉。

［选项分析］A 项是重点干扰项。可能会有考生认为根据司法解释的规定，我国司法解释实际上是具有从旧兼从轻的时间效力的，因此认为 A 项正确。但是，司法解释只是对于现有规范条文

的解释，并没有创设新的规范，因此，其并非刑法的渊源。我国刑法理论一般认为，刑法的渊源包括刑法典、单行刑法、附属刑法，以及民族自治地方的省级人民代表大会根据当地民族的政治、经济、文化的特点和刑法典的基本原则制定的变通或补充规定。因此，A 项论述的前半段即已错误。就司法解释的溯及力而言，其适用规则具体可参见 BC 项的解析。A 项错误。

B 项中，《关于适用刑事司法解释时间效力问题的规定》第 2 条规定："对于司法解释实施前发生的行为，行为时没有相关司法解释，司法解释施行后尚未处理或者正在处理的案件，依照司法解释的规定办理。"B 项正确。

C 项也是重点干扰项。《关于适用刑事司法解释时间效力问题的规定》第 3 条规定："对于新的司法解释实施前发生的行为，行为时已有相关司法解释，依照行为时的司法解释办理，但适用新的司法解释对犯罪嫌疑人、被告人有利的，适用新的司法解释。"按照本条规定，C 项的表述过于绝对，如果适用新的司法解释对行为人有利的，仍然适用新的司法解释。C 项错误。

D 项中，《关于适用刑事司法解释时间效力问题的规定》第 4 条规定："对于在司法解释施行前已办结的案件，按照当时的法律和司法解释，认定事实和适用法律没有错误的，不再变动。"从刑法理论上说，为了保障刑事判决的安定性，即便事后司法解释出现变更，也不应再通过再审程序予以改判。D 项错误。

3. ［答案］C　　［难度］中

［考点］刑法的溯及力

［命题和解题思路］本题主要考查"我国刑法对于溯及力问题采取的从旧兼从轻原则"这一考点。本题的难度在于考生必须熟悉刑法修订前后的相关规定。例如，如果不清楚《刑法修正案（八）》生效前的《刑法》第 68 条第 2 款规定已经被《刑法修正案（八）》第 9 条删除，可能会误选 A 项。通过这一题，也提醒考生，要对新发布的刑法修正案相当熟悉。

［选项分析］《刑法修正案（八）》生效前的《刑法》第 68 条第 2 款规定："犯罪后自首又有重大立功表现的，应当减轻或者免除处罚。"《刑法修正案（八）》第 9 条将本款规定予以了删除。换句话说，新法对于犯罪后自首又有重大立功表现的行为人作了不利的法律后果变更。因此，如果行为人是在旧法时期犯罪，并且犯罪后自首又有重大立功表现的，应当适用旧法（从轻）。A 项正确。

《刑法修正案（八）》中新增设了拒不支付劳动报酬罪。它是指行为人以转移财产或逃匿等方式逃避支付劳动者的劳动报酬，或者有能力支付而拒不支付劳动报酬，经有关部门责令支付后仍然拒不支付，并且数额较大的行为。拒不支付劳动报酬罪的规范目的在于保障劳动者的劳动报酬获得权，规范重心在于要求行为人以作为的方式支付劳动报酬。因此，**拒不支付劳动报酬罪其实是一种典型的纯正的不作为犯，因为其不论是逃匿还是转移财产，形式上看虽是作为，但是刑法规范制约的重心却在于其不作为—拒不支付**。据此，只要行为人在新法生效（2011 年 5 月 1 日）后仍然不支付应当支付的劳动报酬的，应当适用新修订的刑法规定，以拒不支付劳动报酬罪对其定罪处罚。B 项正确。

《刑法修正案（八）》中新增设了组织出卖人体器官罪。在新规定出现以前的旧法时代，组织出卖人体器官一般不作为犯罪处理，除非是组织者未得到有效的被害人同意（承诺）以及尽管得到承诺但是危及被害人的生命安全的情况下（按照刑法理论，此时的被害人承诺无效），才会按照故意伤害罪定罪处罚。因此，**如果行为人是在新法生效前组织出卖人体器官的，应当适用旧法的规定，而不应适用修正后的刑法条文**。据此，C 项错误。

《刑法修正案（八）》中对盗窃罪的规定进行了修正，新增了"入户盗窃、携带凶器盗窃、扒窃"的规定，对于这三种类型的盗窃，在旧法时代必须达到"数额较大"的标准才能入罪，新规定将这三种类型的盗窃行为独立出来，作出了特殊规定，不需要"数额较大"的标准。换句话说，新法对于"入户盗窃、携带凶器盗窃、扒窃"这三种类型的盗窃作了不利于犯罪嫌疑人的变更，等于加重了对行为人的处罚。因此，如果行为人是在旧法时代扒窃但未达到数额较大标准的，不得适用新规定，而应该适用旧法规定，不成立盗窃罪。D 项正确。

第三章　刑法上的因果关系

试　题

1. 甲以杀人故意将仇人乙击倒，以为乙已经死亡，但是乙只是陷入昏迷，后甲离开。关于甲的行为，下列哪些说法是正确的？（2023年回忆版）

A. 如果甲通知弟弟丙去收尸，丙到现场后发现乙清醒，用石头将其砸死。甲构成故意杀人罪未遂

B. 如果甲次日回到现场打算收尸，将昏迷的乙扔到河中，乙事实上是被水呛死的。甲构成故意杀人罪既遂

C. 如果甲离开后，乙因趴在地上导致窒息死亡。甲构成故意杀人罪既遂

D. 如果乙苏醒后，在意识模糊状态下，跌跌撞撞走到高速公路中央求助，结果被正常行驶的车辆撞死。甲构成故意杀人罪既遂

2. 关于刑法上的因果关系，下列哪些说法是正确的？（2022年回忆版）

A. 甲申请贷款时按乙银行相关人员的要求提供了伪造材料，其取得贷款后因经营受损，未能归还。甲伪造材料的行为与银行的损失之间没有因果关系

B. 在池塘里乙马上就要溺水，仅抓住了一个属于甲的漂浮物。甲立即拿走了这个漂浮物，导致乙溺水身亡。甲的行为与乙的死亡结果之间有因果关系

C. 甲、乙在没有意思联络的情况下，均向丙开了一枪，且均打中非要害部位，丙因为两处受伤，失血过多而死亡。甲、乙的行为与丙的死亡之间具有因果关系

D. 甲、乙没有意思联络，均有杀害丙的故意。乙到达现场时暗中发现甲已经向丙的水杯中投了毒，乙便没有投毒，后丙喝水死亡。甲、乙的行为与丙的死亡结果之间没有因果关系

3. 下列哪些选项中甲的行为与死亡结果之间有因果关系？（2020年回忆版）

A. 黑社会性质组织的首要分子甲命令该组织成员乙对丙进行非法拘禁，丙逃走，乙害怕甲责怪，恼羞成怒，追至丙家中将其杀害

B. 甲上门向居住在14楼的债务人乙讨债，敲门后乙问是谁，甲说欠债还钱，乙试图从14楼爬到13楼阳台逃避债务，不慎失足摔死

C. 甲、乙合谋，安排乙独自引诱丙至甲家将丙杀害，途中乙与丙发生争执，因丙语言过激，乙在车上将丙杀死

D. 甲教唆乙非法拘禁丙，在非法拘禁过程中，乙为防止丙的呼救而用毛巾捂住丙的嘴，未料将丙捂死

4. 关于刑法上的因果关系，下列哪些选项是正确的？（2019年回忆版）

A. 甲驾车不慎撞到丙，丙躺在路中央不动，甲逃逸。五分钟后，乙刹车不及从丙身上轧过去。后发现丙死亡，但无法查明是甲轧死的还是乙轧死的。甲与丙的死亡有因果关系

B. 甲向乙的饮料中投放了毒药，乙喝后四肢无力。仇人丙看到后要杀死乙，乙因为无力反抗被丙用刀杀死。甲与乙的死亡有因果关系

C. 甲冒充房东，给几位承租人发短信，要求他们把房租交到特定账户。承租人乙信以为真，将信息转发给合租人丙。丙没注意到甲的短信，但看到了乙的信息，便将款打入甲的指定账户。甲与丙的财产损失有因果关系

D. 护士甲想杀死病人乙，在针剂里放了毒药给乙注射，乙死亡。事后查明，乙有特殊体质，即便是注射正常针剂，不加毒药也会死亡。甲与乙的死亡无因果关系

5. 甲坐公交车时看见旁边乙的裤袋中露出手机，遂趁公交车到站时将手机顺走，但被乙发现。乙下车追甲，民警丙看到后便与乙共同追甲，三人在马路边扭打成一团。甲将乙打成轻伤，且身上的手机掉落在地，甲顾不上捡手机便跑到马路对面，丙在追赶甲的过程中不慎被路过车辆撞死。关于甲的行为，下列哪些说法是正确的？（2019年回忆版）

A. 甲的行为和丙的死亡之间有刑法上的因果

关系，甲构成抢劫致人死亡，并且属于在公共交通工具上抢劫

B. 甲的行为和丙的死亡之间没有刑法上的因果关系，但考虑到丙是在追赶甲的过程中被撞身亡，因此丙的死亡可以作为对甲从重处罚的量刑情节

C. 甲成立盗窃罪既遂

D. 按照司法实务的标准，甲成立抢劫罪既遂

6. 关于因果关系，下列哪些选项是正确的？（2017-2-52）

A. 甲以杀人故意用铁棒将刘某打昏后，以为刘某已死亡，为隐藏尸体将刘某埋入雪沟，致其被冻死。甲的前行为与刘某的死亡有因果关系

B. 乙夜间驾车撞倒李某后逃逸，李某被随后驶过的多辆汽车碾轧，但不能查明是哪辆车造成李某死亡。乙的行为与李某的死亡有因果关系

C. 丙将海洛因送给 13 周岁的王某吸食，造成王某吸毒过量身亡。丙的行为与王某的死亡有因果关系

D. 丁以杀害故意开车撞向周某，周某为避免被撞跳入河中，不幸溺亡。丁的行为与周某的死亡有因果关系

7. 关于因果关系的认定，下列哪一选项是正确的？（2016-2-2）

A. 甲重伤王某致其昏迷。乞丐目睹一切，在甲离开后取走王某财物。甲的行为与王某的财产损失有因果关系

B. 乙纠集他人持凶器砍杀李某，将李某逼至江边，李某无奈跳江被淹死。乙的行为与李某的死亡无因果关系

C. 丙酒后开车被查。交警指挥丙停车不当，致石某的车撞上丙车，石某身亡。丙的行为与石某死亡无因果关系

D. 丁敲诈勒索陈某。陈某给丁汇款时，误将 3 万元汇到另一诈骗犯账户中。丁的行为与陈某的财产损失无因果关系

8. 关于因果关系，下列哪一选项是正确的？（2015-2-1）

A. 甲跳楼自杀，砸死行人乙。这属于低概率事件，甲的行为与乙的死亡之间无因果关系

B. 集资诈骗案中，如出资人有明显的贪利动机，就不能认定非法集资行为与资金被骗结果之间有因果关系

C. 甲驾车将乙撞死后逃逸，第三人丙拿走乙包中贵重财物。甲的肇事行为与乙的财产损失之间有因果关系

D. 司法解释规定，虽交通肇事重伤 3 人以上但负事故次要责任的，不构成交通肇事罪。这说明即使有条件关系，也不一定能将结果归责于行为

9. 关于因果关系，下列哪些选项是正确的？（2015-2-53）

A. 甲驾车经过十字路口右拐时，被行人乙扔出的烟头击中面部，导致车辆失控撞死丙。只要肯定甲的行为与丙的死亡之间有因果关系，甲就应当承担交通肇事罪的刑事责任

B. 甲强奸乙后，威胁不得报警，否则杀害乙。乙报警后担心被甲杀害，便自杀身亡。如无甲的威胁乙就不会自杀，故甲的威胁行为与乙的死亡之间有因果关系

C. 甲夜晚驾车经过无照明路段时，不小心撞倒丙后继续前行，随后的乙未注意，驾车从丙身上轧过。即使不能证明是甲直接轧死丙，也必须肯定甲的行为与丙的死亡之间有因果关系

D. 甲、乙等人因琐事与丙发生争执，进而在电梯口相互厮打，电梯门受外力挤压变形开启，致丙掉入电梯通道内摔死。虽然介入了电梯门非正常开启这一因素，也应肯定甲、乙等人的行为与丙的死亡之间有因果关系

10. 关于因果关系的判断，下列哪一选项是正确的？（2014-2-6）

A. 甲伤害乙后，警察赶到。在警察将乙送医途中，车辆出现故障，致乙长时间得不到救助而亡。甲的行为与乙的死亡具有因果关系

B. 甲违规将行人丙撞成轻伤，丙昏倒在路中央，甲驾车逃窜。1 分钟后，超速驾驶的乙发现丙时已来不及刹车，将丙轧死。甲的行为与丙的死亡没有因果关系

C. 甲以杀人故意向乙开枪，但由于不可预见的原因导致丙中弹身亡。甲的行为与丙的死亡没有因果关系

D. 甲向乙的茶水投毒，重病的乙喝了茶水后感觉更加难受，自杀身亡。甲的行为与乙的死亡没有因果关系

11. 关于因果关系的认定，下列哪些选项是正确的？（2013-2-52）

A. 甲、乙无意思联络，同时分别向丙开枪，均未击中要害，因两个伤口同时出血，丙失血过多死亡。甲、乙的行为与丙的死亡之间具有因果关系

B. 甲等多人深夜追杀乙，乙被迫跑到高速公路上时被汽车撞死。甲等多人的行为与乙的死亡之间具有因果关系

C. 甲将妇女乙强拉上车，在高速公路上欲猥亵乙，乙在挣扎中被甩出车外，后车躲闪不及将乙轧死。甲的行为与乙的死亡之间具有因果关系

D. 甲对乙的住宅放火，乙为救出婴儿冲入住宅被烧死。乙的死亡由其冒险行为造成，与甲的放火行为之间没有因果关系

详　解

1. ［答案］ABCD　　［难度］难

［考点］介入的因果关系

［命题和解题思路］本题主要考查了因果关系理论中的介入因素问题，因果关系判断的一个难点在于有第三方或者被害人因素介入的场合，应如何规范确认行为人是否应当对结果负责的问题。对此需要牢记介入三因素：前行为人的行为对结果所起的作用大小；介入因素的异常性大小；介入因素对结果所起的作用大小。对于不作为因果关系的判断，则以具有作为义务的人如果履行了作为义务是否可以避免结果发生为标准，如果是，则肯定不作为与结果之间的因果关系。

［选项分析］A 项中，介入了丙用石头砸死乙的故意杀人行为，甲只是通知丙去收尸，丙的杀人行为是在甲的预见范围之外的。因此，丙的行为系重大、异常的介入因素，或者说，甲的行为并不会通常导致类似丙的行为发生。丙的行为阻却了甲的行为与死亡结果之间的因果关系。甲构成故意杀人罪的未遂。A 项正确。

B 项中，甲的行为系事前的故意。所谓事前的故意，是指行为人误认为第一个行为已经造成结果，出于其他目的而实施第二个行为，结果却是由第二个行为所导致。一般认为，在事前的故意场合，第一个行为与结果之间的因果关系并没有中断，仍应肯定第一个行为与结果之间的因果关系。B 项正确。

C 项中，乙因趴在地上导致窒息死亡，属于狭义的因果关系错误问题。所谓狭义的因果关系错误，是指结果的发生不是按照行为人对因果关系的发展所预见的进程来实现的情况。由于故意的认定不要求行为人明确认识因果发展的具体样态，而只要求认识到自己的行为会发生危害结果即可。因此，狭义的因果关系错误对于结果归责而言并不重要。因此，甲构成故意杀人罪既遂。C 项正确。

D 项中，介入了被害人在意识模糊状态下走到高速公路中央的危险行为，但这一行为对于甲的杀人行为并非异常因素，而是通常会发生这样的结果。因此，乙的死亡结果应归责于甲的杀人行为而非正常行驶的司机的行为。甲成立故意杀人罪既遂。D 项正确。

2. ［答案］ABC　　［难度］难

［考点］因果关系、客观归责理论

［命题和解题思路］由于因果关系问题争议较多，理论考查较深入，能够为题目设计提供较丰富的素材，因此，因果关系问题是刑法考点的恒重问题，每年都会考查到。需要注意的是，近年来，法考将客观归责的考查融入因果关系理论中，对此，考生有必要熟悉掌握这两个理论。实际上，这两个理论主要解决的是现实存在的实害结果能否归责于某人的行为，根据特定的规则，在能够归责的情况下，就可以认定存在刑法上的因果关系，另外，存在因果关系并不意味着就已经构成了犯罪并承担刑事责任。本题四个选项中，分别考查了因果关系条件判断、风险行为创设、重叠因果关系等多个考点。考生在判断时需要特别留心结果与行为之间是否存在可归责性。

［选项分析］骗取贷款罪中，如果金融机构具有发放贷款、出具金融票证权限的工作人员知道真相，甚至唆使行为人提供虚假材料，使行为人取得金融机构贷款、票据承兑、信用证、保函等，不能认定行为人采取了欺骗手段，因而不得认定行为人构成本罪。而应认定金融机构工作人员构成违法发放贷款罪、违规出具金融票证罪等罪。就本题而言，造成银行损失的行为系乙银行相关人员的违规发放贷款行为，而非伪造材料行为。A 项正确。

虽然漂浮物属于甲，但是在乙的生命遭受严

重危险时，甲拿走了可以挽救乙生命的工具，其行为创设了不被法律所允许的风险，乙未能获救而死亡，应当肯定拿走漂浮物的行为与死亡结果之间具有因果关系。B 项正确。

甲、乙两人互不知情，各自行为单独都不能导致危害结果的发生，但均会起到重要作用，叠加在一起，同时发挥作用，共同导致结果发生，两个行为都与结果有因果关系，属于二因一果。C 项正确。

D 项中，命题人想考查的是，如果没有甲的行为仍会出现丙的死亡结果—乙会投毒，但乙投毒只是假设，而非现实，因果关系的考查不能基于假设。因此，现实中丙的死亡系甲的投毒行为所致，乙虽然发现甲投了毒，并且也希望丙喝了毒水而死亡，但是乙自始至终没有实施刑法所禁止的实害行为，也不具有阻止丙喝下毒水的作为义务，丙的死亡与乙没有因果关系。D 项错误。

3. ［答案］ CD　　［难度］ 难

［考点］ 因果关系、共同犯罪、具体事实认识错误、结果加重犯、犯罪集团的首要分子

［命题和解题思路］ 因果关系是重点考点，符合重者恒重的命题思路。本题具有极强的综合性，围绕因果关系考查了共同犯罪、罪数形态、认识错误等多个知识点。考生需要对每一项所涉知识点准确理解与分析，结合因果关系认定的各种情形进行判断。

［选项分析］ A 项中，甲命令乙非法拘禁丙，乙杀丙是甲犯意以外的行为。甲只对自己教唆的非法拘禁行为负责。对于乙另起犯意的行为，甲无需负责。所以，甲的行为与丙的死亡没有因果关系。要注意，黑社会性质组织的首要分子需要对其组织、发动、指挥、参与的全部罪行负责，而不是对黑社会性质组织成员所犯的全部罪行负责。从 A 项的设计可以看出来，命题者表达的是甲不知情，超出甲的指挥范围的意思，因此甲无需对丙的死亡负责。A 项不当选。

B 项中，甲只是告诉乙欠债还钱，乙随后的行为存在重大过失，这是乙自陷风险的行为，由其自负其责。甲的行为与乙的死亡没有因果关系。B 项不当选。

C 项中，乙骗丙前往甲家时，其实就已经是在执行甲、乙共谋的杀人计划，乙有杀丙之心也是因为和甲的共谋产生的。所以，甲、乙的合谋对乙的杀人起到了心理上和行动上的促进作用。甲的行为和丙的死亡具有刑法上的因果关系。C 项当选。

D 项中，乙的行为并未超出拘禁所必需的暴力，其造成的死亡属于非法拘禁罪的结果加重犯。甲教唆乙非法拘禁丙，就应当认识到乙有可能在拘禁中过失致人死亡。对于结果加重犯的加重结果，其他共犯即使没有亲自实施造成加重结果的行为，但只要对该结果存在过失，也同样要对加重结果负责。类似的例子还有，甲雇乙去伤害他人，虽然甲特意叮嘱乙说“别把人打死了”，如果乙不小心打死了人，甲还是要对死亡结果承担刑事责任，因为其主观上应该知道只要打人就存在失手把人打死的可能。故甲的行为和丙的死亡之间具有刑法上的因果关系。D 项当选。

4. ［答案］ AC　　［难度］ 难

［考点］ 刑法上的因果关系

［命题和解题思路］ 本题主要考查考生对于刑法上因果关系这一知识点的把握程度。因果关系问题是刑事司法实务绕不开的难题和重点，当然也是法考每年必考的内容。对于介入因果关系的判断，其要点有三：前行为人的行为对于结果所起的作用大小，作用越大，越容易肯定前行为与结果之间的因果关系；介入因素的异常性大小，越异常，越容易否定前行为与结果之间的因果关系；介入因素对结果所起的作用大小，作用越大，越容易否定前行为与结果之间的因果关系。对于不作为因果关系的判断，则以具有作为义务的人如果履行了作为义务是否可以避免结果发生为标准，如果是，则肯定不作为与结果之间的因果关系。

［选项分析］ A 项中，虽然无法查明丙究竟是甲撞死的还是乙轧死的，但都与甲驾车不慎撞到丙后逃逸脱不了干系。甲撞人后应该履行救助义务，如将其搬离道路，及时送医或呼叫 120 救护车，但其并未履行这些救助义务，导致丙被后车碾轧。换言之，甲无论如何都要对丙的死亡负责，不管其最终成立的罪名是什么。A 项正确，当选。

B 项中，丙的介入属于重要的、异常的介入因素，可以说已经阻断了甲所制造的危险，也即阻却了甲的行为与乙的死亡之间的因果关系。B 项错误，不当选。

C 项中，对于群租户而言，轮流交房租属于常见情况，乙发该诈骗短信给合租人的行为，并不属于重要的、异常的介入因素，没有切断甲的行为所制造的危险流程，因此，甲与丙的财产损失之间存在因果关系。C 项正确，当选。

D 项中，虽然可以说，甲即使没有在针剂里加毒药，乙也会死亡，但这属于假想的因果关系流程。现实中，确实是甲的行为导致了乙死亡，刑法中的因果关系判断不能是假设的，而应该是现实的，因此甲的投毒与乙的死亡结果之间存在因果关系。D 项错误，不当选。

5. ［答案］BD　　［难度］难

［考点］刑法上的因果关系、事后抢劫、抢劫罪的情节加重犯

［命题和解题思路］本题的考点主要有三个：刑法上因果关系的认定、事后抢劫的认定以及在公共交通工具上抢劫的认定。关于刑法上的因果关系必须要注意的是介入三因素的判断准则：前行为人的行为对于结果所起的作用大小；介入因素的异常性大小；介入因素对结果所起的作用大小。成立事后抢劫，必须具备三个条件：有盗窃、诈骗、抢夺行为；当场使用暴力或以暴力相威胁；具有特定目的。暴力行为必须发生在公共交通工具上，才能认定为是在公共交通工具上抢劫。

［选项分析］执行职务的警察在追赶嫌疑人过程中被车辆撞死，在认定甲的事后抢劫行为与致死结果之间是否存在因果关系时，必须考虑的是抢劫后逃跑与追赶的警察被过往车辆撞死的风险关联性大小问题。丙作为成年人，应该明白横穿马路奔跑的危险性，因此，可以认为，这一介入因素可谓重要的异常因素。规定在公共交通工具上抢劫这一情节加重犯的规范目的在于公共交通工具具有一定的封闭性，在上面抢劫危害性更大。本题中，暴力并非发生在公共交通工具上，因此，不能认为是在公共交通工具上抢劫。A 项错误。

尽管甲的逃跑行为和丙的死亡结果之间没有刑法上的因果关系，但丙毕竟是在履职过程中由于追赶甲导致的死亡，因此，这一点可以作为酌定量刑事由。B 项正确。

《刑法》第 269 条规定，犯盗窃罪、诈骗罪、抢夺罪，为窝藏赃物、抗拒抓捕或者毁灭罪证而当场使用暴力或者以暴力相威胁的，依照抢劫罪的规定定罪处罚。甲扒窃被发现后当场使用暴力，成立抢劫罪，而非盗窃罪。C 项错误。

最高人民法院《关于审理抢劫、抢夺刑事案件适用法律若干问题的意见》指出，抢劫罪侵犯的是复杂客体，既侵犯财产权利又侵犯人身权利，具备劫取财物或者造成他人轻伤以上后果两者之一的，均属抢劫既遂；既未劫取财物，又未造成他人人身伤害后果的，属抢劫未遂。事后抢劫同样也是抢劫，既然甲已经造成了乙轻伤的后果，应当认定为抢劫罪既遂。D 项正确。

6. ［答案］ABCD　　［难度］难

［考点］刑法上因果关系的认定

［命题和解题思路］对于介入因果关系的判断，前行为人的行为对于结果所起的作用大小，作用越大，越容易肯定前行为与结果之间的因果关系；介入因素的异常性大小，越异常，越容易否定前行为与结果之间的因果关系；介入因素对结果所起的作用大小，作用越大，越容易否定前行为与结果之间的因果关系。对于不作为因果关系的判断，则以具有作为义务的人如果履行了作为义务是否可以避免结果发生为标准，如果是，则肯定不作为与结果之间的因果关系。

［选项分析］A 项的情形属于作为因果关系错误情形之一的事前的故意，即行为人误认为第一个行为已经造成结果，出于其他目的而实施第二个行为，结果却是由第二个行为所导致。一般认为，在事前的故意场合，所介入的行为人的第二个行为并不属于重大的、异常的介入因素，因此，第一个行为与结果之间的因果关系并没有中断，仍应肯定第一个行为与结果之间的因果关系。A 项正确。

B 项，近年来多次被考查，从前行为对结果所起的作用来看，乙将李某撞倒后理应及时救助李某，否则李某的死亡风险将急剧升高，因此，乙的前行为对结果的发生所起的作用很大。公路上车来车往，再加上是夜间，人躺在公路上随时有被车碾轧的高度风险存在，就此来看，后续车辆的介入因素并不异常。据此，乙的行为与李某的死亡后果之间存在因果关系。B 项正确。

丙将海洛因送给 13 周岁的王某吸食，造成王某吸毒过量身亡。丙的行为与死亡结果之间存在被害人的介入因素，但是被害人是未成年人，缺

乏自控力，导致过量吸食毒品致死的情况并不罕见，因此，介入的这一被害人的行为对于死亡结果的发生来说，并不属于异常情况，可以认为丙提供毒品的行为与王某死亡之间存在因果关系。C项正确。

丁以杀害故意开车撞向周某，行为本身具有致死的高度风险，而周某为避免被撞跳入河中不异常，意味着周某溺死并非罕见偶然的情况，所以应当肯定丁的行为与周某的死亡之间具有因果关系。D项正确。

7.［答案］C　　［难度］难

［考点］刑法上因果关系的概念与认定

［命题和解题思路］因果关系是实务和理论研究中的重点和难点问题，是历年真题考查的重点。命题人在本题中将因果关系、诈骗罪、故意杀人罪等巧妙地结合起来，使得本题的难度加大。解答本题的关键在于要掌握由第三者或被害人的行为介入而导致结果发生时的因果关系判断。在存在介入因素时，要判断某种结果是否为行为人的行为所造成，应当考查行为人的行为导致结果发生的可能性的大小、介入情况的异常性大小以及介入情况对结果发生作用的大小。

［选项分析］乞丐取走王某财物属于异常的介入因素。因此，对乞丐取走财物这一结果，不能要求甲负责，不能认为甲的行为与王某的财产损失之间存在因果关系。当然，如果甲在旁边目睹乞丐取走财物的行为而未阻止，则应对财物的损失负不作为的责任，原因是其应对由自己造成的危险源负消除义务，乞丐其实是利用了甲所造成的危险而行窃。A项错误。

乙纠集他人“持凶器砍杀”李某，实行行为本身导致李某死亡的危险性极大；李某被逼至江边无奈跳江，被害人这一举止（介入因素）的出现并不异常，不是被害人自己愿意选择死亡（不属于被害人自我答责的情形），乙的行为与李某的死亡存在因果关系。B项错误。

控制酒驾现场属于交警职务行为所支配的场合，此时，因果关系的进程由交警来把控，即切断了丙的醉酒驾车行为的因果进程。石某的死亡结果应归属于交警的指挥不当，而与丙的行为无因果关系。C项正确。

D项是重点干扰项。本选项中虽然介入了陈某的异常行为，但一般来说，在遭受敲诈勒索时，人难免会产生慌乱，出现汇错账号的情况也属正常，换言之，这并非重大的异常情况。因此，丁的行为与陈某的财产损失之间存在因果关系。但是，需要注意的是，能够肯定因果关系的存在，并不意味着成立犯罪，更不意味着犯罪既遂。本题中，丁的行为与陈某的财产损失之间存在因果关系，但丁并没有取得财物，不能构成敲诈勒索罪既遂，而是出于意料之外的原因，成立未遂。D项错误。

8.［答案］D　　［难度］难

［考点］刑法上因果关系的认定

［命题和解题思路］因果关系问题，可出题的知识点很多，本题除了考查介入的因果关系以外，还考查了对相当因果关系的理解，因果关系的现实性、条件因果关系（事实性因果—非A则非B）和相当因果关系（评价性因果—能否将结果算在行为头上）的区别等。

［选项分析］乙的死亡是由甲的跳楼行为导致的，行为导致结果发生的概率的高低是该行为能否认定为危害行为所要考虑的，不能将本题与类似“劝他人坐飞机，希望飞机失事，使他人被摔死”的例子相类比，在“劝人坐飞机”案中，飞机失事概率极低，因此劝他人坐飞机的行为并非刑法中的实行行为，进而也就不存在判断因果关系的问题。但跳楼砸中行人的概率其实并不低于高空抛物砸中人，其具有一定的危险性，也确实砸中了行人。换言之，该行人的死亡结果是跳楼这一危险行为的现实化，因而能够肯定两者之间的因果关系或曰可归责关系。当然，这与甲的行为是否构成犯罪、能否承担刑事责任无关。A项错误。

一般而言，集资诈骗的被害人大多具有贪利性，但这并不能否认财产损失与集资诈骗行为之间的因果关系。其财产损失还是因为被骗所致，如果行为人告知集资诈骗被害人真相，被害人是不会交付财物的。换言之，正是行为人虚构事实、隐瞒真相的行为，导致被害人产生了错误意识，进而处分了财物，这也就肯定了两者之间存在因果关系。B项错误。

从条件说的因果关系看，甲的肇事和乙的财物受损之间存在没有A就没有B的关系。但是，有条件关系并不足以肯定有相当因果关系。丙的取财行为系介入的第三人的行为，如果要切断甲的肇事所导致的因果进程，除了要考察前行为对于结果发生的作用力大小外，还要确定该介入因素必须对结果所起的作用重大，且属于重要的异常状况。从一般人的视角来看，撞死人后逃逸不具有导致被害人财产被他人取走的高度危险性。因此，前行为对于财产受损所起的作用相较于丙的取财行为显然小得多，并且肇事逃逸后第三人将被害人财物取走也是一个异常的介入因素，即介入了一个第三人的故意犯罪行为，该窃取行为与被害人的财产损失之间存在因果关系，因此，甲的肇事逃逸和乙的财物受损之间不存在因果关系。C 项错误。

交通肇事中，行为人如果负次要责任，被害人就要负主要责任，这也说明被害人对其遭受的被害结果所起的作用力更大，这样便否定了前行为与结果之间的因果关系。D 项正确。

9. ［答案］CD　［难度］中

［考点］刑法上因果关系的认定、刑法上的因果关系与刑事责任

［命题和解题思路］因果关系是历年考试的重点，每年分值不低。本题主要考查的知识点有因果关系的认定以及因果关系与刑事责任之间的关系问题。需要指出的是，因果关系只是犯罪成立的条件之一，具备因果关系，未必具有刑事责任，还需要满足各罪构成要件的其他条件；但要成立犯罪，就必须具有因果关系。

［选项分析］因果关系是承担刑事责任的必要非充分条件，即便肯定了因果关系，还需要具备故意、过失以及没有其他排除违法和责任事由等犯罪成立条件后，才能肯定行为人具有刑事责任。A 项论述的后半段显然错误，即便肯定了甲的行为与丙的死亡之间有因果关系，但是甲是由于乙扔出的烟头击中面部导致的自然条件反射，很难说甲违反了相关的交通管理法规，甲对于丙的死亡无故意和过失，当然不能追究甲交通肇事罪的刑事责任。A 项错误。

强奸后自杀这一被害人介入因素不能说属于正常的情况，一般情况下，遭受强奸后理应选择报警，即使存在行为人威胁不得报警的情况。而选择自杀，可以说是介入了被害人的异常情况，属于被害人的自我决定，应自我归责。不能肯定甲的威胁行为与乙的死亡后果之间的因果关系。《刑法》第 236 条第 3 款第 6 项中的“致使被害人重伤、死亡或者造成其他严重后果”，指的是强奸行为直接导致被害人死亡，而不包括间接地致使被害人自杀。B 项错误。

丙的死亡后果既可能是由甲直接导致也可能是由乙的行为导致。如果是第一种情形，肯定甲的行为与丙的死亡结果之间的因果关系当然没问题。如果是第二种情形，由于甲将丙撞倒后逃逸，被害人躺在无照明的黑暗路段是很容易被后车二次追撞的，这并没有超出一般人的经验范围，所以乙开车经过轧死丙并不是异常的介入因素，应肯定甲的行为与丙的死亡之间的因果关系。C 项正确。

在电梯内不得打闹属于生活常识，电梯门受外力挤压后自动开启这一因素并非异常，甲、乙的行为与丙的死亡结果之间存在相当因果关系。D 项正确。

10. ［答案］D　［难度］难

［考点］刑法上因果关系的认定

［命题和解题思路］因果关系问题是刑事司法实务绕不开的难题和重点，当然也是每年必考的内容。即便如此，依然有很多考生在因果关系题上失分，甚至有考生看见因果关系题便直接放弃，实在是可惜。其实，因果关系的判断难在有第三方或者被害人因素介入的场合如何规范确认行为人是否应当对结果负责的问题。命题人通过本题试图考查考生是否掌握存在介入因素时的以下三个判断标准：前行为人的行为对于结果所起的作用大小；介入因素的异常性大小；介入因素对结果所起的作用大小。如果考生掌握了这三个标准，问题便可迎刃而解。

［选项分析］A 项是重点干扰项。从介入因素的角度说，本选项中需要判断警察的介入因素是否异常、对于结果发生所起的作用力大小：首先，从题干表述很难判断到底是前行为人还是警察的介入因素对于死亡结果所起的作用更大。其次，需要判断警察的介入对于结果的发生来说到底是否属于异常因素。一般来说，警用车辆在执勤过程中发生故障的概率是很低的，因此，由于警车故障导致被害人没有办法得到及时救助而死亡可以说是重大的异常状况。另外，警察负有专门的

职责，其介入后，因果进程由其掌控，此时，前行为人的行为与死亡结果之间的因果关系即被切断。A 项错误。

甲将丙撞伤后理应及时救助，否则丙躺在路中央，很容易被其他车辆碾轧，甲的前行为对结果的发生所起的作用很大。而公路上车来车往，人躺在公路中央随时有被车撞死的高度风险存在，就此来看，乙的介入因素并不异常。据此，甲的行为与丙的死亡结果之间存在相当因果关系。B 项错误。

正是由于甲的开枪行为导致了丙的死亡发生，存在条件意义上的因果关系。同时，也不存在第三人或者被害人的介入因素，开枪射击是特别危害法益的侵害行为，误中他人并非异常状况，应当肯定相当因果关系的存在。C 项错误。

D 项存在被害人自身介入的因素，从前行为对结果所起的作用来看，应当说投毒具有致死的高度风险。但从介入因素异常性的判断来看，一般人中毒后感觉非常难受的话会及时求助或就医，而非自杀，由此，被害人中毒后自杀可以说是一个极其异常的介入因素。综合来看，应当否定甲的投毒行为和乙的死亡之间的相当因果关系。D 项正确。

11. [答案] ABC　　[难度] 难

[考点] 刑法上因果关系的认定

[命题和解题思路] 因果关系的判断向来是刑法理论与实务的难点，当然也是每年必考的知识点。基本可以将因果关系的判断分为两个步骤：**第一步，根据条件理论：没有 A 便没有 B 公式，判断是否存在事实性的因果关系；第二步，在肯定存在条件关系的前提下，根据相当因果关系说判断有介入因素的场合是否存在评价性的因果关系。**因果关系的判断存在争议的场合基本发生在有第三人或者被害人因素介入的时候，在此应当着重认真审查三点：前行为人的行为导致结果发生的可能性大小、介入因素的异常性大小、介入因素对结果发生所起的作用力大小。命题人希望考生掌握的重点是存在介入因素场合的因果关系判断问题。应试时牢牢把握住以上原则，即可顺利解决与因果关系有关的难题。本题各个选项之间没有逻辑关联，必须逐项应用因果关系理论分析排除。

[选项分析] 首先，根据条件理论，没有甲或者乙的行为，均不会发生死亡结果，即可以肯定存在条件说的因果关系。其次，丙的死亡结果正是由甲、乙两人的行为所现实导致的。最后，甲、乙二人的行为对结果的发生同样重要。因此，应当认为甲和乙的行为与死亡结果之间都存在因果关系。A 项正确。

甲等多人深夜追杀乙，一般情况下，换成其他人也会慌不择路地逃跑，即是说，乙被迫跑到高速公路上并非重大的异常情况，且甲的行为本身就具有致死的高度风险，因此，应当肯定甲等多人的行为与乙的死亡之间具有因果关系。B 项正确。

同样，在事实性因果关系的判断上，没有甲的猥亵行为乙便不会被撞死，可以肯定条件关系。根据相当因果关系说，乙为了保护自己的性自主法益挣扎逃跑是正常的，其在高速公路上被车撞死并非异常，因此应当肯定甲的行为与乙的死亡结果之间具有因果关系。C 项正确。

从条件说因果关系看，没有甲的放火行为，便不会有乙死亡结果的发生，即存在条件因果关系。而通常放火行为致人死亡的可能性非常高，由于常态情况下，父母均会不顾自己安危冲入火场救婴儿，所以介入因素并不异常，应当肯定甲的放火行为与乙的死亡结果之间存在因果关系，不能以被害人自我负责为由否定甲的放火行为与乙的死亡结果之间存在因果关系。D 项错误。

第四章　不作为

试　题

1. 关于不作为犯罪，下列哪些说法是正确的？(2023 年回忆版)

A. 甲、乙在宿舍同住，发生火灾，甲惊醒后来不及叫醒乙，遂自己逃离，后乙被烧死。甲构成不作为方式的犯罪

B. 甲在宾馆住宿时，发现宾馆的用电线路暴

露，但离开时未提醒。后线路短路，引发火灾。甲不构成不作为方式的犯罪

C. 嫖客甲去卖淫女乙家里嫖娼，准备发生性行为时，乙心脏病发作，甲怕自己嫖娼的事情败露，未救助乙就离开了。甲构成不作为方式的犯罪

D. 公交车司机甲在公交车上发现小偷在偷乘客的东西而未阻止。甲构成不作为方式的犯罪

2. 下列哪些选项构成不作为犯罪？（2023年回忆版）

A. 甲、乙一起去爬山遇到山体滑坡，甲能救乙而没救

B. 甲和乙经常一起在甲家里吸毒，某日乙吸毒出事，甲能够施救而没有施救

C. 民警甲下班看见别人在强迫卖淫，认为自己不是上班时间所以没有制止

D. 甲去荒山探险，村民乙劝阻他山里很危险，甲执意前往。次日乙在山里偶遇奄奄一息的甲而没有施救

3. 关于不作为犯，下列哪些说法是正确的？（2018年回忆版）

A. 甲、乙共同入户抢劫丙，甲将丙捆绑后，二人共同实施了抢劫行为。之后，乙临时起意欲将丙灭口，甲站在一旁观看而没有制止。乙的杀人行为成立故意杀人罪，甲对此构成不作为的故意杀人罪

B. 甲生一女，因怕被婆家嘲笑，便让其妹乙将孩子遗弃至菜市场。尽管其妹在法律上并非女婴的抚养人，但仍构成不作为的遗弃罪

C. 失主甲空手追赶小偷乙，乙逃至河边后为摆脱甲的追赶而跳河，欲游到对岸。乙游至河中心时因体力不支，向甲呼救。甲心想："淹死也算活该。"便未救乙，乙溺亡。甲的行为构成不作为的故意杀人罪

D. 甲不慎将自己的孩子摔在地上，看孩子没有哭闹便未送医。三天后孩子死亡。经查明，死亡系脑部受到重创所致，且查明由于受伤太重，即便被摔当时立即送往医院也无法救活。甲的行为不构成不作为的故意杀人罪

4. 丁为精神病人，丁之妻郭某系丁的监护人。一日，二人到丁父母家吃饭时，丁和其父母争吵，拿起菜刀将其父母砍死（实际未死）。郭某未制止、未呼救也未报警，而是关上门走了，丁父母流血休克而亡，郭某事后还洗了丁的血衣。事后证明，丁当时精神病发作没有责任能力。关于郭某，下列哪些说法是正确的？（2018年回忆版）

A. 妻子郭某构成不作为的故意杀人罪和帮助毁灭证据罪，应数罪并罚

B. 妻子郭某构成不作为的故意杀人罪

C. 如果认为即使及时送医仍会死亡，也不应认为与妻子郭某不作为的故意杀人无因果关系

D. 妻子郭某构成帮助毁灭证据罪

5. 关于不作为犯罪，下列哪一选项是正确的？（2016-2-1）

A. "法无明文规定不为罪"的原则当然适用于不作为犯罪，不真正不作为犯的作为义务必须源于法律的明文规定

B. 在特殊情况下，不真正不作为犯的成立不需要行为人具有作为可能性

C. 不真正不作为犯属于行为犯，危害结果并非不真正不作为犯的构成要件要素

D. 危害公共安全罪、侵犯公民人身权利罪、侵犯财产罪中均存在不作为犯

6. 关于不作为犯罪，下列哪些选项是正确的？（2015-2-52）

A. 儿童在公共游泳池溺水时，其父甲、救生员乙均故意不救助。甲、乙均成立不作为犯罪

B. 在离婚诉讼期间，丈夫误认为自己无义务救助落水的妻子，致妻子溺水身亡的，成立过失的不作为犯罪

C. 甲在火灾之际，能救出母亲，但为救出女友而未救出母亲。如无排除犯罪的事由，甲构成不作为犯罪

D. 甲向乙的咖啡投毒，看到乙喝了几口后将咖啡递给丙，因担心罪行败露，甲未阻止丙喝咖啡，导致乙、丙均死亡。甲对乙是作为犯罪，对丙是不作为犯罪

7. 关于不作为犯罪的判断，下列哪一选项是错误的？（2014-2-5）

A. 小偷翻墙入院行窃，被护院的藏獒围攻。主人甲认为小偷活该，任凭藏獒撕咬，小偷被咬死。甲成立不作为犯罪

B. 乙杀丙，见丙痛苦不堪，心生悔意，欲将丙送医。路人甲劝阻乙救助丙，乙遂离开，丙死

亡。甲成立不作为犯罪的教唆犯

C. 甲看见儿子乙（8 周岁）正掐住丙（3 周岁）的脖子，因忙于炒菜，便未理会。等炒完菜，甲发现丙已窒息死亡。甲不成立不作为犯罪

D. 甲见有人掉入偏僻之地的深井，找来绳子救人，将绳子的一头扔至井底后，发现井下的是仇人乙，便放弃拉绳子，乙因无人救助死亡。甲不成立不作为犯罪

8. 关于不作为犯罪，下列哪些选项是正确的？（2013-2-51）

A. 船工甲见乙落水，救其上船后发现其是仇人，又将其推到水中，致其溺亡。甲的行为成立不作为犯罪

B. 甲为县公安局长，妻子乙为县税务局副局长。乙在家收受贿赂时，甲知情却不予制止。甲的行为不属于不作为的帮助，不成立受贿罪共犯

C. 甲意外将 6 岁幼童撞入河中。甲欲施救，乙劝阻，甲便未救助，致幼童溺亡。因只有甲有救助义务，乙的行为不成立犯罪

D. 甲将弃婴乙抱回家中，抚养多日后感觉麻烦，便于夜间将乙放到菜市场门口，期待次日晨被人抱走抚养，但乙被冻死。甲成立不作为犯罪

详　解

1. ［答案］BD　　［难度］难

［考点］不作为犯罪的认定

［命题和解题思路］不作为犯是法考刑法总论中的常考考点，属于法考的重点和难点。判断不作为的不法层面要件包括：作为的义务、作为的可能性、结果回避可能性、作为和不作为的等价性。本题中，命题者试图通过本题全面考查考生对于履行作为义务的可能性、作为义务的有无等。应该说，D 项具有一定的迷惑性，原因在于作为公交车司机的甲究竟有无阻止义务，存在一定的难度。

［选项分析］A 项中，就不作为犯来说，如果不具有作为的可能性，那么对其进行处罚就是不公正的。甲被惊醒后来不及叫醒乙，即便认为，作为同宿舍室友，基于亲密关系而具有救助义务，但其并不具有履行该义务的可能性，因此不构成不作为犯罪。A 项错误。

B 项中，甲只是作为住店的顾客，宾馆的用电安全并非其管辖的领域，其对宾馆的用电安全不负有监管义务。B 项正确。

C 项中，由于是在卖淫女家中嫖娼，甲对此并不发生领域性支配，因而不具有救助义务。C 项错误。

D 项中，《民法典》第 819 条规定：“承运人应当严格履行安全运输义务，及时告知旅客安全运输应当注意的事项……”第 822 条规定：“承运人在运输过程中，应当尽力救助患有急病、分娩、遇险的旅客。”第 824 条第 1 款规定：“在运输过程中旅客随身携带物品毁损、灭失，承运人有过错的，应当承担赔偿责任。”从上述明文规定的角度说，甲有阻止义务。从实质的作为义务角度看，甲对自己所驾驶的车辆具有领域性支配，因此，对在车内发生的危险具有阻止义务。但本案中甲却没有履行（如可以提醒乘客注意），因此，成立不作为的犯罪。D 项正确。

2. ［答案］ABC　　［难度］中

［考点］不作为犯罪的认定

［命题和解题思路］本题考查不作为犯，主要考查考生对于作为义务的掌握。考生要适应从形式的作为义务来源到实质的作为义务来源说的转变，否则就会错选 AB 项。另外，在 C 项中还涉及下班后警察的职责问题。对此，应参考《人民警察法》的规定，具有一定难度。

［选项分析］A 项中，从不作为犯罪的实质作为义务来源看，甲、乙因系紧密的共同体关系，进而产生了彼此救助的义务，甲能够救助而没有履行救助义务，成立不作为犯罪。A 项当选。

B 项中，甲基于对特定领域（自己家中）的支配，而对在其中所发生的危险具有制止义务，甲能够施救而未施救的行为成立不作为犯罪。B 项当选。

C 项中，《人民警察法》第 19 条规定：“人民警察在非工作时间，遇有其职责范围内的紧急情况，应当履行职责。”第 21 条第 1 款规定：“人民警察遇到公民人身、财产安全受到侵犯或者处于其他危难情形，应当立即救助；对公民提出解决纠纷的要求，应当给予帮助；对公民的报警案件，应当及时查处。”因此，即使甲正处于下班期间，其看到有人强迫卖淫，也具有阻止义务，其没有履行，成立不作为犯罪。C 项当选。

D 项中，村民乙对甲去荒山探险并不具有法定的阻止义务或安全保障义务，因此，在山里偶遇奄奄一息的甲没有施救，不成立犯罪。D 项不当选。

3. ［答案］ABD　　［难度］难

［考点］不作为犯

［命题和解题思路］本题各选项中的案情设计得较活，不同知识点的融合度较高。主要考查了不作为犯的作为义务来源和不作为犯的成立条件这两个知识点的掌握，另外还结合共同犯罪理论，考查了不作为的共犯成立条件等。本题要想做对，除了不作为理论外，还要对共同犯罪理论掌握到位。

［选项分析］A 项是重点干扰项之一，选项中的“临时起意”是命题者设置的一个陷阱，虽然超出了甲、乙的共同犯意，但由于是甲将被害人捆绑，这对于被害人的生命法益而言，属于创设了一个危险，此时，甲就负有消除该危险的作为义务，如果没有履行该义务，放任乙利用自己所创设的风险，显然就成立了不作为的故意杀人罪。需要注意的是，此时抢劫行为已经结束，乙的杀人行为只能另成立故意杀人罪。甲作为不作为的帮助犯，对于杀人行为而言，成立的也应该是故意杀人罪。A 项正确。

遗弃罪的正犯必须是具有扶养义务的人，但对于帮助犯和教唆犯，则不必限于有扶养义务之人。甲的妹妹乙虽然没有抚养义务，但是其是帮助有抚养义务的甲遗弃小孩。因此，乙构成遗弃罪的帮助犯，由于正犯本身是不作为犯罪，故乙也是不作为犯罪。B 项正确。

C 项同样是重点干扰项。不作为犯罪作为义务的来源中的先行行为，必须要足以产生某种危险，而追赶小偷的行为具有正当性，一般来说，不能认为会对其生命法益造成危险，因此对于小偷溺水并没有救助义务，甲不成立不作为犯罪。C 项错误。

成立不作为犯罪的要件之一是不作为与结果的发生之间有因果关系，即如果行为人作为便具有避免结果发生的可能性，而如果即使履行了作为义务也不具有结果回避的可能性，那么就意味着不作为和结果之间不具有因果关系。本项中强调，无论甲是否及时送医，均无法避免死亡结果的发生，因此，甲不成立不作为的故意杀人罪。D 项正确。

4. ［答案］BC　　［难度］中

［考点］不作为犯罪的成立条件、帮助毁灭证据罪

［命题和解题思路］本题主要考查对不作为犯成立条件的理解程度，应该说，考查得比较深入。C 项中，考生往往容易忽略郭某存在两个层面的作为义务，而被命题者的案件设计所干涉，认为 C 项是错误的。另外，命题者同时还考查了帮助毁灭证据罪等问题。

［选项分析］由于郭某是丁的监护人，故有制止的义务，郭某不履行该义务的，成立不作为的故意杀人罪。郭某后续帮助毁灭证据的行为，既是针对其“犯罪”行为而言的，也是针对自己的不作为犯罪而言的，因此，不应作为犯罪处理，而是属于犯罪后毁灭、伪造证据的行为，系事后不可罚的行为。AD 项错误。

本题中，郭某存在两个层面的义务：一是制止义务，二是积极救助义务。即便认为及时送医仍会死亡，也只能说，不救助的行为与死亡结果无因果关系。但郭某还有制止丁的故意杀人义务，没有制止的行为（不作为犯）与死亡结果之间仍存在刑法上的因果关系。BC 项正确，当选。

5. ［答案］D　　［难度］中

［考点］不作为犯

［命题和解题思路］本题的命题特点在于并未结合案例来考查，而是通过提出一些命题让考生判断真伪的方式来考查考生对于不作为犯罪的掌握情况。包括不作为犯与罪刑法定原则的关系、不作为犯的作为义务来源、不作为犯的成立条件以及不作为犯的成立范围等。本题各选项之间基本不存在逻辑关联，也没有相互矛盾的选项存在。因此，本题考查的知识面相对较广，但难度适中。

［选项分析］A 项为重点干扰项。不真正不作为犯的作为义务来源除了法律明文规定以外，还包括先行行为产生的义务。如果赞同实质的作为义务来源说，其义务来源更加不限于法律明文规定，如基于自愿承担、基于自然的紧密联系、基于紧密的生活共同体等。A 项错误。

法律不强人所难，如果根本不具有作为的可能性还予以制裁，显然是不公正的。法秩序非难的是“不作为”，而非“不能为”。B 项错误。

不真正不作为犯与是否为行为犯没有必然关

系，其实一开始单纯的不履行作为义务，并不会马上成立犯罪，而是要等到结果出现时才成立既遂。事实上，不纯正不作为犯大多是以结果犯的形式出现，如以不作为形式杀人，死亡结果显然是构成要件要素。C 项错误。

对于 D 项，其实只要在这三章中各找到一个例证就可以证明该选项正确。在危害公共安全罪中存在不作为的放火罪、不作为的爆炸罪等罪名，在侵犯公民人身权利罪中存在遗弃罪等不作为的犯罪，在侵犯财产权的犯罪中存在不作为的诈骗罪等罪名。因此，危害公共安全罪、侵犯公民人身权利罪、侵犯财产罪中均存在不作为犯。D 项正确。

6. ［答案］ACD　　［难度］难

［考点］不作为犯

［命题和解题思路］本题考查了不作为犯中的作为义务的来源、对作为义务的认识错误以及作为与不作为的区分问题，涉及的知识点较多，其中选项 C 当年引起了较大争议，但其实选项设计从通说立场以及案情的理解上（命题人特别限定了“如无排除犯罪的事由”）看并无问题。

［选项分析］A 项无论说用实质的作为义务来源说还是形式的作为义务来源说，都可以得出正确选项，需要提醒考生的是，实质的作为义务来源说近年来已经成为法考的常考理论板块，实质的义务来源包括保护义务和监督义务。前者是指保护法益不受（他人）侵害和监督义务，包括诸如自然的紧密联系（父子、母子关系）、危险共同体关系（登山队等）以及特定的承担保护义务者（基于自愿的保护行为）等；后者是指监督特定危险源不侵害他人或危险继续扩大，后者的下位类型则包括诸如动物饲养者、产品制造者的作为义务等。父亲对子女的作为义务来源于自然的紧密联系；而救生员对于游泳者的作为义务则来源于保护义务，因为救生员的职责就是拯救溺水者。而根据形式的作为义务说，父亲的救助义务来源于亲属法的规定，救生员的救助义务来源于职责行为。A 项正确。

B 项设计的陷阱在于，该认识错误到底是事实认识错误还是法律认识错误。本选项并不是诸如父亲不知道落水的是自己的儿子，因而能够救助却没有救助的情况，本选项中丈夫对于落水的是自己的妻子这一点并无错误认识。因此，B 项是法律认识错误。对于法律认识错误，以是否可以避免作为判断的基准。如果该认识错误可以避免，则不影响犯罪的认定或可以减轻罪责；如果该认识错误不可避免（如咨询专家和专业人士行为是否为法律允许等），则不构成犯罪。丈夫误认为离婚诉讼期间自己无义务救助落水的妻子，致妻子溺水身亡，二人毕竟在法律上还是夫妻，一般人也会认为此时仍应有夫妻之间的互助义务，所以应当认为丈夫对妻子的作为义务认识错误属于可避免的违法性认识错误，不影响犯罪的成立。丈夫对于不救助妻子是故意为之，显然不是过失犯罪，而是故意犯罪（不作为）。B 项错误。

C 项考查的是对于母亲和女友中的何人负有保证人地位（作为义务）的问题。实际上，不管是形式的作为义务说还是实质的作为义务说，都会认为直系近亲属身份是最为重要的作为义务来源之一。甲有作为可能性，也有作为义务，但未履行作为义务，如果没有其他排除犯罪事由，当然会成立不作为犯。对于母亲有作为义务，而对于女友（尤其是非同居的女友）没有作为义务，因此必须选择救助母亲。C 项正确。

甲投毒的行为制造了乙死亡的风险，在甲意识到丙要喝该咖啡时，就应该消除或降低自己先前创造的风险，但甲并未这么做，因此是不作为。具体地说，甲对丙的作为义务来源于自己的先行行为。先行行为构成不作为犯的基本法理在于：行为人制造了一个危险的时候，负有监督防止危险继续扩大、排除危险以避免结果发生的作为义务。D 项正确。

7. ［答案］C　　［难度］难

［考点］不作为犯

［命题和解题思路］不作为犯向来是理论与实务讨论的重点和难点问题，也是每年必考的内容。在不作为犯的相关命题中，命题人基本围绕作为义务做文章，因此，考生对这一内容应当做到了然于胸。正确分析不作为犯有关问题的前提是必须对各种不作为义务来源有清楚的认知，否则，仅凭朴素的处罚情感想要正确分析不作为犯的有关问题，基本是难以成功完成其使命的“不能犯”。本题四个选项之间没有关联性，只能逐项结合作为义务来源进行分析排除。

［选项分析］A 项是重点干扰项。A 项涉及防

卫过当的认定和不作为犯的作为义务来源。主人放藏獒攻击小偷是防卫行为，但是，由于小偷仅仅侵害的是财产利益，客观上并没有威胁到生命和身体健康等人身重要法益，主人任凭藏獒撕咬小偷造成重伤后果时便已经明显超过了必要的防卫限度，成立防卫过当。此时又基于主人对藏獒具有危险源的监控义务，因此，主人理应救助和阻止藏獒继续攻击小偷，但其却未履行相关义务，成立不作为犯罪。A 项正确。

先行行为作为不作为犯中最为重要的作为义务来源之一，学界存在争议的是先行行为能否是犯罪行为。法考采纳的是肯定说，肯定故意犯罪者的作为义务，对于恶意参与的共犯具有填补可罚性漏洞的重要意义。如果否定故意犯罪者的作为义务，则恶意唆使犯罪者不救助被害人的场合，由于犯罪者对于故意犯罪后的阶段没有救助义务，导致后阶段没有不法的正犯可以从属，教唆犯便当然不能成立（成立教唆犯必须有一个符合构成要件且违法的正犯行为）。如此，本来被害人有获救的机会，正是恶意唆使者使得被害人丧失了生命，恶意唆使者理当为此后果负责。因此，应肯定故意犯罪者的作为义务。甲劝故意杀人的乙不救助被害人丙致使其死亡，理当成立不作为犯罪的教唆犯。B 项正确。

甲对于未成年的儿子负有监管义务，在眼见自己年幼的儿子攻击他人、有发生法益危险时，理当及时阻止以防止危害结果的发生，但甲未阻止以致丙死亡，成立不作为犯罪。C 项错误。

乙落井并非甲所致，甲也不负有因职责所产生的救助义务，其只是过路者，原则上对落井者并没有法律上的救助义务。当然，如果甲将绳子抛下深井，乙已经利用甲的绳子往上攀爬，此时甲放手或者积极剪断绳子的，由于甲是在积极提升乙的生命风险，属于作为的故意杀人，而非不作为。因此，甲不成立不作为犯罪。D 项正确。

8. ［答案］BD　　［难度］中

［考点］不作为犯

［命题和解题思路］本题主要考查对于不作为犯成立条件的理解程度，但命题人设置了多个考点，涉及作为与不作为的区分、夫妻之间是否对他人犯罪负有阻止的作为义务（保证人义务）、不作为犯罪的教唆与帮助、先行行为的认定等细部问题，各个选项之间都是独立的。此类型题目，考查面较宽但受限于每个选项的字数，一般不会考查得过于复杂。

［选项分析］甲以积极的身体举动将乙推入水中，创设了针对乙的生命的危险，显然是作为的故意杀人行为。A 项错误。

B 项是重点干扰项。夫妻之间的作为义务，不论根据何种作为义务来源说，都是限于相互扶养层面，而非相互监管以不侵犯他人权益，原因是精神正常的成年夫妻并非特定的危险源，所以各自并不对对方实施的不法行为负监督义务。据此，丈夫对于妻子在家中受贿的不法行为不具有监督义务，其不成立不作为犯罪。B 项正确。

甲意外将 6 岁幼童撞入河中后，制造了幼童的生命风险，此时甲必须积极降低或消灭已经存在的风险，对于幼童的生命负有作为的救助义务，但是甲没有积极救助致幼童死亡，成立不作为犯罪。对于不作为犯的教唆和帮助，并不需要教唆犯和帮助犯同样负有作为义务。据此乙作为教唆者，也成立不作为的故意杀人罪。C 项错误。

甲基于自愿接受行为产生了对于婴儿的保护义务，但是甲却不履行该义务，将婴儿弃置菜市场门口致使婴儿死亡，成立不作为犯罪。更具体地说，甲成立遗弃罪。D 项正确。

第五章　犯罪主体

试　题

第一节　自然人犯罪

1. 乙是一位有辨别能力但行为不受控制的精神病人，甲对此并不知情。某日，甲教唆乙去把丙的眼睛弄瞎，但乙控制不住自己的行为，最终把丙打死了。关于甲、乙二人的行为，下列哪些说法是正确的？（2023 年回忆版）

A. 甲不构成教唆犯，构成间接正犯

B. 若是否构成共犯与行为能力无关，则仅在不能确定甲有支配意图时，才可认定甲构成教唆犯

C. 对于乙的行为，甲要负过失致人死亡的责任

D. 乙有认识能力，但无控制能力，应认定为限制刑事责任能力人，构成故意杀人罪既遂

2. 关于刑事责任能力的认定，下列哪一选项是正确的？（2017-2-3）

A. 甲先天双目失明，在大学读书期间因琐事致室友重伤。甲具有限定刑事责任能力

B. 乙是聋哑人，长期组织数名聋哑人在公共场所扒窃。乙属于相对有刑事责任能力

C. 丙服用安眠药陷入熟睡，致同床的婴儿被压迫窒息死亡。丙不具有刑事责任能力

D. 丁大醉后步行回家，嫌他人小汽车挡路，将车砸坏，事后毫无记忆。丁具有完全刑事责任能力

3. 关于刑事责任能力，下列哪一选项是正确的？（2016-2-3）

A. 甲第一次吸毒产生幻觉，误以为伍某在追杀自己，用木棒将伍某打成重伤。甲的行为成立过失致人重伤罪

B. 乙以杀人故意刀砍陆某时突发精神病，继续猛砍致陆某死亡。不管采取何种学说，乙都成立故意杀人罪未遂

C. 丙因实施爆炸被抓，相关证据足以证明丙已满 15 周岁，但无法查明具体出生日期。不能追究丙的刑事责任

D. 丁在 14 周岁生日当晚故意砍杀张某，后心生悔意将其送往医院抢救，张某仍于次日死亡。应追究丁的刑事责任

4. 关于责任年龄与责任能力，下列哪一选项是正确的？（2015-2-2）

A. 甲在不满 14 周岁时安放定时炸弹，炸弹于甲已满 14 周岁后爆炸，导致多人伤亡。甲对此不负刑事责任

B. 乙在精神正常时着手实行故意伤害犯罪，伤害过程中精神病突然发作，在丧失责任能力时抢走被害人财物。对乙应以抢劫罪论处

C. 丙将毒药投入丁的茶杯后精神病突然发作，丁在丙丧失责任能力时喝下毒药死亡。对丙应以故意杀人罪既遂论处

D. 戊为给自己杀人壮胆而喝酒，大醉后杀害他人。戊不承担故意杀人罪的刑事责任

第二节　单位犯罪

1. 关于单位犯罪，下列哪一说法是错误的？（2018 年回忆版）

A. 甲、乙为了实施走私而成立了公司，后该公司实施了走私犯罪。公司的走私行为不能认定为单位犯罪

B. 某国有公司的高管集体研究决定，将该单位的 50 万元在 5 个高管中平均分配。该行为不能认定为单位实施的私分国有资产罪

C. 甲公司实施单位犯罪后，便被乙公司兼并。此时，既要追究甲公司原直接责任人的刑事责任，亦应追究甲公司的刑事责任

D. 甲实施拐卖儿童行为，借用其所在单位的车辆及司机帮忙运送被拐卖儿童，该单位参与拐卖儿童的行为构成单位犯罪

2. 关于单位犯罪，下列哪些选项是正确的？（2015-2-54）

A. 就同一犯罪而言，单位犯罪与自然人犯罪的既遂标准完全相同

B. 《刑法》第一百七十条未将单位规定为伪造货币罪的主体，故单位伪造货币的，相关自然人不构成犯罪

C. 经理赵某为维护公司利益，召集单位员工殴打法院执行工作人员，拒不执行生效判决的，成立单位犯罪

D. 公司被吊销营业执照后，发现其曾销售伪劣产品 20 万元。对此，应追究相关自然人销售伪劣产品罪的刑事责任

详　解

第一节　自然人犯罪

1. ［答案］BC　　［难度］难

［考点］刑事责任能力的认定、不同参与形态的事实认识错误

［命题和解题思路］本题考查了刑事责任能力的认定和不同参与形态的事实认识错误问题。前一问题较为简单，但对于以教唆犯的故意教唆精神病人实施犯罪的情况，考生可能还未掌握。对于这一情形，应考虑甲并没有实施间接正犯的故意，而教唆犯是引起被教唆者实施符合构成要件

的违法行为的情形。因此，甲应该成立故意伤害罪的教唆犯，而非间接正犯。

［选项分析］本题中，甲以教唆犯的意思实施教唆行为，但却产生了间接正犯的结果。应当说，教唆犯的成立只要引起了被教唆者实施符合构成要件的违法行为即可。这样一来，虽然甲客观上产生了间接正犯的结果，但也同时引起了乙实施符合构成要件的违法行为，且甲主观上没有实施间接正犯的故意，不能成立间接正犯，而是成立教唆犯。A 项错误，B 项正确。

甲只是教唆乙伤害丙，乙的杀人行为已然超出了甲、乙的共同故意范围，对此，甲不负故意杀人的责任。但甲对于丙的死亡结果存在过失，应负过失致人死亡的责任，最终成立故意伤害致人死亡的刑事责任。C 项正确。

刑事责任能力，是指行为人辨认和控制自己行为的能力，如果不具有控制自己行为的能力，就只能认定为无刑事责任能力人，乙的行为不成立犯罪。D 项错误。

2. ［答案］D　　［难度］中

［考点］刑事责任能力

［命题和解题思路］命题人主要通过本题考查考生对于刑事责任能力基本概念的理解。存在迷惑性的是，考生可能对限定刑事责任能力、相对有刑事责任能力的概念不太熟悉，会错选 A 项或者 B 项。实际上，考生只要准确理解我国《刑法》第 18 条第 4 款明确规定的“醉酒的人犯罪，应当负刑事责任”，便可直接锁定本题正确答案，轻松答对本题。

［选项分析］我国刑法对刑事责任能力采取的是四分法，分为完全刑事责任能力、完全无刑事责任能力、相对无刑事责任能力（又称“相对有刑事责任能力”）、限定刑事责任能力（又称“减轻刑事责任能力”）。其中，完全无刑事责任能力人包括两种：一是未满 12 周岁的未成年人，二是因精神疾病而不具备或丧失刑法所要求的辨认或控制自己行为能力的人。相对无刑事责任能力是 12 周岁以上未满 14 周岁的未成年人和 14 周岁以上未满 16 周岁的未成年人。限定刑事责任能力人有四种情况：一是已满 12 周岁未满 18 周岁的未成年犯罪人；二是聋哑人；三是双目失明的盲人；四是尚未完全丧失辨认或控制能力的精神病人。完全刑事责任能力人是除上述三种之外的人，即年满 18 周岁的正常人。

《刑法》第 19 条规定：“又聋又哑的人或者盲人犯罪，可以从轻、减轻或者免除处罚。”可见，该类限定刑事责任能力只是“可以”从轻、减轻或者免除，而非“应当”，A 项是刑法明文规定的属于或可能属于限定刑事责任人，但其双目失明并没有使他降低认知能力，也没有降低对案件的认识能力，应负完全刑事责任。A 项错误，不当选。

相对有刑事责任能力是 12 周岁以上未满 14 周岁和 14 周岁以上未满 16 周岁的未成年人。而 B 项中，乙属于或可能属于限定刑事责任能力人。B 项错误，不当选。

丙并不属于相对有刑事责任能力或限定刑事责任能力的情形，其应当知道服用安眠药后与婴儿睡在一起可能会压到婴儿，发生事故。因此，丙应该负刑事责任，具有刑事责任能力。C 项错误，不当选。

我国《刑法》第 18 条第 4 款明确规定：“醉酒的人犯罪，应当负刑事责任。”丁在大醉后故意损毁他人财产，具有完全刑事责任能力。D 项正确，当选。

3. ［答案］A　　［难度］难

［考点］刑事责任年龄、刑事责任能力

［命题和解题思路］本题考查的是刑事责任年龄与刑事责任能力问题。考查的知识点较细。考生如果对第一次吸毒这一细节没有注意，将会错误地认为 A 项中甲系故意犯罪。另外，考生如果对刑法中如何计算周岁没有清楚细心地理解，对于 D 项即无法排除。

［选项分析］A 项中“甲第一次吸毒产生幻觉”是重点干扰项。如果甲并非第一次吸毒，而是经常吸毒，其明知自己吸毒后会产生幻觉，实施危害社会的行为，那么，就应适用原因自由行为理论，以行为人清醒时的状态来认定其责任，应认为其系故意犯罪。而本题中，甲是第一次吸毒，可以推定其对吸毒后的状态并不是明知的，但不能否定其存在过失（因为一般人都会知道吸毒后会产生幻觉并实施不受控制的危害行为，行为人应该知道，但却因为疏忽大意或过于自信的心态而没有回避吸毒的行为）。因此，应当负过

失犯的刑事责任，成立过失致人重伤罪。A 项正确。

B 项中行为人着手杀人时突发精神病，陷入无刑事责任能力状态，继续实施杀人行为致人死亡的，理论上看，前后行为均属同一犯罪构成要件，可以将前后行为做整体化处理，因果关系并无重大偏离。因此，根据这一观点，乙应成立故意杀人罪既遂。B 项错误。

C 项较为简单，因为只要有足够证据证明其已满 15 周岁，即可肯定其对爆炸罪应负刑事责任。至于行为人具体的出生日期为何，对其成立爆炸罪而言没有意义。C 项错误。

刑法中，“满周岁”是从生日第 2 天起开始计算。丁砍杀张某的行为发生于 14 周岁生日当晚，还未满 14 周岁。另外，相对有刑事责任年龄的人，根据刑法规定，在犯故意杀人、强奸、抢劫等严重“犯罪”时，应负刑事责任，也即认定的是犯罪行为时而非结果发生时。换言之，刑法中的责任主义原则要求的是“行为时”行为人具有辨认与控制能力。综上，D 项中，对丁作为形态的杀人行为无法追究刑事责任。但如果生日当晚过了 24 点后，丁未履行救助被害人的义务，则可以成立不作为的故意杀人罪。但本项中，丁心生悔意将被害人送往医院抢救，可以说，已经履行了救助被害人的作为义务。虽然死亡结果发生于丁具有刑事责任能力的时点，但在之前，丁并未实施作为或不作为的杀人行为，因此，不能追究其故意杀人的刑事责任。D 项错误。

4. [答案] C　　[难度] 难

[考点] 刑事责任年龄、刑事责任能力

[命题和解题思路] 命题人借刑事责任年龄与刑事责任能力考查对“行为与责任同时存在”这一刑法原则的理解，后三个选项背后隐藏的是“原因自由行为”概念。“行为与责任同时存在”原则由责任原则推演而来，它要求在满足行为人于行为时具备刑事责任能力、达到刑事责任年龄的前提条件才能科以刑事制裁。但是，千万不能僵硬地理解“行为与责任同时存在”原则，起码原因自由行为成为该原则的典型例外。不能灵活掌握和理解刑法基本原理正是很多考生存在的问题，命题人正是抓住了这一点设计了干扰项。

[选项分析] A 项是重点干扰项。A 项中，甲虽然对其作为形态的安放炸弹行为不负刑事责任，但在其满 14 周岁之后，就应该积极消除其在 14 周岁之前所设定的危险源。甲并没有履行作为义务，应当负不作为犯的刑事责任。据此，A 项错误。

BC 项涉及的是同一个问题，考生要注意，在实行行为的中途丧失责任能力，如果丧失前后的行为属于同一个构成要件，则将具有责任能力时的实行行为与陷入无责任能力后的实行行为作为一个整体的行为来考虑，不影响犯罪既遂的认定。但是，如果丧失前后是完全不同的构成要件，则说明因果关系存在重大偏离，不能将前后两个行为作为一个整体，又基于责任主义的要求，行为人对丧失责任能力后的部分当然不负责。就此，B 项中，对乙只能以故意伤害罪未遂来处理，B 项错误。C 项中，行为人在责任能力丧失状态前后的行为性质从客观上看一样，此时应当论以犯罪既遂的责任。C 项正确。

D 项中，我国《刑法》第 18 条第 4 款明确规定：“醉酒的人犯罪，应当负刑事责任。”戊应承担故意杀人罪的刑事责任。从原因自由行为理论上看，一般认为，成立故意的原因自由行为，需要行为人故意致使自己陷于无责任能力状态，并且行为人在实施原因行为时的故意便已经指向了特定的故意犯罪（无责任能力状态下实施的犯罪）。戊在意识清醒的状态下故意使自己陷于无责任能力状态，并且在清醒时即想借由醉酒时杀人，成立故意杀人罪。D 项错误。

第二节　单位犯罪

1. [答案] D　　[难度] 中

[考点] 单位犯罪的概念和特点、单位犯罪的处罚原则

[命题和解题思路] 本题主要考查单位犯罪的成立条件，以及考生对单位犯罪的相关重要司法解释的掌握，包括《关于审理单位犯罪案件具体应用法律有关问题的解释》《全国法院审理金融犯罪案件工作座谈会纪要》等。其实，考生对于本题即便不知道前三个选项是否正确，但是最后一个选项是错误的应该能够确定，这样便能直接锁定答案。

［选项分析］最高人民法院《关于审理单位犯罪案件具体应用法律有关问题的解释》第 2 条规定，个人为进行违法犯罪活动而设立的公司、企业、事业单位实施犯罪的，或者公司、企业、事业单位设立后，以实施犯罪为主要活动的，不以单位犯罪论处。A 项正确。

《关于审理单位犯罪案件具体应用法律有关问题的解释》第 3 条规定，盗用单位名义实施犯罪，违法所得由实施犯罪的个人私分的，依照刑法有关自然人犯罪的规定定罪处罚。单位犯罪的实质是“为了单位”，即为本单位谋取非法利益或者以单位名义为单位全体成员或多数成员谋取非法利益。单位高管为了自身谋取非法利益的，不能认定为单位犯罪。B 项正确。

最高人民法院研究室《关于企业犯罪后被合并应当如何追究刑事责任问题的答复》指出，人民检察院起诉时该犯罪企业已被合并到一个新企业的，仍应依法追究原犯罪企业及其直接负责的主管人员和其他直接人员的刑事责任。人民法院审判时，对被告单位应列原犯罪企业名称，但注明已被并入新的企业，对被告单位所判处的罚金数额以其并入新的企业的财产及收益为限。据此，甲公司被乙公司兼并后仍然要追究甲公司原直接责任人的刑事责任，同时也要追究甲公司的刑事责任。C 项正确。

只有当刑法规定了单位可以成为某种具体犯罪的犯罪行为主体时，才能将单位认定为犯罪主体。拐卖妇女、儿童罪的犯罪主体只能是自然人。D 项错误。

2. ［答案］ACD（原答案为 AD）　［难度］中

［考点］单位犯罪的概念和特点、单位犯罪的处罚原则

［命题和解题思路］关于单位犯罪，2013 年与 2014 年考试都没有单独予以考查。本题主要涉及有关单位犯罪的一些基本常识，题目相对简单。但是，构成单位犯罪以刑法有明文规定为前提，因此，如果对于分则的相关罪名不熟悉，在认定是否构成单位犯罪时非常容易出错，命题人也正是利用这一点出题。这也再次提醒考生，必须熟悉分则的罪名，尤其是各罪章中的重点罪名。

［选项分析］对于单位主体和自然人主体都能构成的犯罪来说，除了主体要件外，其他构成要件均无不同。因此，理论上单位犯罪与自然人犯罪的既遂标准不应当有规范上的差异。司法实务中对于部分单位犯罪的追诉标准可能会高于自然人犯罪主体，这样在司法个案中，单位犯罪要想达到既遂可能会高一些，但就法理而言，以盗窃罪为例，虽然全国各地的追诉标准都不尽统一，但我们不能说盗窃罪既遂的标准不一致。据此，A 项正确。

刑法分则对相关罪名未规定单位犯罪，但这并不代表对单位实施了这些犯罪时不能追究相关自然人的刑事责任，因为单位中的相关自然人的行为完全符合这些犯罪的犯罪构成。全国人大常委会《关于〈中华人民共和国刑法〉第三十条的解释》明确规定，公司、企业、事业单位、机关、团体等单位实施刑法规定的危害社会的行为，刑法分则和其他法律未规定追究单位的刑事责任的，对组织、策划、实施该危害社会行为的人依法追究刑事责任。据此，B 项错误。

1997 年《刑法》并未规定单位可以成为拒不执行判决、裁定罪的犯罪主体。尽管《刑法修正案（九）》增设了单位犯罪的规定，但是《刑法修正案（九）》在 2015 年考试时尚未生效，因此，依照旧刑法的规定，C 项错误。如按照《刑法修正案（九）》的规定，C 项正确。

最高人民检察院《关于涉嫌犯罪单位被撤销、注销、吊销营业执照或者宣告破产的应如何进行追诉问题的批复》明确指出，涉嫌犯罪的单位被撤销、注销、吊销营业执照或者宣告破产的，应当根据刑法关于单位犯罪的相关规定，对实施犯罪行为的该单位直接负责的主管人员和其他直接责任人员追究刑事责任，对该单位不再追诉。要注意，这与最高人民法院研究室《关于企业犯罪后被合并应当如何追究刑事责任问题的答复》中规定的涉嫌犯罪的单位被合并的情况是不同的。D 项正确。

第六章　犯罪故意

试　题

第一节　故意的认识因素与意志因素

1. 农民甲醉酒在道路上驾驶拖拉机，其认为拖拉机不属于《刑法》第 133 条之一规定的机动车。关于本案的分析，下列哪一选项是正确的？（2016-2-4）

A. 甲未能正确评价自身的行为，存在事实认识错误

B. 甲欠缺违法性认识的可能性，其行为不构成犯罪

C. 甲对危险驾驶事实有认识，具有危险驾驶的故意

D. 甲受认识水平所限，不能要求其对自身行为负责

2. 吴某被甲、乙合法追捕。吴某的枪中只有一发子弹，认识到开枪既可能打死甲也可能打死乙。设定吴某对甲、乙均有杀人故意，下列哪一分析是正确的？（2016-2-5）

A. 如吴某一枪没有打中甲和乙，子弹从甲与乙的中间穿过，则对甲、乙均成立故意杀人罪未遂

B. 如吴某一枪打中了甲，致甲死亡，则对甲成立故意杀人罪既遂，对乙成立故意杀人罪未遂，实行数罪并罚

C. 如吴某一枪同时打中甲和乙，致甲死亡、乙重伤，则对甲成立故意杀人罪既遂，对乙仅成立故意伤害罪

D. 如吴某一枪同时打中甲和乙，致甲、乙死亡，则对甲、乙均成立故意杀人罪既遂，实行数罪并罚

3. 警察带着警犬（价值 3 万元）追捕逃犯甲。甲枪中只有一发子弹，认识到开枪既可能只打死警察（希望打死警察），也可能只打死警犬，但一枪同时打中二者，导致警察受伤、警犬死亡。关于甲的行为定性，下列哪一选项是错误的？（2015-2-3）

A. 如认为甲只有一个故意，成立故意杀人罪未遂

B. 如认为甲有数个故意，成立故意杀人罪未遂与故意毁坏财物罪，数罪并罚

C. 如甲仅打中警犬，应以故意杀人罪未遂论处

D. 如甲未打中任何目标，应以故意杀人罪未遂论处

4. 关于故意与违法性的认识，下列哪些选项是正确的？（2015-2-55）

A. 甲误以为买卖黄金的行为构成非法经营罪，仍买卖黄金，但事实上该行为不违反《刑法》。甲有犯罪故意，成立犯罪未遂

B. 甲误以为自己盗窃枪支的行为仅成立盗窃罪。甲对《刑法》规定存在认识错误，因而无盗窃枪支罪的犯罪故意，对甲的量刑不能重于盗窃罪

C. 甲拘禁吸毒的陈某数日。甲认识到其行为剥夺了陈某的自由，但误以为《刑法》不禁止普通公民实施强制戒毒行为。甲有犯罪故意，应以非法拘禁罪追究刑事责任

D. 甲知道自己的行为有害，但不知是否违反《刑法》，遂请教中学语文教师乙，被告知不违法后，甲实施了该行为。但事实上《刑法》禁止该行为。乙的回答不影响甲成立故意犯罪

第二节　事实认识错误

1. 若甲欲杀乙，误认丙为乙，最终杀死丙，根据（　　），甲成立故意杀人既遂。若甲欲杀乙，乙与丙同行，甲错杀丙致死，根据（　　），甲成立故意杀人既遂。关于空格处的内容，下列哪些选项是正确的？（2020 年回忆版）

A. 均填法定符合说

B. 均填具体符合说

C. 法定符合说、具体符合说

D. 具体符合说、法定符合说

2. 甲通过网络购买爆炸物，支付货款后，卖家乙发货疏忽，寄给甲相同价值的军用子弹。关

于甲的行为性质，下列哪些说法是错误的？（2020年回忆版）

A. 甲主观上想购买爆炸物，未收到爆炸物，不成立非法买卖爆炸物罪

B. 军用子弹在没有枪支的情形下不会危及公众安全，甲不成立犯罪

C. 甲的主观想法和客观行为不一致，不成立非法买卖枪支、弹药、爆炸物罪

D. 甲虽然收到的是军用子弹，但并无购买弹药的故意，不成立非法买卖弹药罪

3. 甲冒充电器厂家工作人员意欲骗取王某家的电视，甲敲门后王某的保姆乙开门，甲误以为乙便是屋主，告知乙以旧换新，乙以为甲是和雇主王某商量好上门取电视，因此同意甲将价值1万元的电视搬走，甲顺利骗走彩电。关于甲的行为性质，下列哪一说法是正确的？（2019年回忆版）

A. 甲属于打击错误，按法定符合说成立诈骗罪既遂

B. 甲未认识到是三角诈骗，成立诈骗罪未遂

C. 甲属于因果关系错误，成立诈骗罪既遂

D. 甲属于客体错误，成立诈骗罪未遂

4. 甲、乙合谋杀害丙，计划由甲对丙实施砍杀，乙持枪埋伏于远方暗处，若丙逃跑则伺机射杀。案发时，丙不知道乙的存在。为防止甲的不法侵害，丙开枪射杀甲，子弹与甲擦肩而过，击中远处的乙，致乙死亡。关于本案，下列哪些选项是正确的？（2017-2-53）

A. 丙的行为属于打击错误，依具体符合说，丙对乙的死亡结果没有故意

B. 丙的行为属于对象错误，依法定符合说，丙对乙的死亡结果具有故意

C. 不论采取何种学说，丙对乙都不能构成正当防卫

D. 不论采用何种学说，丙对甲都不构成故意杀人罪未遂

5. 甲、乙共同对丙实施严重伤害行为时，甲误打中乙致乙重伤，丙乘机逃走。关于本案，下列哪些选项是正确的？（2016-2-52）

A. 甲的行为属打击错误，按照具体符合说，成立故意伤害罪既遂

B. 甲的行为属对象错误，按照法定符合说，成立故意伤害罪既遂

C. 甲误打中乙属偶然防卫，但对丙成立故意伤害罪未遂

D. 不管甲是打击错误、对象错误还是偶然防卫，乙都不可能成立故意伤害罪既遂

6. 甲在乙骑摩托车必经的偏僻路段精心设置路障，欲让乙摔死。丙得知甲的杀人计划后，诱骗仇人丁骑车经过该路段，丁果真摔死。关于本案，下列哪些选项是正确的？（2015-2-56）

A. 甲的行为和丁死亡之间有因果关系，甲有罪

B. 甲的行为属对象错误，构成故意杀人罪既遂

C. 丙对自己的行为无认识错误，构成故意杀人罪既遂

D. 丙利用甲的行为造成丁死亡，可能成立间接正犯

7. 关于事实认识错误，下列哪一选项是正确的？（2014-2-7）

A. 甲本欲电话诈骗乙，但拨错了号码，对接听电话的丙实施了诈骗，骗取丙大量财物。甲的行为属于对象错误，成立诈骗既遂

B. 甲本欲枪杀乙，但由于未能瞄准，将乙身旁的丙杀死。无论根据什么学说，甲的行为都成立故意杀人既遂

C. 事前的故意属于抽象的事实认识错误，按照法定符合说，应按犯罪既遂处理

D. 甲将吴某的照片交给乙，让乙杀吴某，但乙误将王某当成吴某予以杀害。乙是对象错误，按照教唆犯从属于实行犯的原理，甲也是对象错误

详　解

第一节　故意的认识因素与意志因素

1. ［答案］C　　［难度］易

［考点］犯罪故意、违法性认识错误

［命题和解题思路］本题考查的关键点在于精确理解事实认识错误和违法性认识错误以及违法性认识错误中的涵摄的错误。在事实认识错误的场合，行为人对构成要件事实本身有误解。例如，行为人认错了人导致杀错了人，但对该行为为刑

法所禁止有认识，即知道刑法禁止杀人。而在违法性认识错误的场合，行为人误以为该行为不为刑法所禁止。例如，误认为大义灭亲是合法的。本题中行为人误认为在道路上醉酒驾驶拖拉机不属于《刑法》第 133 条之一所禁止的行为，该错误属于违法性认识错误中的涵摄错误，而不是事实认识错误。

［选项分析］A 项是重点干扰项。甲对于自己驾驶的是拖拉机没有错误认识，因此不是事实认识错误，而是错误地认为"拖拉机"不属于危险驾驶罪中的"机动车"，这属于典型的涵摄的错误。所谓涵摄的错误，也称包摄的错误、归类的错误、适用的错误，是指行为人错误地解释构成要件要素，误以为自己的行为不符合构成要件要素的情形，故而是一种解释的错误。例如，误以为释放他人笼中小鸟的行为不属于"毁坏"财物，不成立故意毁坏财物罪。刑法理论一般认为，涵摄的错误不属于事实认识错误，而是一种法律认识错误，不阻却故意。本选项中，甲应负危险驾驶罪的刑事责任。A 项错误。

行为人具有违法性认识错误，但其对于醉酒后驾驶拖拉机存在社会危害性这一点不能说是没有认识的。这属于一般人都知道的社会常识，甲其实完全具有违法性认识的可能性。即使存在涵摄的错误，也不影响犯罪故意的成立。否则无异于故意让不学法的"法盲"捡便宜。因此，C 项正确，B 项错误，而 D 项和 C 项是对立选项，D 项错误。

2. ［答案］A　　［难度］易

［考点］犯罪故意、想象竞合犯

［命题和解题思路］本题主要考查考生对于择一的故意以及罪数论中想象竞合犯基本法理的掌握程度。所谓择一的故意，是指行为人面对特定数个对象，认识到其中的某一个对象确实会发生结果，但不确定哪个对象会发生结果。如果对一个对象造成了结果，对另一个对象会产生危险，则成立故意犯罪既遂和故意犯罪未遂的想象竞合犯；如果对两个对象造成了结果，则成立两个故意犯罪既遂的想象竞合。对于想象竞合，考生必须掌握的是当行为人只有一个危害行为时，无论如何不可能数罪并罚。

［选项分析］吴某认识到子弹既可能打死甲，也可能打死乙，具体打中谁并不确定，这属于择一的故意。如果谁都没有打中，那么，由于主观上有杀人的故意，客观上存在对于生命法益的危险，因此，对甲、乙均成立故意杀人罪未遂。A 项正确。

当然，由于吴某只有一个开枪的行为，不可能数罪并罚，否则就重复评价了行为要件。吴某成立想象竞合犯，从一重处罚。BD 项错误。

由于对甲和乙，吴某均具有明显的杀人故意，因此认为其"对乙仅成立故意伤害罪"是错误的。C 项错误。

3. ［答案］B　　［难度］易

［考点］故意的认定、想象竞合犯

［命题和解题思路］本题考查的是择一的故意的概念和想象竞合犯。所谓择一的故意，是指行为人面对特定数个对象，认识到其中的某一个对象确实会发生结果，但不确定哪个对象会发生结果。如果对一个对象造成了结果，对另一个对象会产生危险，则成立故意犯罪既遂和故意犯罪未遂的想象竞合犯；如果对两个对象造成了结果，则成立两个故意犯罪既遂的想象竞合。其实，只要考生对择一的故意和想象竞合犯的法理有基本的理解——一行为触犯数罪名，从一重罪处断，便可以很轻松地做对。

［选项分析］本题中甲主观上是择一的故意，实际上是有两个故意，但由于 A 项中已经假设甲只有一个故意，那么，由于甲成立想象竞合犯，从一重处理，便只能认为成立的是对警察的杀人故意。A 项正确。

即便认为甲有数个故意，但是由于甲只有一个开枪行为，成立想象竞合犯，不可能数罪并罚。B 项错误。

如果甲开枪仅打中警犬的话，构成故意杀人罪（未遂）和故意毁坏财物罪（既遂）的想象竞合犯，从一重罪处罚，应认定甲成立故意杀人罪（未遂）。C 项正确。

如果甲开枪未打中任何目标，则成立故意杀人罪（未遂）和故意毁坏财物罪（未遂）的想象竞合犯，仍以故意杀人罪（未遂）论处。D 项正确。

4. ［答案］CD　　［难度］难

［考点］犯罪故意、违法性认识错误

［命题和解题思路］本题主要考查法律认识错误中的违法性认识错误。所谓法律认识错误，是指行为人对自己的行为在法律上是否构成犯罪、构成何种犯罪或者应当受到怎样的处罚的错误认识，包括违法性认识错误、反向的禁止错误和涵摄的错误。对于违法性认识错误，有两种处理原则：一是如果根据当时的情形，行为人有可能认识到其行为违反刑法，即这种违法性认识错误是可以避免的，则构成犯罪。二是如果根据当时的情形，行为人不可能认识到其行为违反刑法，即这种违法性认识错误是不可避免的，则不构成犯罪，既不成立故意犯，也不成立过失犯。所谓反向的禁止错误，又称为幻觉犯，是指误以为自己的行为是违法犯罪，实际上是合法的。这种错误和违法性认识错误正好相反，应以无罪论处。本题考查得相对简单。

［选项分析］A 项是典型的反面的违法性认识错误，不成立犯罪。A 项错误。

成立盗窃枪支罪的故意仅要求行为人认识到盗窃的是枪支即可，不需要认识到触犯的具体罪名。至于行为人对于其罪名认定的错误想象并不影响犯罪故意的认定。甲明知自己盗窃的是枪支，却误以为构成盗窃罪，不影响盗窃枪支罪的认定。B 项错误。

违法性认识错误包括两种类型：一是直接的禁止错误，是指行为人不知法律，误以为自己的行为不是犯罪。二是间接的禁止错误，又称容许的错误，是指行为人误解法律，以为自己的行为是法律容许的，不是犯罪。甲认识到了自己限制他人人身自由的事实，但误以为是刑法容许的行为，属于典型的违法性认识错误。对于违法性认识错误，如果是可以避免的，则不影响犯罪的认定。从一般人的认知来看，任何人都不得控制他人的人身自由，应当是一个常识性的问题。所以应当认为甲当时具有违法性认识的可能性，该违法性认识错误属于可避免的认识错误，不影响非法拘禁罪的认定。C 项正确。

甲如果向司法机关或政府负责该事项的部门咨询，获得肯定答复后，遂行该事项因而触法的话，可以认为该违法性认识错误是不可避免的，但如果其通过非权威渠道获得讯息，则不能否定其具有违法性认识的可能性，不影响犯罪的认定。D 项正确。

第二节 事实认识错误

1. ［答案］AD　　［难度］难

［考点］具体的事实认识错误中的对象错误和打击错误

［命题和解题思路］事实认识错误是常考的知识点，本题考查事实认识错误中的对象错误与打击错误的观点分歧。具体的事实认识错误，只涉及一个犯罪构成，主要解决的是该犯罪是否既遂的问题，可分为对象错误、打击错误和因果关系错误。对于对象错误，不管是法定符合说还是具体符合说，一般情况下，处理结论都是一样的；而对于打击错误，运用法定符合说和具体符合说，得出的结论会有不同。抽象的事实认识错误，是指行为人所认识的事实与现实发生的事实分别属于不同的构成要件的情形。可分为对象错误和打击错误。对此，有具体符合说和法定符合说两种观点。我们赞同法定符合说的观点。对于此类题目，考生需要先确定第一层次的类型，即是具体的事实认识错误还是抽象的事实认识错误；然后区分第二层次的类型，即对象错误、打击错误、因果关系错误；最后在确定类型的基础上再根据不同学说判断结论。本题中的乙、丙均属于刑法保护的生命权法益，属于同一犯罪构成要件，因此属于具体的事实认识错误，接着再判断其究竟是对象错误还是打击错误，二者的区别在于错误的范畴和原因，对象错误是主观认识错误，打击错误是客观结果错误。题干中前半段是认错对象，属于主观认识错误；后半段则是行为方法上出现了错误，是客观结果错误。基于类型确定后再结合法定符合说和具体符合说不同学说的差异确定结论。

［选项分析］对于具体的事实认识错误中的对象错误，根据法定符合说，会认为故意杀人罪是为了保护人的生命，而不只是为了保护特定的主体的生命，因此，只要客观上杀了人，主观上已经认识到自己杀了人，就认识到了符合构成要件的事实，成立故意杀人罪。根据具体符合说，行为人想杀的是眼前的“那个人”，且事实上也杀了“那个人”，这种对象错误并不重要，因此，也成立故意杀人罪既遂。而具体的事实认识错误中的打击错误，是指由于行为本身的误差，导致行为人所欲攻击的对象与实际受害对象不一致，但这

种不一致没有超出同一构成要件的情形。例如，甲举枪射击乙，但因为枪法不准，而击中了丙，导致丙死亡。具体符合说重视法益主体的区别，要求故意的认识内容包括对具体的法益主体的认识，根据具体符合说，甲对乙成立故意杀人未遂，对丙的死亡成立过失致人死亡罪，由于只有一个行为，因此想象竞合，依据故意杀人未遂处理。法定符合说重视法益本身的性质，在法益等价的前提下，并不重视法益主体的区别。根据法定符合说，在故意致人死亡存在方法错误的情况下，行为人客观上的杀人行为导致了他人死亡，主观上也具有杀人故意，二者在故意杀人罪的犯罪构成内是完全一致的，因而成立故意杀人既遂。本题中，前半段写的是具体的事实认识错误中的对象错误，无论是法定符合说还是具体符合说，甲都成立故意杀人既遂；后半段写的是事实认识错误中的打击错误，只有法定符合说，才会认为甲成立故意杀人罪既遂。

因此，AD 项正确，BC 项错误。

2. ［答案］ABCD　［难度］较难

［考点］事实认识错误、非法买卖枪支、弹药、爆炸物罪、选择性罪名

［命题和解题思路］本题考查的是抽象的事实认识错误和具体的事实认识错误的区别，以及具体的事实认识错误的认定。需要提醒考生注意的是，故意内容中，认识错误这一部分属于经常考的重点，考生要熟悉其中涉及的知识点。

［选项分析］非法买卖枪支、弹药、爆炸物罪是对象选择性罪名，无论是子弹还是爆炸物，都属于该罪名规制的范围，即属于同一犯罪构成要件内的对象，是具体的事实认识错误。甲虽然欲非法买卖爆炸物，但由于卖家错误而收到了弹药，爆炸物和弹药是同一犯罪构成要件内的对象，其侵害法益是一样的，以其实际收到的对象确定选择性罪名，成立非法买卖弹药罪。AD 项错误，当选。

买卖弹药本身就有侵害公共安全的实质可能。因此，B 项错误，当选。

甲以购买爆炸物的故意，实际上购买到军用子弹，无论买到的是爆炸物还是子弹，其行为性质都具有法益侵害性，都有危害公共安全的可能。因此，C 项错误，当选。

3. ［答案］C　［难度］难

［考点］事实认识错误

［命题和解题思路］本题案例设计的是诈骗罪，但实际考点却是事实认识错误。本题具有相当的迷惑性，考生极易把甲的行为当作客体错误，要正确作答本题，考生首先需要准确理解打击错误、因果关系错误、对象错误。要注意，事实认识错误理论中的错误认识所指向的是“对象”，如故意杀人罪中的“甲、乙、丙、丁……”，盗窃罪中的“钱包”“手机”等，考生极易将本题中甲的错误认识当作是客体认识错误，即认为这里的对象是“人”，但其实，诈骗罪的对象是财物本身，而非财物的有权处分人。

［选项分析］所谓的打击错误，是指行为人因手段的偏差使得原初锁定的攻击客体（目标客体）与实际的攻击客体（侵害客体）欠缺同一性。显然，本题中甲的客体都是电视机，并没有任何打击手段偏差，因此，本案不属于打击错误。A 项错误。

对于故意的认识因素来说，不需要行为人认识到事实进程的每一个具体环节，而只需要认识到构成要件中的关键要素。对于本题来说，不需要甲认识到财产究竟是如何被处分进而获得的，只需要甲认识到自己是在以欺骗的手段骗取他人的财物，就像故意杀人罪中，不需要行为人认识到被害人究竟是自己的哪个举动杀死的一样。B 项错误。

因果关系错误是行为人对自己行为与危害结果之间因果关系产生的错误认识。甲主观预想的是直接的诈骗，但客观实际发生的是三角诈骗，即对所诈骗财物究竟是如何被处分的，产生了认识错误，这种对于因果关系的认识错误，不影响最终的定性，甲成立诈骗罪既遂。C 项正确。

客体错误，是指行为人意图侵犯一种客体，而实际上侵犯了另一种客体。本题中，甲侵犯的均系财产法益，不存在发生客体错误的情况。D 项错误。

4. ［答案］AD　［难度］难

［考点］事实认识错误

［命题和解题思路］本题涉及事实认识错误以及正当防卫的认定。本题对于对象错误与打击错误的问题较容易辨认。命题人在本题中设置的另

一个考点是正当防卫与偶然防卫的处理问题，应该说，本题知识点融合度较高。考生如果对相关基本理论掌握不牢固，容易错选 BC 项。

［选项分析］打击错误，是指行为人因手段偏差，导致原初锁定的攻击客体（目标客体）与实际的攻击客体（侵害客体）不一致的情况。本题中丙朝甲开枪，却打中了乙，属于典型的打击错误的情形。不考虑正当防卫因素的话，根据具体符合说，丙主观上只有伤害甲的故意，却没有伤害乙的故意，对乙的死亡只有过失。A 项正确。

对象错误，是指行为人在实行行为之前便就对象的同一性产生了认识错误，但客观上在实行行为的时点并没有发生目标客体与侵害客体不一致的问题。本题中丙并未认错对象，其开枪射击的正是甲，只不过枪法不准打错了，因此，只是在侵害的时点因为手段方法的问题导致攻击了目标客体以外的客体，应是打击错误。B 项错误。

偶然防卫，是指故意或者过失侵害他人法益的行为符合了正当防卫的情况，客观上起到了人身防卫的效果。本题中，由于甲与乙预谋共同通过分工协作的形式杀害丙，对于丙来说，乙是正在不法攻击自己的不法侵害人，而丙在防卫甲时误击中了乙，正符合了丙对乙进行正当防卫的客观前提条件（正在进行的不法侵害），客观上起到了防卫的效果，因而属于偶然防卫。对于偶然防卫，结果无价值论和行为无价值论存在观点分歧，采用一元的行为无价值论，偶然防卫不成立正当防卫，成立故意或者过失犯罪。正当防卫的成立要求有防卫意识，因为偶然防卫没有防卫意识，所以不成立正当防卫。偶然防卫存在犯罪故意或过失，所以存在行为无价值，成立故意或者过失犯罪。如果采用二元的行为无价值论，偶然防卫不成立正当防卫，而是成立故意或者过失犯罪未遂。理由是正当防卫的成立要求有防卫意识，因为偶然防卫没有防卫意识，所以不成立正当防卫。偶然防卫有犯罪故意或者过失，所以存在行为无价值，属于违法行为；但是偶然防卫的结果与正当防卫的结果一致，缺乏结果无价值，所以只成立故意或者过失犯罪未遂。结果无价值论会认为，正当防卫的成立不要求有防卫意识，因为偶然防卫没有防卫意识，所以成立正当防卫，不构成犯罪。C 项认为不论采取何种学说，丙对乙都不能构成正当防卫，是错误的。

丙向甲射击，属于正当防卫，不能认为是犯罪，不构成故意杀人罪未遂。D 项正确。

5. ［答案］CD　　［难度］难

［考点］故意的认定、事实认识错误

［命题和解题思路］本题主要涉及打击错误与对象错误的区分，并将偶然防卫问题融入了案情，使得本题具有一定的难度。需要注意的是，2017 年卷二第 53 题又考查了这几个知识点，说明考试出题重者恒重，并不排斥重复考查重点内容。

［选项分析］打击错误，是行为人因手段误差，导致原初锁定的攻击客体（目标客体）与实际的攻击客体（侵害客体）不一致的情形。甲本欲攻击的对象是丙，结果因手段失误打中了乙，属于典型的打击错误情形。根据具体符合说，甲只有伤害丙的故意而无伤害乙的故意，因此，如果不考虑偶然防卫因素的话，对乙成立过失致人重伤罪既遂，对丙成立故意伤害罪未遂，不能成立故意犯罪既遂。A 项错误。

对象错误，是指行为人在实行行为之前便对对象的同一性产生了错误认识，但客观上在实行行为的时点并没有发生目标客体与侵害客体不一致的情形。本题中的甲只是在侵害的时点因为手段方法的问题导致攻击了目标客体以外的客体，应是打击错误。B 项错误。

偶然防卫，是指故意或者过失侵害他人法益的行为符合了正当防卫的情况，客观上起到了人身防卫的效果。由于甲与乙共同不法侵害丙，对于丙来说，乙是正在不法攻击自己的不法侵害人，而甲将乙打成重伤，正符合了丙对乙正当防卫的客观前提条件（正在进行的不法侵害），因而属于偶然防卫。由于甲本欲伤害丙，但事实上并未伤害丙，因而成立犯罪未遂。C 项正确。

乙本来是想伤害丙，但由于丙事实上并未受到伤害，因而无论如何不能论以故意伤害既遂。另外，在不承认偶然防卫并采用法定符合说的情形下，认为甲成立伤害乙的故意伤害罪既遂，也不能认为甲、乙既然成立共犯，乙也成立故意伤害罪的既遂，因为自己不能成为伤害自己的主体。D 项正确。

6. ［答案］ABCD　　［难度］难

［考点］事实认识错误、间接正犯

［命题和解题思路］本题主要考查对象错误与

打击错误的区分以及间接正犯。本题陷阱较隐蔽，考生极易做错。所谓的打击错误，是行为人因手段偏差导致原初锁定的攻击客体（目标客体）与实际的攻击客体（侵害客体）不一致的情形。对象错误则是行为人在实行行为之前便就对象的同一性产生了认识错误，但客观上在实行行为的时点并没有发生目标客体与侵害客体不一的情形。对于间接正犯，则必须抓住其本质是将他人当作犯罪工具予以利用和支配来实施犯罪。明白这两点，便不难得出本题的正确答案。

［选项分析］甲和丁的死亡之间存在第三人的介入因素，即丙故意利用甲的路障来杀人，应该说，这一介入因素对于结果的发生而言，虽然属于重大的异常情形，但是，就甲的行为来说，对于结果的发生亦具有重要的作用力。因此，丁的死亡结果应归责于甲和丙。A 项正确。

当丁骑车出现在该路段时，就已经进入了甲的攻击目标范围，这时，等同于甲的原初的攻击目标（乙）与锁定目标（丁）不一致的情形，而锁定后，在路障发挥作用的那一刻，该目标（丁）并没有发生偏离，即攻击目标客体与实际侵害客体是一致的，这时，可以看出甲系对象认识错误，而非打击错误。对于本题中的情形，无论是具体符合说还是法定符合说，都成立故意犯罪既遂。B 项正确。

丙认识到自己是想利用甲设置的杀人机关杀害丁，最终也确实按照计划杀死了丁，没有发生目标偏离，因此，不存在任何认识错误，成立故意杀人罪既遂。C 项正确。

间接正犯，是指行为人以自己的犯罪意图，利用无责任能力的人或无犯罪意思的人实施犯罪行为，以达到自己的犯罪目的的人。即将他人作为犯罪工具来予以利用。间接正犯的正犯性，主要表现在处于优势地位的间接正犯对于被利用者（行为媒介）的支配性。丙很清楚地认识到甲要通过设置路障的方式杀人，其利用了这一点实现自己的犯罪意图，主观上有支配意志，客观上也确实有支配行为，成立间接正犯。本题中甲成立正犯，不影响幕后利用者丙也成立正犯。D 项正确。

7. ［答案］A　　［难度］难

［考点］事实认识错误

［命题和解题思路］本题考查了对象认识错误和打击错误的区分及其处理规则。本题具有一定的难度，对于 A 项，很容易认为是打击错误，因而做错。

［选项分析］A 项是重点干扰项，不注意的话会让人误认为是打击错误。当甲在拨丙的号码时，其就已经认错了对象。换言之，其将丙当作乙作为攻击目标，而在拨完号码后，开始实施诈骗的实行行为时，其攻击对象仍是丙，并没有发生偏离。因此，这属于对象错误，而非打击错误。对于对象错误，无论是具体符合说还是法定符合说，都已经构成既遂。具体来说，法定符合说的解决思路是：诈骗罪的被害人是 A 还是 B，诈骗对象是 A 的财物还是 B 的财物，并不重要，都是诈骗罪中的财物，因此是诈骗既遂；具体符合说的解决思路是：行为人明确认识到自己是在诈骗接听电话的“那个人的财物”，事实上也是在诈骗接听电话人的财物，因此，不影响故意既遂的成立。据此，A 项正确。

B 项表述的是打击错误。对于打击错误，根据具体符合说，甲想杀的是乙，没有杀丙的故意，甲在行为当时所认识的事实与实际发生的事实不能具体一致，因此不能认定构成杀人既遂，而是成立对于乙的故意杀人罪未遂和对于丙的过失致人死亡罪的想象竞合，从一重罪处罚。因此，在打击错误的场合，采具体符合说或是法定符合说得出的结论完全不同。B 项错误。

事前的故意其实是因果关系错误的一种，是指行为人故意实施某种危害行为，自以为已实现其犯罪目的，但在实施其他行为时才实现最初的犯罪意图的情形。例如，甲欲杀乙，在朝乙开了一枪后以为乙已经死亡（其实只是昏迷），为毁尸灭迹，甲又将乙扔入水井，其实乙是被溺死的。由于侵害的是同一客体和相同的法益，因此是具体的事实认识错误而非抽象的事实错误。C 项错误。

共犯从属性，是指单纯的教唆或者帮助行为并不能产生直接、紧迫的危险，只有通过正犯行为才能产生现实的法益侵害或者法益侵害的危险，包括实行从属性和要素从属性。前者指对共犯的处罚需要以正犯进入实行行为为前提；后者指从属于正犯的程度。我国通说采限制从属性的理论，认为教唆犯和帮助犯的成立必须以正犯者实施了构成要件的违法行为为前提，不需要正犯者具有责任能力（极端从属性）。也就是说，共犯从属性与认识错误与否没有关系。本题中对杀手乙来说是对象错误，但对甲而言，因为甲在教唆时便已经锁定要侵害的是吴某（目标客体），而实际最后侵害的却是王某（侵害客体），可以说，是工具（乙）在杀害时发生了偏离，对甲来说是打击错误。D项错误。

第七章　犯罪过失

试　题

关于犯罪故意、过失与认识错误的认定，下列哪些选项是错误的？（2013-2-53）

A. 甲、乙是马戏团演员，甲表演飞刀精准，从未出错。某日甲表演时，乙突然移动身体位置，飞刀掷进乙胸部致其死亡。甲的行为属于意外事件

B. 甲、乙在路边争执，甲推乙一掌，致其被路过车辆轧死。甲的行为构成故意伤害（致死）罪

C. 甲见楼下没人，将家中一块木板扔下，不料砸死躲在楼下玩耍的小孩乙。甲的行为属于意外事件

D. 甲本欲用斧子砍死乙，事实上却拿了铁锤砸死乙。甲的错误属于方法错误，根据法定符合说，应认定为故意杀人既遂

详　解

［答案］BCD　　［难度］中

［考点］故意和过失的认定、无罪过事件

［命题和解题思路］本题主要考查考生对于故意、过失、意外事件三个概念的理解和区分。对于故意与过失的认定，应当紧紧围绕意志因素与认识因素两者来进行。而如果行为人已经妥善地尽到了注意义务，而仍然没有办法预见结果的发生，则是意外事件，否则即属于疏忽大意的过失。

［选项分析］刑法中的意外事件，是指行为虽然客观上造成了损害结果的出现，但却是基于不能预见的原因所引起的，因而并非犯罪。甲、乙是马戏团演员，其工作内容之一就是表演飞刀，且从未出错，因此甲可以合理信赖乙在表演时不会乱动，但因为乙自己乱动导致死亡结果的发生，这是甲根本无法预见的，死亡结果应该归属于被害人的异常介入行为，所以乙死亡的结果属于意外事件。A项正确。

以一般人的经验看，轻轻推人一掌基本不可能制造人的身体伤害风险，更不可能有死亡的风险。换言之，推人一下并非故意伤害罪中的实行行为。甲轻轻推乙一下，乙因为摔倒被过路车辆轧死，甲对于死亡结果的发生不存在希望或放任的态度，不可能成立故意伤害（致死）罪。B项错误。

从生活经验看，居民楼下随时会有人出入，此时，应当预见楼下可能有人出入被砸到，但甲却因为疏忽大意而没有预见或者过于自信轻信能够避免而未尽到回避义务，导致砸死人。甲成立过失犯罪，而非意外事件。C项错误。

方法错误，又称打击错误，它是指由于行为本身的误差，导致欲攻击的目标与实际被侵害的目标不一致的情形。甲虽然错拿了工具，但是甲主观上锁定的攻击客体与实际侵害的客体完全一致，不属于方法错误。用何种杀人工具并不影响故意杀人罪的成立。D项错误。

第八章　犯罪排除事由

试　题

第一节　正当防卫

1. 甲和乙晚上一起吃夜宵，甲说乙是肥猪，乙愤怒掐住甲的脖子，甲被掐得喘不过气来，便随手拿起桌上的啤酒瓶击打乙的头部，啤酒瓶碎裂后，又拿碎片捅乙，致其重伤。关于甲的行为性质，下列哪些说法是正确的？（2023年回忆版）

A. 正当防卫　　B. 防卫过当

C. 故意伤害罪　　D. 过失致人重伤

2. 甲、乙二人与丙素有仇怨，伺机报复。某日二人得知丙去了歌舞厅，于是也跟随前往。甲和乙商议由甲进去寻找丙，乙在后门口蹲守。甲进去数分钟后，丙从后门出来，在乙没有看到丙的时候，丙掏出随身携带的铁棍击打乙，乙随即掏出随身携带的小刀回击，最后二人均负轻伤。关于甲、乙、丙三人的行为认定，下列哪一说法是正确的？（2023 年回忆版）

A. 如乙成立正当防卫，甲也成立正当防卫

B. 乙不因一开始有伤害意图而影响正当防卫的构成

C. 乙有过错，成立防卫过当

D. 无论按照何种刑法学说，丙都不构成正当防卫

3. 甲看见乙拖着麻袋往外走，怀疑乙偷狗，遂呵斥，乙见状扔了麻袋就跑，甲揪住乙，乙欲挣脱逃跑，甲用拳头猛击乙脸部，致使乙蛛网膜下腔出血，当场死亡。经查明，乙确系偷狗。关于甲的行为性质，下列哪一选项是正确的？（2020 年回忆版）

A. 防卫过当　　B. 假想防卫

C. 正当防卫　　D. 事后防卫

4. 李某持水果刀抢劫某超市，超市员工陈某奋起反抗并夺下水果刀，将刀扔给同事王某，但不慎击中王某头部致其重伤。李某见抢劫未遂且刀被夺，意图骑自行车逃跑，陈某为阻止李某逃跑，连人带车抱摔倒地，陈某重伤，李某轻伤。关于本案，下列哪些说法是错误的？（2020 年回忆版）

A. 陈某的行为属于正当防卫，不负刑事责任

B. 陈某的行为属于防卫过当，应负刑事责任

C. 王某的重伤结果系陈某所致，李某对此不负刑事责任

D. 陈某的重伤结果系本人所致，李某不构成抢劫致人重伤

5. 甲深夜盗窃 5 万元财物，在离现场 1 公里的偏僻路段遇到乙。乙见甲形迹可疑，紧拽住甲，要甲给 5000 元才能走，否则就报警。甲见无法脱身，顺手一拳打中乙左眼，致其眼部受到轻伤，甲乘机离去。关于甲伤害乙的行为定性，下列哪一选项是正确的？（2014-2-8）

A. 构成转化型抢劫罪

B. 构成故意伤害罪

C. 属于正当防卫，不构成犯罪

D. 系过失致人轻伤，不构成犯罪

6. 严重精神病患者乙正在对多名儿童实施重大暴力侵害，甲明知乙是严重精神病患者，仍使用暴力制止了乙的侵害行为，虽然造成乙重伤，但保护了多名儿童的生命。

观点：

①正当防卫针对的“不法侵害”不以侵害者具有责任能力为前提

②正当防卫针对的“不法侵害”以侵害者具有责任能力为前提

③正当防卫针对的“不法侵害”不以防卫人是否明知侵害者具有责任能力为前提

④正当防卫针对的“不法侵害”以防卫人明知侵害者具有责任能力为前提

结论：

a. 甲成立正当防卫

b. 甲不成立正当防卫

就上述案情，观点与结论对应错误的是下列哪些选项？（2014-2-52）

A. 观点①②与 a 结论对应；观点③④与 b 结论对应

B. 观点①③与 a 结论对应；观点②④与 b 结论对应

C. 观点②③与 a 结论对应；观点①④与 b 结论对应

D. 观点①④与 a 结论对应；观点②③与 b 结论对应

7. 甲对正在实施一般伤害的乙进行正当防卫，致乙重伤（仍在防卫限度之内）。乙已无侵害能力，求甲将其送往医院，但甲不理会，离去。乙因流血过多死亡。关于本案，下列哪一选项是正确的？（2013-2-7）

A. 甲的不救助行为独立构成不作为的故意杀人罪

B. 甲的不救助行为独立构成不作为的过失致人死亡罪

C. 甲的行为属于防卫过当

D. 甲的行为仅成立正当防卫

第二节　紧急避险

1. 在下列哪些情形下甲的行为不构成危险驾

驶罪？（2022年回忆版）

A. 因为天冷，甲酒后发动汽车取暖，等待妻子来开车

B. 甲明知乙是去参加酒会而仍将车借给乙使用，后乙酒后驾车被查

C. 甲和妻子乙一起喝酒，甲喝至微醺，乙突发疾病，旁边无人会开车，救护车也赶不到，甲遂开车送乙去医院

D. 甲明知乙即将开车，暗中在咖啡中掺入了酒精，乙未意识到自己醉酒而开车

2. 甲的邻居乙家中着火，甲便冲入乙家救火。因火势太大，甲无法将位于乙家中的婴儿丙（1岁）带出，甲便将丙从二楼窗户扔下楼。后甲自己从大火中逃出，赶紧将被摔伤的丙送往医院，最终造成丙轻伤。关于甲的行为，下列哪些说法是正确的？（2018年回忆版）

A. 甲的行为属于紧急避险

B. 甲的行为在客观上不属于犯罪行为，不需要通过正当防卫、紧急避险等排除犯罪性事由将其从犯罪中排除，不属于紧急避险，不构成犯罪

C. 甲的行为在客观上降低了丙的风险，不构成犯罪

D. 甲的行为成立过失致人重伤罪

3. 关于正当防卫与紧急避险的比较，下列哪一选项是正确的？（2017-2-4）

A. 正当防卫中的不法“侵害”的范围，与紧急避险中的“危险”相同

B. 对正当防卫中不法侵害是否“正在进行”的认定，与紧急避险中危险是否“正在发生”的认定相同

C. 对正当防卫中防卫行为“必要限度”的认定，与紧急避险中避险行为“必要限度”的认定相同

D. 若正当防卫需具有防卫意图，则紧急避险也须具有避险意图

4. 关于正当防卫与紧急避险，下列哪一选项是正确的？（2016-2-6）

A. 为保护国家利益实施的防卫行为，只有当防卫人是国家工作人员时，才成立正当防卫

B. 为制止正在进行的不法侵害，使用第三者的财物反击不法侵害人，导致该财物被毁坏的，对不法侵害人不可能成立正当防卫

C. 为摆脱合法追捕而侵入他人住宅的，考虑到人性弱点，可认定为紧急避险

D. 为保护个人利益免受正在发生的危险，不得已也可通过损害公共利益的方法进行紧急避险

5. 鱼塘边工厂仓库着火，甲用水泵从乙的鱼塘抽水救火，致鱼塘中价值2万元的鱼苗死亡。仓库中价值2万元的商品因灭火及时未被烧毁。甲承认仓库边还有其他几家鱼塘，为报复才从乙的鱼塘抽水。关于本案，下列哪一选项是正确的？（2015-2-4）

A. 甲出于报复动机损害乙的财产，缺乏避险意图

B. 甲从乙的鱼塘抽水，是不得已采取的避险行为

C. 甲未能保全更大的权益，不符合避险限度要件

D. 对2万元鱼苗的死亡，甲成立故意毁坏财物罪

第三节　其他犯罪排除事由

关于被害人承诺理论，下列哪些说法是正确的（不考虑数额和情节）？（2019年回忆版）

A. 沈某误以为自己的爱马患了致命疾病，要求兽医对其进行安乐死。事后查明，市面上已经有了治疗该病的特效药。沈某做出的承诺无效

B. 张某收到乡下邻居的短信，问可否将其乡下住宅的院墙拆除，张某本欲回复不可以，但漏打了“不”字，乡下邻居遂将院墙拆除。张某做出的承诺有效

C. 杨某组织贩卖人体器官，其与雷某约定以10万元的价格将雷某的肾脏移植给了他人。雷某做出的承诺无效

D. 马某下班到了家门口，看到新装的彩色路灯反射到自己屋内的光线，误以为室内着火，情急之下找不到钥匙，便恳求路人周某破门灭火，周某照办。马某做出的承诺有效

详　解

第一节　正当防卫

1. ［答案］BC　　［难度］难

［考点］正当防卫的认定、间接故意

[命题和解题思路] 本题考查了正当防卫的认定和间接故意的类型，具体涉及防卫挑拨的处理和不计后果型的间接故意的认定。本题难点在于甲主观上究竟是故意还是过失。实际上，根据该案情节，甲属于在突发性犯罪或瞬间情绪冲动下，不计后果放任某种严重危害结果发生的间接故意。当然，这一间接故意类型考查不多，可能会有同学误认为甲是过失。

[选项分析]《关于依法适用正当防卫制度的指导意见》第 8 条规定，对于故意以语言、行为等挑动对方侵害自己再予以反击的防卫挑拨，不应认定为防卫行为。但如果很轻微的挑拨行为招致严重的不法侵害，那么，仍应允许挑拨人实施正当防卫。但问题在于，甲在遭受了突发性犯罪或瞬间情绪冲动下，不计后果放任某种严重危害结果的发生，其在用啤酒瓶击打乙头部后，又用玻璃碎片将乙捅成重伤。可以说，与乙单纯掐脖子的行为相比，甲用啤酒瓶砸乙头部和用玻璃碎片捅乙的行为已经明显超过必要限度，造成了重伤结果，可谓是重大损害，成立防卫过当。A 项错误，B 项正确。

进一步而言，甲防卫过当后，究竟其成立故意伤害罪还是过失致人重伤罪呢？应当说，在当时的情况下，甲不可能不知道自己用玻璃碎片捅乙会造成什么后果，也不存在可以避免重伤结果发生的依据，不能认定为疏忽大意的过失或过于自信的过失，而是间接故意中的在遭受了突发性犯罪或瞬间情绪冲动下，不计后果放任某种严重危害结果发生的故意类型。因此，甲应成立故意伤害罪。C 项正确，D 项错误。

2. [答案] B　　[难度] 难

[考点] 正当防卫的认定

[命题和解题思路] 本题考查正当防卫的认定问题。《关于依法适用正当防卫制度的指导意见》第 6 条明确指出，对于不法侵害已经形成现实、紧迫危险的，应当认定为不法侵害已经开始。该司法解释对本题的解题非常关键，即丙在后门看到乙时究竟能否认定为已经形成了现实、紧迫的危险，当然，命题者并没有直接设问该问题，而是采用间接的方式来避免直接回答这一需要更多证据材料才能回应的问题。

[选项分析] A 项中，即使乙成立正当防卫，也不能认为甲也成立正当防卫，因为正当防卫并非犯罪形态，其效力只及于实施正当防卫者一方。A 项错误。

B 项中，如果认为乙并未看到丙，因此，不会对丙的人身形成紧迫的危险，那么丙的袭击就是不法侵害行为，进而丙的击打就不会被认定为正当。相应地，乙的反击行为就可以被认定为正当防卫。B 项正确。

C 项中，是否成立防卫过当与乙是否有过错无关，如果认定乙的行为是正当防卫，那么，当乙的正当防卫明显超过必要限度造成重大损害时，就应当负刑事责任。本题中，乙的行为之所以不构成防卫过当，是因为只造成了丙轻伤的结果，不属于明显超过必要限度造成重大损害的情形。C 项错误。

D 项中，如果认为甲、乙的不法侵害在去歌舞厅后，就已经形成现实、紧迫的危险，丙的行为可以成立正当防卫。D 项错误。

3. [答案] A　　[难度] 难

[考点] 正当防卫

[命题和解题思路] 本题考查正当防卫、防卫过当、事后防卫、转化型抢劫等知识点，综合性比较强。

[选项分析] 对于财产性犯罪，在行为既遂后，现场还来得及挽回损失的情况下，应该视为不法侵害正在进行，符合正当防卫的起因条件和时间条件，因此，本题并不属于事后防卫的情形。D 项错误。单纯的挣脱并不属于为了抗拒抓捕而使用暴力，因此，盗窃行为并没有转化为抢劫，不能成立无过当防卫。对于偷狗行为而言，属于侵犯财产权的犯罪，甲朝着乙的面部猛击造成乙死亡的结果，在行为层面已经超出了必要限度并造成了重大损害，属于防卫过当。故 A 项正确，C 选项错误。

作为正当防卫的前提要件，只要客观上存在着不法侵害，即符合起因条件，而不是假想防卫。故 B 项错误。

4. [答案] BC　　[难度] 难

[考点] 正当防卫、因果关系、抢劫的结果加重犯

[命题和解题思路] 正当防卫是重点考点，基本上每年都会考查，本题命题更具有综合性，融

合了介入的因果关系、扭送、抢劫罪的结果加重犯等，不是单一考查正当防卫。考生需要在学习中融会贯通、活学活用、综合判断，方能跳出陷阱。

［选项分析］李某持水果刀抢劫，该行为属于严重危及人身安全的暴力犯罪，符合特殊防卫的前提条件。一般而言，在反抗持刀抢劫过程中，难免会发生误伤，陈某夺刀并扔给同事王某的行为，并不属于重大的异常介入因素，因此王某的重伤结果，仍然应归责于李某。C 项错误，当选。换言之，对于王某的受伤结果，陈某不负刑事责任，不属于防卫过当。A 项正确，不当选；B 项错误，当选。

就陈某抱摔李某的行为而言，虽然不法侵害已经结束，但陈某抱摔的行为属于扭送行为，且在当时的情形下，抱摔行为并未超出必要的限度造成不应有的后果，因此，李某的轻伤结果不应由陈某负责。由于李某逃跑时的行为已经对陈某基本没有危险性了，因此，陈某的重伤结果也不应由李某负责。因此，D 项正确，不当选。

5. ［答案］C　　［难度］中

［考点］正当防卫的概念、抢劫罪

［命题和解题思路］本题主要考查转化型抢劫罪的"当场使用暴力或者以暴力相威胁"中"当场"的认定，以及正当防卫中不法侵害的认定问题。对于前者，主要紧扣住实施犯罪的现场以及被追捕的整个过程和现场便是当场；而不法侵害无需考虑是否"黑吃黑"。

［选项分析］根据《刑法》第 269 条的规定，犯盗窃、诈骗、抢夺罪，为窝藏赃物、抗拒抓捕或者毁灭罪证而当场使用暴力或者以暴力相威胁的，以抢劫罪定罪处罚。本题中的甲已经离开现场 1 公里，显然不能再认定为当场。A 项错误。

乙紧拽住甲索要钱财，符合敲诈勒索罪的构成要件，属于正当防卫的前提条件—不法侵害正在进行。而甲本人也意识到其被乙不法侵害，属于俗话说的被"黑吃黑了"，因此也具备了主观的正当化要素—防卫意识。同时，甲为了防卫自己的人身与财产权利，仅仅造成乙的轻伤后果，没有超出必要的防卫限度，应当认定为正当防卫。据此，B 项错误，C 项正确。

甲挥拳打中乙的左眼，由于被认定为正当防卫，没有超出必要限度造成过限后果，因此其具有正当性，不成立犯罪。D 项认为甲成立过失伤害，错误，不当选。

6. ［答案］ACD　　［难度］难

［考点］正当防卫的构成

［命题和解题思路］本题属于开放式命题，此类命题方式较为少见，从考查的知识点看，主要考查正当防卫的构成，包括对正当防卫中的"不法侵害"的理解以及防卫人是否需要明知侵害者具有责任能力的问题。考生只要抓住所考查的知识点，根据各个选项的观点与结论的搭配，一一推理即可，当然，推理正确的前提是要对正当防卫的不法侵害的属性有正确的认识。

［选项分析］需要考生注意的是，作为正当防卫前提条件的"不法侵害"，只是针对不法阶层进行的判断，原则上不涉及不法侵害人的责任考察，即无需"不法侵害"人的行为最终被认定为犯罪。当然，如果明知不法侵害人是精神病人、未成年人的话，基于人道主义的考虑，应当先进行劝阻、制止，尽量使用其他方式避免或制止侵害。《关于依法适用正当防卫制度的指导意见》中指出，明知侵害人是无刑事责任能力人或者限制刑事责任能力人的，应当尽量使用其他方式避免或者制止侵害。这从反面说明，即使不明知，也不意味着不能进行正当防卫。《关于依法适用正当防卫制度的指导意见》还指出，没有其他方式可以避免、制止不法侵害，或者不法侵害严重危及人身安全的，可以进行反击。可见，对于精神病人、未成年人的"不法侵害"，也是可以进行正当防卫的。说明观点①③对应结论 a，观点②④对应结论 b。

综上，观点①③与 a 结论对应；观点②④与 b 结论对应，所以 B 项是正确的论述，其余的选项均是错误的，ACD 项是正确答案。

7. ［答案］C　　［难度］难

［考点］正当防卫的概念、防卫过当、不作为

［命题和解题思路］本题考查较为细致，其考查的知识点为防卫人在防卫后针对防卫行为所造成的不法侵害者的伤害是否具有救助义务进而如何认定责任的问题。本题 AB 项中专门提到了"独立构成"，如果承认甲的不救助行为要独立构成不作为犯罪，那么将不能适用防卫过当"应当减轻或者免除处罚"的规定。

［选项分析］防卫人在防卫后，针对防卫行为所造成的不法侵害者的伤害，是否具有救助义务的问题，学界存在争议。有观点认为如果认为防卫者对于不法侵害人有保证人地位，无异于承认侵害者的法律地位高于陌生人。但我们认为，这与先前行为是义务来源的结果不协调。我们认为（1）如果正当防卫造成被害人死亡不过当时，正当防卫人并无救助义务；（2）如果正当防卫致人伤害并未过当，而且该伤害不可能导致死亡，亦即没有过当的危险，正当防卫人也没有救助义务；（3）如果正当防卫造成了伤害，而该伤害本身不过当，并具有死亡的紧迫危险（具有防卫过当的危险），发生死亡结果时就会过当，那么，就应当肯定正当防卫人具有救助义务。在第三种情况下，先前的作为与后面的不作为共同导致了防卫过当，否则，如果将结果全部归责于不救助，将导致无法认定前行为系防卫过当，进而不能适用防卫过当"应当减轻或者免除处罚"的规定。

本题中甲的行为正符合第三种情形，应该认为是先前行为和后面的不救助之不作为共同导致了结果的发生，因此 AB 项错误，其并非"独立构成"。

甲的行为构成防卫过当，但"应当减轻或者免除处罚"，而非成立正当防卫。D 项错误。

第二节　紧急避险

1. ［答案］ABC　　［难度］中

［考点］危险驾驶罪、紧急避险

［命题和解题思路］本题将危险驾驶罪和紧急避险融合到一起考查，应该说难度不大。考生在备考时需要注意，危险驾驶罪属于危险犯，成立犯罪要求对道路交通安全产生抽象的危险。

［选项分析］危险驾驶罪是抽象危险犯，即便通说认为，抽象危险犯是立法者的推定，不需要法官实际判断，但既然是危险犯，那么，如果根本不可能对道路交通安全产生任何抽象危险，是不能认定为犯罪的。近年来关于危险驾驶罪的相关司法解释也可以看出这一点。甲酒后发动汽车取暖的行为危险程度轻微，不构成危险驾驶罪。A 项当选。

甲将车辆借给乙，即使其明知乙去参加酒会，也无法预知乙会酒后开车，乙完全可以不开车返回，或者找代驾。换言之，甲对乙酒后开车的情形是无法预见的，甲不构成危险驾驶罪。B 项当选。

C 项中，甲为了救妻子乙，在案情描述的情形下，属于紧急避险。C 项当选。

甲明知乙即将开车，还往其咖啡中加入酒精，乙并没有意识到自己处于醉酒状态。甲的行为构成危险驾驶罪的间接正犯。D 项不当选。

2. ［答案］BC　　［难度］难

［考点］紧急避险、犯罪行为

［命题和解题思路］本题主要考查对紧急避险成立要件的理解和犯罪行为的认定。本题中命题者所举的案例是客观归责理论中常见的例子，甲的行为降低了已经存在的风险，等于没有创造不被法律所允许的风险，因而不能归责。

［选项分析］甲并没有损害第三者的合法权益，不符合紧急避险中要求损害另一方利益的要件，因此，甲的行为不成立紧急避险。另外，紧急避险是排除犯罪性事由，即客观上符合犯罪构成要件，但不构成犯罪。在本题中，甲并没有创造不被法律所允许的风险，相反，甲降低了丙已经存在的风险，否则丙将会被大火烧死，从这一意义上看，甲的行为并不该当犯罪构成要件，因而不需要通过正当防卫、紧急避险等排除犯罪性事由从犯罪中排除，故甲不属于紧急避险。因此，BC 项正确，AD 项错误。

3. ［答案］D　　［难度］难

［考点］正当防卫、紧急避险的构成

［命题和解题思路］本题主要考查考生对于正当防卫和紧急避险成立要件的理解。正当防卫与紧急避险背后排除犯罪的基础原理不一致，由此也对正当防卫和紧急避险的个别要件的解释存在差别。考生在复习正当防卫与紧急避险时，可以将两者结合起来，对照性地复习。

［选项分析］正当防卫的不法"侵害"只能是人的不法侵害，而紧急避险中的"危险"还包括地震以及动物自发性的攻击等自然事件带来的利益侵害。A 项错误。

正当防卫的时间要件要求不法侵害"正在进行"，即一般来说要求已经着手实施犯罪，但在一些特殊情况下，不法侵害的现实威胁已经十分明显、紧迫，等其着手实行后来不及减轻或避免结果时，也应认为不法侵害已经开始。例如，一般来说，枪杀案件中，瞄准被害人才是杀人的着手，但如果这时才认定是不法侵害正在进行，显然已经过迟，因此可以认为掏枪的时候就已经属于不法侵害正在进行了。而紧急避险是通过损害一种合法权益去保护另一种合法权益，因此，对于避险的时间条件相对正当防卫限定更为严格，只有在危险是“迫在眉睫”时才允许避险。B 项错误。

对于正当防卫的限度要件，只有在保护的利益和牺牲的利益“显著失衡”时才予以考虑。如为了保护院子里果树上的苹果而将上树偷苹果的小孩开枪打死，此时才认为防卫行为超过了必要限度，在为了保护重大财产牺牲生命法益的场合，原则上并不会当然地认定为超出必要限度。与此不同，紧急避险是“正”对“正”的关系，原则上要求保护的利益大于牺牲的利益。C 项错误。

D 项中，命题人并不是问成立正当防卫或紧急避险是否需要防卫意图或避险意图，而是避开了这个争议问题，只是提出如果承认主观的阻却违法事由要素的话，成立正当防卫和紧急避险均要求行为人认识到相应的前提事实条件。而如果不承认主观的阻却违法事由要素，便都不要求二者具备防卫意识和避险意识，如果要求具有防卫意图才成立正当防卫，同时又认为成立紧急避险不需要有避险意图，将导致观点的不协调。D 项正确。

4. ［答案］D　　［难度］中

［考点］正当防卫、紧急避险

［命题和解题思路］本题主要考查正当防卫与紧急避险的成立要件，只要考生对正当防卫和紧急避险的成立要件比较熟悉，就可以做对本题。可以说，本题没有结合案情设置陷阱，属于直接考知识点的题，难度不大。正当防卫可以是为了保护国家、公共利益；面对不法侵害而采取的一切制止不法侵害的行为（包括使用第三人的财物），都是正当防卫；对正当职务行为，不得进行正当防卫和紧急避险。如果避险行为所保全的个人利益大于所损害的利益，就成立紧急避险，至于损害的是否为公共利益，并不是判断的关键。

［选项分析］就我国刑法的规定来说，对于正当防卫的主体身份资格没有限制，任何人（包括普通群众）都可以为保护国家利益而进行正当防卫，防卫人不必是国家工作人员。A 项错误。

使用第三者的财物反击不法侵害人的，对不法侵害人而言，该反击行为属于防卫行为，构成正当防卫；但对财物所有人而言，反击成立紧急避险。B 项错误。

紧急避险是“正”对“正”，面对合法追捕，被追捕者的行为不能说是“正当”，而不能主张其合法权益正面临着危险，不成立紧急避险。C 项错误。

原则上，只要避险行为所保全的个人利益大于所损害的公共利益，就成立紧急避险。例如，发现公办幼儿园小朋友乘坐校车时，被粗心的老师锁在车里，为解救该小朋友而将车窗砸坏的，当然可能成立紧急避险。D 项正确。

5. ［答案］B　　［难度］难

［考点］避险意图、避险可行性、避险限度

［命题和解题思路］本题主要考查对紧急避险成立要件的理解。本题中，命题人设置了诸多扰乱考生判断的干扰项，极易选错答案。当然，命题人为了降低难度，在选项设计时故意提醒了考生，A 项中明确指出“报复动机”一词，旨在暗示考生动机与意图的区别。

［选项分析］避险意识由避险认识和避险意志构成，避险认识是指行为人认识到国家、公共利益，本人或者他人的人身、财产和其他权利面临正在发生的危险，认识到只有损害另一法益才能保护较大或者同等的法益，认识到自己的避险行为是保护法益的正当行为。避险意志是指行为人出于保护国家、公共利益，本人或者他人的人身、财产和其他权利免受正在发生的危险的目的。其中，避险认识是重点，一般来说，只要行为人具有避险认识，就应认为具有避险意识。因此，A 项中，行为人已经认识到自己的行为是为了保护仓库不被大火焚毁，就认为已经具有了避险意识，至于是否还存在报复的动机，则不影响避险意图的认定。A 项错误。

B 项考查避险行为的必要性，紧急避险只有在不得已，即没有其他方法可以避免危险时，才能实施损害第三人利益来保护法益的举动。命题人在题干中交代的“甲承认仓库边还有其他几家鱼塘，为报复才从乙的鱼塘抽水”其实也是为了迷惑考生，因为尽管有其他鱼塘的水可以抽，但是题干并未说抽其他鱼塘的水比抽乙鱼塘的水更方便，此时便应认定甲抽取乙鱼塘的水符合不得已的要件。B 项正确。

C 项中，命题人故意列出两处 2 万元，让考生误以为保护的利益与损害的利益对等，不成立紧急避险。但甲在保护货物的同时必定保护了仓库本身，且保护的利益并不限于实际保护的货物，还应包括放在仓库中可能受损的货物。由此也当然符合了紧急避险的限度条件。C 项错误。

D 项中，甲的行为具备避险意图，符合避险的必要性也没有超出避险限度的要求，成立紧急避险，因此不成立犯罪。D 项错误。

第三节　其他犯罪排除事由

［答案］BCD　　［难度］难

［考点］被害人承诺

［命题和解题思路］被害人承诺是违法阻却事由中的重要类型之一，在往年的考试中也考查过多次。本题主要考查被害人承诺的成立要件，对于成立条件的考查非常细致，考生可以借本题来复习被害人承诺理论。

［选项分析］沈某对于承诺处分爱马事实上的必要性与承诺本身的做出无关，即沈某对于自己要处分马匹这一法益是没有认识错误的。因此，沈某的承诺是有效的。A 项错误。

被害人承诺的条件之一为承诺必须出于被害人本人的真实意思，即排除了被害人做出的承诺是基于受强迫、胁迫或遭受欺骗而做出的情况。张某做出的承诺意思客观表示效果与主观真实意思不一致，是其个人的疏漏所导致，对于邻居来说，只能通过张某表露于外的客观表示作为自己行为是否被允许的标志。因此，应当认为，张某所做的承诺仍然是有效的承诺。B 项正确。

通说认为，对于身体重伤害以及生命处分的被害人承诺是无效的。对于肾脏等重大器官的非法移植来说，所做出的身体伤害承诺是无效的承诺。杨某基于贩卖人体器官而移植雷某的肾脏，雷某做出的承诺是无效的。C 项正确。

马某是自认为屋内着火而请求他人破门而入，其并没有遭受外在的强制或欺骗，因此，对于住宅安宁以及室内财产所做的承诺是有效的，周某没有义务审查马某为什么喊其破门。D 项正确。

第九章　犯罪未遂与犯罪中止

试　题

第一节　犯罪未遂

1. 关于犯罪停止形态的认定，下列哪一说法是正确的？（2023 年回忆版）

A. 王某雇佣甲杀害仇人乙，为其提供了乙的照片。甲误将丙当成乙，将丙杀死。无论根据哪一种学说，对于丙的死亡，王某均构成故意杀人罪（既遂）

B. 李某以为自己在地摊上“捡漏”的是国家禁止倒卖的珍贵文物，后将该物高价卖出。经鉴定，该物为仿制品而非文物。李某构成倒卖文物罪（未遂）

C. 陈某意图为境外人员提供国家秘密以换取金钱，在已窃取但尚未提供国家秘密之前被抓获。陈某构成为境外非法提供国家秘密罪（未遂）

D. 刘某以捏造的事实向法院提起民事诉讼。法院开庭审理后，驳回刘某的诉讼请求，判决被告人胜诉。刘某构成虚假诉讼罪（既遂）

2. 甲冒充房主王某与乙签订商品房买卖合同，约定将王某的住房以 220 万元卖给乙，乙首付 100 万元给甲，待过户后再支付剩余的 120 万元。办理过户手续时，房管局工作人员识破甲的骗局并报警。根据司法解释，关于甲的刑事责任的认定，下列哪一选项是正确的？（2017-2-5）

A. 以合同诈骗罪 220 万元未遂论处，酌情从重处罚

B. 以合同诈骗罪 100 万元既遂论处，合同诈骗 120 万元作为未遂情节加以考虑

C. 以合同诈骗罪 120 万元未遂论处，合同诈骗 100 万元既遂的情节不再单独处罚

D. 以合同诈骗罪 100 万元既遂与合同诈骗罪 120 万元未遂并罚

3. 关于犯罪未遂的认定，下列哪些选项是正确的？（2016-2-53）

A. 甲以杀人故意将郝某推下过街天桥，见郝

某十分痛苦，便拦下出租车将郝某送往医院。但郝某未受致命伤，即便不送医院也不会死亡。甲属于犯罪未遂

B. 乙持刀拦路抢劫周某。周某说“把刀放下，我给你钱”。乙信以为真，收起刀子，伸手要钱。周某乘乙不备，一脚踢倒乙后逃跑。乙属于犯罪未遂

C. 丙见商场橱柜展示有几枚金锭（30 万元/枚），打开玻璃门拿起一枚就跑，其实是值 300 元的仿制品，真金锭仍在。丙属于犯罪未遂

D. 丁资助林某从事危害国家安全的犯罪活动，但林某尚未实施相关犯罪活动即被抓获。丁属于资助危害国家安全犯罪活动罪未遂

4. 下列哪一行为成立犯罪未遂？（2015-2-5）

A. 以贩卖为目的，在网上订购毒品，付款后尚未取得毒品即被查获

B. 国家工作人员非法收受他人给予的现金支票后，未到银行提取现金即被查获

C. 为谋取不正当利益，将价值 5 万元的财物送给国家工作人员，但第二天被退回

D. 发送诈骗短信，受骗人上当后汇出 5 万元，但因误操作汇到无关第三人的账户

5. 下列哪些选项中的甲属于犯罪未遂？（2014-2-54）

A. 甲让行贿人乙以乙的名义办理银行卡，存入 50 万元，乙将银行卡及密码交给甲。甲用该卡时，忘记密码，不好意思再问乙。后乙得知甲被免职，将该卡挂失取回 50 万元

B. 甲、乙共谋傍晚杀丙，甲向乙讲解了杀害丙的具体方法。傍晚乙如约到达现场，但甲却未去。乙按照甲的方法杀死丙

C. 乙欲盗窃汽车，让甲将用于盗窃汽车的钥匙放在乙的信箱。甲同意，但错将钥匙放入丙的信箱，后乙用其他方法将车盗走

D. 甲、乙共同杀害丙，以为丙已死，甲随即离开现场。一个小时后，乙在清理现场时发现丙未死，持刀杀死丙

6. 关于故意犯罪形态的认定，下列哪些选项是正确的？（2013-2-54）

A. 甲绑架幼女乙后，向其父勒索财物。乙父佯装不管乙安危，甲只好将乙送回。甲虽未能成功勒索财物，但仍成立绑架罪既遂

B. 甲抢夺乙价值 1 万元项链时，乙紧抓不放，甲只抢得半条项链。甲逃走 60 余米后，觉得半条项链无用而扔掉。甲的行为未得逞，成立抢夺罪未遂

C. 乙欲盗汽车，向甲借得盗车钥匙。乙盗车时发现该钥匙不管用，遂用其他工具盗得汽车。乙属于盗窃罪既遂，甲属于盗窃罪未遂

D. 甲在珠宝柜台偷拿一枚钻戒后迅速逃离，慌乱中在商场内摔倒。保安扶起甲后发现其盗窃行为并将其控制。甲未能离开商场，属于盗窃罪未遂

第二节　犯罪中止

1. 对于中止犯，没有造成损害的，应当免除处罚；造成损害的，应当减轻处罚。下列哪一选项属于造成损害的中止犯？（2023 年回忆版）

A. 赵某闯入房间欲伤害吴某，吴某苦苦哀求，赵某遂放弃

B. 钱某意图拐卖妇女，取得妇女周某的信任后，以旅游的名义寻找买家，后钱某觉得周某不错，遂放弃出卖

C. 孙某给机场打电话，告诉机场有炸弹。于是机场立刻疏散人群。后孙某悔悟，打电话告诉机场没有炸弹，机场遂停止疏散人群

D. 李某威胁王女士拿钱，不然伤害其家人，给王女士造成了巨大的心理恐慌，后李某放弃，并向王女士赔礼道歉

2. 甲基于伤害故意殴打乙，致其重伤昏迷。后甲见状不忍心，背起乙欲送医，不料站立不稳，和乙同时摔倒在地，致乙死亡。关于甲的行为性质，下列哪一选项是正确的？（2020 年回忆版）

A. 故意伤害罪既遂

B. 故意杀人罪既遂

C. 故意伤害罪未遂

D. 故意伤害罪中止

3. 甲以牟利为目的复制淫秽物品后，又将其销毁。关于甲的行为性质，下列哪一说法是正确的？（2018 年回忆版）

A. 成立复制淫秽物品牟利罪的犯罪既遂

B. 成立复制淫秽物品牟利罪的犯罪中止

C. 不构成犯罪，因为甲没有牟利

D. 不构成犯罪，因为甲未传播出去

4. 甲以杀人故意放毒蛇咬乙，后见乙痛苦不堪，心生悔意，便开车送乙前往医院。途中等红灯时，乙声称其实自己一直想死，突然跳车逃走，三小时后死亡。后查明，只要当时送医院就不会死亡。关于本案，下列哪一选项是正确的？（2015-2-6）

A. 甲不对乙的死亡负责，成立犯罪中止

B. 甲未能有效防止死亡结果发生，成立犯罪既遂

C. 死亡结果不能归责于甲的行为，甲成立犯罪未遂

D. 甲未能阻止乙跳车逃走，应以不作为的故意杀人罪论处

5. 甲架好枪支准备杀乙，见已患绝症的乙踉跄走来，顿觉可怜，认为已无杀害必要。甲收起枪支，但不小心触动扳机，乙中弹死亡。关于甲的行为定性，下列哪一选项是正确的？（2014-2-9）

A. 仅构成故意杀人罪（既遂）

B. 仅构成过失致人死亡罪

C. 构成故意杀人罪（中止）、过失致人死亡罪

D. 构成故意杀人罪（未遂）、过失致人死亡罪

6. 甲为杀乙，对乙下毒。甲见乙中毒后极度痛苦，顿生怜意，开车带乙前往医院。但因车速过快，车右侧撞上电线杆，坐在副驾驶位的乙被撞死。关于本案的分析，下列哪些选项是正确的？（2014-2-53）

A. 如认为乙的死亡结果应归责于驾车行为，则甲的行为成立故意杀人中止

B. 如认为乙的死亡结果应归责于投毒行为，则甲的行为成立故意杀人既遂

C. 只要发生了构成要件的结果，无论如何都不可能成立中止犯，故甲不成立中止犯

D. 只要行为人真挚地防止结果发生，即使未能防止犯罪结果发生的，也应认定为中止犯，故甲成立中止犯

详　解

第一节　犯罪未遂

1. ［答案］D　　［难度］中

［考点］犯罪停止形态

［命题和解题思路］本题融合事实认识错误、法律认识错误、为境外窃取、刺探、收买、非法提供国家秘密、情报罪和虚假诉讼罪等知识点，考查了犯罪停止形态的认定。应当说，可能有考生对C项中的为境外窃取、刺探、收买、非法提供国家秘密、情报罪这一选择性罪名不太熟悉，但由于是单选题，ABD项还是比较容易判断的。因此，本题整体难度不大。

［选项分析］A项中，甲误将丙当成乙，将丙杀死的行为，是对象认识错误。但对于王某而言，由于其提供了乙的照片，但甲仍认错了人。有观点认为，对王某而言，是打击错误，而对于打击错误，如果根据具体符合说，则认为对丙应成立过失致人死亡罪。A项错误。

B项中，由于客观上不存在一个被倒卖的文物，李某的行为系法律认识错误。所谓法律认识错误，是指行为人对自己的行为在法律上是否构成犯罪、构成何种犯罪或者应当受到怎样的处罚的错误认识。包括三种情形：一是将有罪行为误认为无罪行为；二是将无罪行为误认为有罪行为；三是对罪行定性与处罚轻重的误认。李某的行为是将无罪行为误认为有罪行为。对此，不能认为成立犯罪。B项错误。

C项中，陈某虽尚未给境外非法提供国家秘密，但其行为已经成立为境外窃取国家秘密罪，系既遂。C项错误。

D项中，刘某的行为成立《刑法》第307条之一的虚假诉讼罪。虚假诉讼罪是指以捏造的事实提起民事诉讼，妨害司法秩序或者严重侵害他人合法权益的行为。该罪所保护的法益是正常的司法秩序，只要行为人通过捏造事实、伪造证据等手段向法院提起虚假诉讼，侵害了正常的司法秩序，即构成本罪构成要件的客观结果。至于法院是否作出裁判等，只是该罪的加重情节。D项正确。

2. ［答案］B　　［难度］中

［考点］犯罪未遂的概念和特征

［命题和解题思路］本题考查的知识点较细，主要考查考生对于诈骗既遂、未遂兼有时的诈骗数额计算问题。对此，司法解释和指导性案例已明确，当然，即使不知道这些司法解释和指导性案例，依据法理也可以选出正确答案。

［选项分析］《关于办理诈骗刑事案件具体应

用法律若干问题的解释》第6条规定："诈骗既有既遂，又有未遂，分别达到不同量刑幅度的，依照处罚较重的规定处罚；达到同一量刑幅度的，以诈骗罪既遂处罚。"最高人民法院2016年发布的指导案例第62号指出，在数额犯中，犯罪既遂部分与未遂部分分别对应不同法定刑幅度的，应当先决定对未遂部分是否减轻处罚，确定未遂部分对应的法定刑幅度，再与既遂部分对应的法定刑幅度进行比较，选择适用处罚较重的法定刑幅度，并酌情从重处罚；二者在同一量刑幅度的，以犯罪既遂酌情从重处罚。由此，只要考生熟悉上述司法解释和指导案例，本题便可轻易得出答案。按照前述司法解释和指导性案例的观点，在诈骗行为人取得意图诈骗的部分财物时，如果既遂部分和未遂部分的法定刑幅度不同，不能对意欲诈骗的总体数额一概视为未遂或既遂，而是应当对既遂部分和未遂部分确定各自的法定刑幅度后进行轻重比较，选择较重的法定刑幅度并酌情从重处罚。如果既遂部分和未遂部分的法定刑幅度相同，则直接视为诈骗既遂，并酌情从重处罚。本题中，犯罪既遂部分的100万元和未遂部分的120万元均应适用"数额特别巨大"档次的法定刑幅度。因此，应以合同诈骗罪100万元既遂论处，合同诈骗120万元作为未遂情节加以考虑。

根据罪责刑相适应的法理，甲已经骗取了100万元，对该情节不可能不予处罚，C项错误。甲已经实际取得100万元，认定其整体上成立犯罪未遂明显不当。A项错误。另外，甲只有一个诈骗行为，待支付的120万元，实际上只是该诈骗行为的必然后果。既然只有一个行为，当然不可能数罪并罚。D项错误。因此，只有以合同诈骗罪100万元既遂论处，在此基础上，对合同诈骗120万元的事实作为未遂情节加以考虑，才能够不纵不枉地评价甲的行为，做到罪责刑相适应。B项正确。

3. ［答案］BC　　［难度］中

［考点］犯罪未遂的概念与特征

［命题和解题思路］本题主要考查对犯罪未遂的理解。认定犯罪未遂，要紧紧围绕犯罪未得逞以及因意志以外的原因未得逞这两个要点来分析。命题人设计的前三个选项难度均不高，均是围绕犯罪是否已经实际得逞以及未得逞是基于意志以外的原因这两点来设计，唯一具有疑惑的可能是A项表述的"但郝某未受致命伤，即便不送医院也不会死亡"，这是命题人故弄玄虚设置的干扰项，意在将考生往未遂犯的方向引导，只要考生正确理解犯罪中止的规范目的便不难排除干扰。此外，犯罪既遂或未遂也离不开各罪的保护法益是否已经实际受到侵犯来予以认定，如在"共犯的正犯化"的立法模式中，立法者已经基于刑事政策上的理由将原属于共犯（教唆犯或帮助犯）独立规定为正犯，此时，一旦有共犯行为（如资助行为）便意味着已经侵害了法益，成立既遂，本题的D项便是如此。

［选项分析］对于A项，应该着眼于自以为能够继续杀害，但自动放弃犯罪了，这样才能认定为中止。本选项中说的是以杀人故意将郝某推下过街天桥，没有交代其他情节，比如人多而不敢继续下手之类的，所以可以推定为客观环境是可以继续进行杀害的，只是主观上没有继续推进了。要注意，如果不是着眼于继续进行杀害，那么，将只能成立未遂，因为推下后受伤的那一刻，未遂结果就出现了，成立故意杀人未遂，此时就不可能再成立其他停止形态了。A项错误。

针对B项，成立中止犯，要求行为人彻底自动放弃犯行，本选项中的乙收起刀子并不意味着停止抢劫，其仍然在进行取财行为，最终是由于被害人逃跑这一意志以外的因素导致取财未成，成立犯罪未遂。B项正确。

C项中，丙欲盗窃商场的金锭，但由于意志以外的原因错拿了仿制品，并未实际取得行为人希望取得的财物。但是，展柜里确实有真的金锭，因此，丙已经对真金锭造成了紧迫的、实质的危险，应认定为盗窃罪未遂。C项正确。

资助危害国家安全犯罪活动罪属于"帮助犯的正犯化"立法模式的典型示例，如果立法者未单独制定这一构成要件，资助行为将成为相应罪名的帮助犯，进而正犯没有着手，一般不处罚帮助犯，但既然立法者已经制定独立的罪名，意味着在立法者看来资助行为本身便已经有独立处罚的必要，一旦有资助行为，即便资助行为指向的关联犯罪未既遂甚至是未着手，也应认定为犯罪既遂。据此，丁资助林某从事危害国家安全的犯罪活动，成立资助危害国家安全犯罪活动罪的犯罪既遂。D项错误。

4. [答案] D　　[难度] 中

[考点] 犯罪未遂的概念与特征

[命题和解题思路] 命题人结合了刑法分则个别罪名的构成要件考查考生对这些各罪的犯罪未遂形态的理解。要想做对本题，对相关分则重点罪名的犯罪构成必须非常熟悉，否则即使掌握了未遂的概念和认定标准，也可能答错。

[选项分析] A 项具有一定的迷惑性。在毒品案件审判实践中，一般是主张“契约说”“合意说”，以买卖双方意思达成一致、契约的达成为既遂，至于是否已经交货或付款，在所不问。上海市高级人民法院《关于审理毒品犯罪案件具体应用法律若干问题的意见》则采取了“进入交易说”，认为只要行为人将毒品现实地带入了交易环节的，不论是否完成交易行为，均应以贩卖毒品罪的既遂论处。如果有证据证明行为人以贩卖为目的而购买了毒品或正在向贩毒者购进毒品的，亦应认定为贩卖毒品罪的既遂。根据法理，以出卖为目的购买毒品不同于买入后自己吸食，由于贩卖毒品罪的打击重点在于“卖”，因此“卖”才是贩卖毒品罪的实行行为，行为人为了卖而买的行为，显然尚未达到着手的程度，只能是贩卖毒品罪的预备阶段。虽然理论和实务认定的结论不同，但都不会认定为未遂。因此，A 项错误。

行为人一旦收受他人的现金支票，便已经侵害了国家工作人员职务行为的不可收买性这一受贿罪的保护法益，不论支票是否已兑换，都已构成犯罪既遂。B 项错误。

行贿人为谋取不正当利益，一旦将财物送给国家工作人员，对于行贿人来说，便已经构成了行贿罪既遂；至于受贿人的退赃或退还贿赂，不影响行贿罪的既遂判断。C 项错误。

诈骗罪的客观行为链条为：行为人虚构事实或隐瞒真相→使被骗人产生认识错误→基于该认识错误处分财产→被害人遭受财产损失→行为人获得财产。要注意，被害人遭受财产损失并不意味着行为人因此获得了财产。D 项中，行为人并未取得被害人损失的财产，未充足诈骗罪的客观规范构造，成立诈骗罪未遂。D 项正确。

5. [答案] CD　　[难度] 中

[考点] 犯罪未遂的概念与特征

[命题和解题思路] 本题考查了受贿罪和共同犯罪的既遂与未遂的标准。通常认为，犯罪未得逞是指犯罪行为未完全实现刑法分则条文规定的全部构成要件要素，在考试中涉及的大多是结果没有发生的情形。犯罪已得逞表现为法益已经受到侵害，发生了行为人所希望或者放任的、行为性质所决定的犯罪结果。对于犯罪未遂的认定，必须结合分则的保护法益进行分析。

[选项分析] 受贿罪的保护法益是国家工作人员职务行为的不可收买性。因此，一旦国家工作人员收受他人财物，便已经侵害了职务行为的不可收买性，此时便已经是犯罪既遂。甲收受了乙存有 50 万元的银行卡，就已经对该笔贿赂款产生了事实上的支配，成立犯罪既遂。至于最终是否使用了这笔钱，是否忘了取款密码，是否取出，不影响既遂的认定。A 项错误。

B 项考查的是共犯脱离问题，成立共犯脱离最重要的条件在于切除自己先前的参与行为与其他共犯相互补充、相互利用的关系。本选项中，甲要想成功脱离共犯，就要切断其对乙在行为和主观意志上的作用，不但要告诉乙自己不干了，还要让乙不使用两人共谋的具体方法。如果甲存在教唆，那么，还要阻止乙基于自己的教唆所产生的犯罪意图。仅仅没有依约前往是不够的，没有成功脱离，所以甲不成立犯罪未遂，而是犯罪既遂。B 项错误。

选项 C 考查的是帮助犯的因果关系。共犯要想成立既遂，其共同行为就要与既遂结果之间存在物理或者心理的因果性。甲为乙提供盗窃汽车的钥匙，因甲错将钥匙放在丙的信箱，乙最后也未用到甲的钥匙，说明甲提供帮助的行为与犯罪结果之间不具有因果性。因此属于犯罪未遂。C 项正确，当选。当然，需要注意的是，也有人认为，乙还未进入实行阶段的时候就已经发现甲的钥匙帮不上忙了，也不可能给其心理产生帮助作用。因此，甲顶多成立盗窃罪预备阶段的帮助。从这个意义上说，本题答案有瑕疵。

甲、乙共同杀害丙，以为丙已死，甲随即离开现场，意味着甲、乙二人的共同正犯关系已经消解。共犯行为已经完结，由于被害人未死，因此两人成立故意杀人罪未遂。此后的乙基于偶然的原因发现被害人未死亡，重新起意杀死丙，甲对此一行为已经没有了共同正犯之间的相互补充、相互利用的关系，因此，甲成立犯罪未遂。D 项正确。

6. ［答案］AC　　［难度］易

［考点］犯罪未遂、犯罪既遂

［命题和解题思路］本题主要结合绑架罪、抢夺罪、盗窃罪来考查考生对这些罪名未遂标准的掌握程度。

［选项分析］绑架罪规定在刑法分则“侵犯公民人身权利、民主权利罪”中，其既遂标准为以实力控制了被害人。甲成功绑架幼女乙后又将乙送回，虽未能成功勒索财物，但甲实际上已经成功地以实力控制了被害人，导致被害人丧失人身自由的结果出现，成立绑架罪既遂。A 项正确。

抢夺罪的保护法益是他人的财产法益，乙的项链价值 1 万元，行为人取得该财物的那一刻，被害人就丧失了对价值 1 万元的财物的所有权、占有权，行为人的犯罪既遂。甲后来将项链扔掉的行为属于抢夺既遂后的赃物处置，不影响抢夺既遂的判断。B 项错误。

C 项中，甲提供钥匙的行为对于乙顺利盗窃未能起到应有的作用。当乙用该钥匙打不开锁的时候，物理层面的帮助就没有发生作用，此时，乙就已经意识到要靠自己的力量完成盗窃了，即主观上的精神的帮助也未发生作用，所以，应当认为甲构成盗窃未遂。C 项正确。

盗窃罪的既遂标准是取得说。行为人是否取得需要根据案情作具体判断。对于钻石首饰等体积很小的财物，一旦行为人成功窃取，即取得对财物的控制，无论是否离开场所，均成立盗窃既遂。甲在珠宝柜台偷拿一枚钻戒后迅速逃离，尽管甲未能离开商场，但他已经实际取得对财物的控制，成立盗窃既遂。D 项错误。

第二节　犯罪中止

1. ［答案］A　　［难度］难

［考点］中止犯的认定

［命题和解题思路］本题考查对《刑法》第 24 条第 2 款规定的理解，该款规定：“对于中止犯，没有造成损害的，应当免除处罚；造成损害的，应当减轻处罚”。其中对于“造成损害”的理解，应理解为行为造成的实害结果而非危险结果；是刑法规范禁止的侵害结果而非任何生活意义上的结果；不限于物质性结果，还包括名誉等非物质性结果；必须是对他人的损害而非对自己造成的损害；必须能够主观归责而非意外事件造成的损害结果。可以说，该款规定考生关注较少，容易做错。

［选项分析］A 项中，赵某成立故意伤害罪的犯罪中止，但是其闯入吴某房屋的行为成立非法侵入住宅罪，属于造成了非物质性的可归责的对他人的实害结果。A 项正确。

B 项中，钱某“以旅游的名义寻找买家”，这种表述并不能理解成钱某已经开始着手控制周某，可以说，这里并不存在以实力控制被拐卖妇女这一拐卖妇女罪的实行行为，只能认为钱某是犯罪预备。B 项错误。

C 项中，孙某的行为已经造成了严重扰乱社会秩序的结果，成立《刑法》第 291 条之一规定的编造、故意传播虚假信息罪的既遂，而非中止形态。C 项错误。

D 项中，“给王女士造成了巨大的心理恐慌”，并非刑法规范所评价的结果，当然如果造成王女士精神崩溃，能够认定为造成了故意伤害罪中的轻伤以上结果，那么，D 项就属于造成损害的中止犯类型。D 项错误。

2. ［答案］A　　［难度］中

［考点］犯罪形态、结果加重犯、介入因素

［命题和解题思路］犯罪未完成形态是法考非常重要的考点。本题具有一定难度。考生可能会认为虽然甲具有中止的自动性，但却不具备中止的有效性，不能认定为中止。但需要提醒考生注意的是，在足以防止结果发生的 A 行为独立地导致原犯罪的侵害结果发生时，如果应将侵害结果归责于 A 行为，则不妨碍原犯罪成立犯罪中止。

［选项分析］本题中，可能有考生认为甲的行为不具有中止的有效性，不成立中止，但这一观点存在问题。我们认为，在足以防止结果发生的 A 行为独立地导致原犯罪的侵害结果发生时，如果应将侵害结果归责于 A 行为，则不妨碍原犯罪成立犯罪中止。例如，甲想杀乙，向乙的食物中投毒，乙呕吐不止，甲于心不忍，便开车将乙送去医院，途中车速过快发生车祸，导致乙死亡。本案中，甲如果送乙到医院，还是有可能救治的，应该认为甲的行为足以防止原犯罪结果的发生，甲自动采取了防止结果发生的措施，回到了合法性的轨道上，乙的死亡结果是由甲的过失行为所导致，甲成立故意杀人罪的中止与过失犯罪，数

罪并罚。但本题中，甲的行为比较复杂，在乙重伤昏迷时，甲已经成立故意伤害致人重伤的结果加重犯的既遂了，此时，不可能再成立中止。如果本题是甲怀着杀害的意图殴打乙，在乙陷入昏迷时，于心不忍，准备背起乙送往医院，结果站立不稳，和乙同时摔倒在地，致乙死亡，那么，就成立故意杀人罪的中止和过失致人死亡罪。综上，A 项正确。

由于甲主观上是伤害的故意，其死亡结果并非伤害行为的现实化，只能归责于其过失行为，因此，不能成立故意杀人罪既遂。B 项错误。

重伤结果已经出现，因此不成立故意伤害罪未遂和中止。因此，CD 项错误。

3. ［答案］A　　［难度］中

［考点］犯罪中止、犯罪既遂

［命题和解题思路］本题借制作、复制、出版、贩卖、传播淫秽物品牟利罪来考查犯罪既遂与犯罪中止的认定标准问题。本题中的关键点是要理解“以牟利为目的”这一主观要素。其实，**只要求理解“以牟利为目的”是主观超过要素，不要求客观上必须实现**。

［选项分析］《刑法》第 363 条第 1 款规定的制作、复制、出版、贩卖、传播淫秽物品牟利罪，是指以牟利为目的，制作、复制、出版、贩卖、传播淫秽物品的行为。需要注意的是，本罪中的牟利目的是主观的超过要素，不需要客观上必须实现。本罪是行为选择性罪名，因此只要行为人具有复制淫秽物品的行为，便满足本罪客观行为构造的要求。据此，只要行为人以牟利为目的复制淫秽物品，便已经成立本罪既遂。A 项正确。

由于甲已经完成复制淫秽物品的行为，因此犯罪已经既遂，以后的销毁行为，不可能再成立犯罪中止。B 项错误。

复制淫秽物品牟利罪中的以牟利为目的是主观超过要素，只要求行为人主观上有此目的即可，不需要客观上必须实现，因此即便甲客观上没有牟利，也不影响本罪成立。C 项错误。

制作、复制、出版、贩卖、传播淫秽物品牟利罪是行为选择性罪名，传播和复制均为该罪的选择性行为方式，只要有一种行为方式便成立本罪，而不要求行为人必须复制淫秽物品后还存在传播的行为。D 项错误。

4. ［答案］A　　［难度］中

［考点］犯罪中止、刑法中因果关系的认定

［命题和解题思路］本题中，命题人主要想考查行为人在实施犯罪行为后产生了中止的意思，也有防止结果发生的举动，但最后由于第三人或者被害人自身的因素导致仍然发生了行为人原先想要的危害结果，此时能否认定成立中止犯的问题。需要提醒考生的是，如果行为人在行为终了后实施了足以防止结果发生的行为，但由于被害人或者第三者的原因导致结果发生，也应该认定为犯罪中止。考生不能僵硬地理解中止犯，认为成立中止犯必须是犯罪结果没有发生，而不去考虑结果的发生和行为人之前的犯罪行为之间的因果关系（归责）问题。

［选项分析］本题中，命题人已经交代只要当时送医院就不会死亡，说明甲已经采取了足以防止犯罪结果发生的措施，只不过这时介入了被害人乙的自杀行为，从相当因果关系来看，应当说被害人对于结果的发生起到了主要作用，甲无须对乙的死亡负责。A 项正确。

甲已经回到合法性的轨道，被害人乙的自杀行为，系重大的异常介入因素，所以乙死亡后果的发生不能算在甲先前的故意犯罪行为头上。B 项错误。

甲基于中止意思停止犯罪，死亡结果又不能算到他头上，据此，应当认为甲已经有效地防止了犯罪结果的发生，成立中止犯。C 项错误。

乙跳车这一点是出乎甲的预料的，且甲此时并无阻止的义务，乙自愿跳车逃走，对于造成的结果应自我负责，甲不成立不作为的故意杀人罪。D 项错误。

5. ［答案］C　　［难度］易

［考点］犯罪中止的有效性、过失致人死亡罪

［命题和解题思路］中止有效性的判断是刑法理论中颇为困难的问题之一，也是考试中的高频考点。近年来多次考到这一知识点，需要考生注意。对此，判断的关键是行为人的中止行为是否足以防止结果的发生。

［选项分析］甲刚架好枪支，基于同情、怜悯而放弃了杀乙，显然满足了中止犯的时间性、自动性、客观性的要求，接着需要判断的是有效性要件。虽然客观上出现了乙死亡的结果，但需要

考生严格区分死亡结果是甲的故意杀人行为造成的，还是后来的过失行为造成的，甲收起枪支的行为其实已经足以防止犯罪结果发生了，回到了合法性的轨道，此时应该肯定中止的有效性。D项错误。但这时不小心触动扳机，即介入了行为人的异常举动，是该异常的介入因素导致了死亡结果的发生，因此，死亡结果与甲的故意杀人行为之间不存在因果关系，不能将死亡结果归责于甲的故意杀人行为。A项错误。

本题中，应该将死亡结果归责于甲的过失行为，即构成故意杀人罪中止和过失致人死亡罪。C项正确。

甲的前一阶段行为成立故意杀人罪的中止，由于没有造成后果，应当免除处罚，但不能说仅构成过失致人死亡罪。B项错误。

6. ［答案］AB　　［难度］难

［考点］中止的有效性、刑法上因果关系的认定

［命题和解题思路］本题仍然考查犯罪中止的有效性。这一考点近年来多次考到，考生应该予以高度关注。中止的有效性的判断关键是是否采取了足以防止犯罪结果发生的措施。如果采取了足以防止结果发生的措施，只不过因为介入了行为人或者被害人、第三人的异常行为导致结果发生的，此时不妨碍肯定原行为人的犯罪中止的有效性。

［选项分析］犯罪中止的有效性不是说绝对不能发生犯罪结果，而是指行为人的行为足以有效地防止犯罪结果发生。行为人的行为并未导致犯罪结果的产生，或者虽然出现了犯罪结果，但该结果并不是行为人的犯罪行为所导致的，而是第三人的行为或者被害人的因素导致的，此时虽然发生了犯罪结果，但只要犯罪结果的发生与中止之前的犯罪行为没有因果关系，自动放弃犯罪并努力采取措施试图避免犯罪结果发生的人就仍然成立犯罪中止。C项错误。

本题中，甲主动开车送乙去医院的行为，已经足以避免死亡结果的发生了，此时，如果认为车祸是异常因素，如认为乙的死亡结果应归责于驾车行为，那么，便可以肯定犯罪中止的有效性，综合全部案情，应成立犯罪中止。A项正确。

如果认为乙的死亡结果应归责于投毒行为，便说明该开车送医行为并不足以避免结果的发生，不能肯定中止的有效性，不成立中止，B项正确。

行为人虽真挚地防止结果发生，但如果该行为并不足以防止犯罪结果的发生，那么，即使是“真挚地防止”，一旦发生犯罪结果，也不能肯定中止的有效性，不成立中止犯。D项错误。

第十章　共同犯罪

试　题

第一节　共同犯罪的一般原理

1. 关于共同犯罪的形态，下列哪一说法是正确的？（2023年回忆版）

A. 承继的共犯仅存在于参与人事前无通谋的共同犯罪

B. 间接正犯是正犯的一种，与其相对应的概念是单独正犯

C. 无论是任意共同犯罪还是必要共同犯罪都存在对向犯

D. 只有在复杂共同犯罪中，才存在共犯过剩的问题

2. 下列哪一选项中乙的行为与甲构成共同犯罪？（2023年回忆版）

A. 甲为中转自己拐卖的妇女，向乙交代实情并请其收留自己和妇女两天，乙同意并提供住处

B. 甲实施盗窃，乙在外面帮忙望风，甲盗得财物后离开，甲对乙的望风并不知情，且望风期间未发生任何事情

C. 乙明知甲在缅北实施境外电信诈骗，仍为其烧香祈福

D. 甲正在实施寻衅滋事犯罪，乙用摄像机拍摄进行网络直播

3. 甲绑架了乙，要求乙的妻子丙交钱赎人，否则杀死乙。丙想起乙平日经常打骂自己，遂决定借甲之手除掉乙，故拒绝支付赎金。甲气急败

坏，将乙杀害。关于本案，下列哪些说法是正确的？（2021 年回忆版）

A. 只有承认片面共同正犯，才能追究丙的刑事责任

B. 如不承认片面共同正犯，则丙只能构成故意杀人罪的间接正犯

C. 如承认承继的共同正犯，则丙成立“杀害被绑架人”的共同犯罪

D. 如承认片面共同正犯，则丙与甲在故意杀人罪范围内构成共同犯罪

4. 甲、乙合谋去某单位盗窃，乙开车将甲送至该单位，约定乙在门口等候，待甲取财后一起逃跑。甲窃取财物后刚到门口，即被保安发现，甲边跑边叫乙下车一起帮忙，两人与保安发生扭打，致保安轻伤。关于本案，下列哪些说法是正确的？（2020 年回忆版）

A. 甲、乙在盗窃罪范围内成立共同犯罪，但甲以抢劫罪一罪论处，乙以盗窃罪一罪论处

B. 甲、乙同时成立盗窃罪与故意伤害罪的共同犯罪，二人均应数罪并罚

C. 甲、乙二人均成立转化型抢劫，均以抢劫罪一罪论处

D. 无论如何定性，甲、乙罪名应一致，都成立该罪的共同犯罪

5. 关于共同犯罪的理论，下列哪些选项是正确的？（2019 年回忆版）

A. 虽然自杀不构成犯罪，但教唆他人自杀的可能构成故意杀人罪

B. 在已经实行的共同正犯中，可能存在部分正犯成立既遂、部分正犯成立中止的情形

C. 共同正犯在同一构成要件范围内认识错误，可能影响共犯的成立和形态

D. 集团犯罪中组织者、领导者与其他共同犯罪中的组织者、领导者均需对全部罪责负责

6. 甲、乙、丙系同监室犯人，合谋通过放火制造事故于混乱中趁机越狱，三人放火后只有丙成功越狱。关于本案，下列哪一说法是错误的？（2018 年回忆版）

A. 甲、乙、丙三人的行为均构成脱逃罪既遂

B. 丙的行为构成脱逃罪既遂，甲、乙的行为构成脱逃罪未遂

C. 甲、乙的帮助、鼓励，对丙的脱逃成功起了作用，因此即便甲、乙未脱逃成功，二人亦构成脱逃罪既遂

D. 认定甲、乙构成脱逃罪既遂与甲、乙未越狱成功并不矛盾，因为丙的越狱成功与甲、乙二人的行为之间有因果关系

7. 甲、乙、丙、丁四人预谋杀戊，甲、乙用铁棒击打戊，丙徒手殴打戊，丁则拿着刀在一边助威呐喊，最后造成戊死亡。尸检报告表明，戊只有一处头部致命伤，且是遭钝器所致。无法证明是甲、乙二人中谁具体导致了被害人死亡，但肯定不是丙、丁的行为导致。关于本案，下列哪些说法是正确的？（2018 年回忆版）

A. 丙、丁的行为肯定未导致被害人死亡，故二者的行为成立故意杀人罪未遂

B. 甲、乙的行为导致了被害人死亡，但由于无法查清是谁的行为导致了被害人死亡的结果，故甲、乙二人均成立故意杀人罪未遂

C. 甲、乙、丙、丁均成立故意杀人罪既遂，因为四人系故意杀人罪的共同犯罪

D. 认定四人成立故意杀人罪既遂与存疑有利于被告的原则并不矛盾

8. 甲欲杀丙，假意与乙商议去丙家“盗窃”，由乙在室外望风，乙照办。甲进入丙家将丙杀害，出来后骗乙说未窃得财物。乙信以为真，悻然离去。关于本案的分析，下列哪一选项是正确的？（2017-2-7）

A. 甲欺骗乙望风，构成间接正犯。间接正犯不影响对共同犯罪的认定，甲、乙构成故意杀人罪的共犯

B. 乙企图帮助甲实施盗窃行为，却因意志以外的原因未能得逞，故对乙应以盗窃罪的帮助犯未遂论处

C. 对甲应以故意杀人罪论处，对乙以非法侵入住宅罪论处。两人虽然罪名不同，但仍然构成共同犯罪

D. 乙客观上构成故意杀人罪的帮助犯，但因其仅有盗窃故意，故应在盗窃罪法定刑的范围内对其量刑

9. 甲、乙、丙共同故意伤害丁，丁死亡。经查明，甲、乙都使用铁棒，丙未使用任何凶器；尸体上除一处致命伤外，再无其他伤害；可以肯定致命伤不是丙造成的，但不能确定是甲造成还是

乙造成的。关于本案，下列哪一选项是正确的？(2016-2-7)

A. 因致命伤不是丙造成的，尸体上也没有其他伤害，故丙不成立故意伤害罪

B. 对甲与乙虽能认定为故意伤害罪，但不能认定为故意伤害（致死）罪

C. 甲、乙成立故意伤害（致死）罪，丙成立故意伤害罪但不属于伤害致死

D. 认定甲、乙、丙均成立故意伤害（致死）罪，与存疑时有利于被告的原则并不矛盾

10. 15周岁的甲非法侵入某尖端科技研究所的计算机信息系统，18周岁的乙对此知情，仍应甲的要求为其编写侵入程序。关于本案，下列哪一选项是错误的？(2015-2-7)

A. 如认为责任年龄、责任能力不是共同犯罪的成立条件，则甲、乙成立共犯

B. 如认为甲、乙成立共犯，则乙成立非法侵入计算机信息系统罪的从犯

C. 不管甲、乙是否成立共犯，都不能认为乙成立非法侵入计算机信息系统罪的间接正犯

D. 由于甲不负刑事责任，对乙应按非法侵入计算机信息系统罪的片面共犯论处

11. 关于共同犯罪的论述，下列哪一选项是正确的？(2014-2-10)

A. 无责任能力者与有责任能力者共同实施危害行为的，有责任能力者均为间接正犯

B. 持不同犯罪故意的人共同实施危害行为的，不可能成立共同犯罪

C. 在片面的对向犯中，双方都成立共同犯罪

D. 共同犯罪是指二人以上共同故意犯罪，但不能据此否认片面的共犯

第二节　共　犯

甲欲前往张某家中盗窃。乙送甲一把擅自配制的张家房门钥匙，并告甲说，张家装有防盗设备，若钥匙打不开就必须放弃盗窃，不可入室。甲用钥匙开张家房门，无法打开，本欲依乙告诫离去，但又不甘心，思量后破窗进入张家窃走数额巨大的财物。关于本案的分析，下列哪一选项是正确的？(2017-2-6)

A. 乙提供钥匙的行为对甲成功实施盗窃起到了促进作用，构成盗窃罪既遂的帮助犯

B. 乙提供的钥匙虽未起作用，但对甲实施了心理上的帮助，构成盗窃罪既遂的帮助犯

C. 乙欲帮助甲实施盗窃行为，因意志以外的原因未能得逞，构成盗窃罪的帮助犯未遂

D. 乙的帮助行为的影响仅延续至甲着手开门盗窃时，故乙成立盗窃罪未遂的帮助犯

第三节　共同犯罪人的处罚

《刑法》第29条第1款规定："教唆他人犯罪的，应当按照他在共同犯罪中所起的作用处罚。教唆不满十八周岁的人犯罪的，应当从重处罚。"对于本规定的理解，下列哪一选项是错误的？(2013-2-9)

A. 无论是被教唆人接受教唆实施了犯罪，还是二人以上共同故意教唆他人犯罪，都能适用该款前段的规定

B. 该款规定意味着教唆犯也可能是从犯

C. 唆使不满14周岁的人犯罪因而属于间接正犯的情形时，也应适用该款后段的规定

D. 该款中的"犯罪"并无限定，既包括一般犯罪，也包括特殊身份的犯罪，既包括故意犯罪，也包括过失犯罪

第四节　共犯的特殊问题

1. 甲与乙女有婚外情，甲欲与妻子丙离婚。乙唆使甲用毒牛奶杀害丙。甲接受了教唆。几天后，甲将一瓶毒牛奶递给丙。丙不知道牛奶有毒，又将牛奶递给身边的孩子丁喝。甲见状，就说了一句"他喝过了，不用喝了"，便走开了，没有实施其他阻止行为。丁喝了毒牛奶后死亡。关于本案，下列哪些说法是错误的？(2021年回忆版)

A. 甲对丙构成故意杀人罪未遂

B. 甲对丁构成故意杀人罪既遂

C. 乙对丙构成故意杀人罪未遂

D. 乙对丁构成故意杀人罪既遂

2. 甲知道乙计划前往丙家抢劫，为帮助乙取得财物，便暗中先赶到丙家，将丙打昏后离去(丙受轻伤)。乙来到丙家时，发现丙已昏迷，以为是丙疾病发作晕倒，遂从丙家取走价值5万元的财物。关于本案的分析，下列哪些选项是正确的？(2017-2-54)

A. 若承认片面共同正犯，甲对乙的行为负

责，对甲应以抢劫罪论处，对乙以盗窃罪论处

B. 若承认片面共同正犯，根据部分实行全部责任原则，对甲、乙二人均应以抢劫罪论处

C. 若否定片面共同正犯，甲既构成故意伤害罪，又构成盗窃罪，应从一重罪论处

D. 若否定片面共同正犯，乙无须对甲的故意伤害行为负责，对乙应以盗窃罪论处

3. 交警甲和无业人员乙勾结，让乙告知超载司机“只交罚款一半的钱，即可优先通行”；司机交钱后，乙将交钱司机的车号报给甲，由在高速路口执勤的甲放行。二人利用此法共得 32 万元，乙留下 10 万元，余款归甲。关于本案的分析，下列哪一选项是错误的？（2014－2－21）

A. 甲、乙构成受贿罪共犯

B. 甲、乙构成贪污罪共犯

C. 甲、乙构成滥用职权罪共犯

D. 乙的受贿数额是 32 万元

4. 关于共同犯罪，下列哪些选项是正确的？（2013－2－55）

A. 乙因妻丙外遇而决意杀之。甲对此不知晓，出于其他原因怂恿乙杀丙。后乙杀害丙。甲不构成故意杀人罪的教唆犯

B. 乙基于敲诈勒索的故意恐吓丙，在丙交付财物时，知情的甲中途加入帮乙取得财物。甲构成敲诈勒索罪的共犯

C. 乙、丙在五金店门前互殴，店员甲旁观。乙边打边掏钱向甲买一羊角锤。甲递锤时对乙说“你打伤人可与我无关”。乙用该锤将丙打成重伤。卖羊角锤是甲的正常经营行为，甲不构成故意伤害罪的共犯

D. 甲极力劝说丈夫乙（国家工作人员）接受丙的贿赂，乙坚决反对，甲自作主张接受该笔贿赂。甲构成受贿罪的间接正犯

详 解

第一节 共同犯罪的一般原理

1. ［答案］A ［难度］中

［考点］共同犯罪的分类

［命题和解题思路］共同犯罪是法考刑法题中每年必考考点，但一般都是结合案例予以考查。本题采用了纯理论的考查方法，且侧重点在于共犯的分类，这一考试方法和考查的侧重点，在以往较为少见。但就难度而言，只要对共同犯罪的分类和基本的概念掌握到位，本题并不容易做错。

［选项分析］承继的共犯，是指先行为人已经实施了一部分犯罪行为，在其实行行为尚未全部实行终了的时候，后行为人明知这一犯罪事实而参与进来，或单独或与先行行为人一同将剩余行为实行完毕的情形。如果后参加的行为人与先行为人之间存在事前的共谋，那么，两人即是普通的共同犯罪，而非承继的共犯。A 项正确。

间接正犯，是指行为人以自己的犯罪意图，利用无责任能力或无犯罪意思的人实施犯罪行为，以达到自己的犯罪目的。与其相对应的概念是直接正犯，是指直接实行构成要件行为人。B 项错误。

任意共同犯罪简称任意共犯，是指刑法分则规定的可以由一个人单独实施的犯罪，当二人以上共同实施时所构成的共同犯罪。必要共同犯罪简称必要共犯，亦称法定共犯或当然共犯，是任意共犯的对称，即刑法分则规定的必须由两个或两个以上主体才能构成的犯罪。必要共同犯罪有三种形式：一是对向性共同犯罪，指基于二人以上的互相对向行为构成的犯罪，如《刑法》第 258 条规定的重婚罪；二是聚合性共同犯罪，如《刑法》第 290 条规定的聚众扰乱社会秩序罪、聚众冲击国家机关罪等；三是集团性共同犯罪，如《刑法》第 294 条规定的组织、领导、参加黑社会性质组织罪等。实际上，只有必要的共同犯罪中才存在对向犯。C 项错误。

所谓复杂共同犯罪，是指各共同犯罪人之间存在着实行行为与非实行行为分工的共同犯罪。非实行行为具体包括教唆行为、组织行为和帮助行为。简单共同犯罪，是指共同正犯，即共同犯罪人共同直接地实施某一犯罪行为。二者是按共同犯罪行为的分工划分的一种共同犯罪形式。简单共犯和复杂共犯都存在共犯过剩的可能性。D 项错误。

2. ［答案］A ［难度］难

［考点］共同犯罪的认定

［命题和解题思路］本题考查共同犯罪的成立。需要考生注意的是，要想成立狭义共犯，教唆行为和帮助行为必须与正犯的实行行为之间存

在物理性的或者心理性的因果作用。BCD项中均涉及这一点。本题中，A项具有一定的迷惑性，乙的行为正是中转行为本身，属于拐卖妇女、儿童罪的实行行为之一，因此成立共同犯罪。

［选项分析］拐卖妇女、儿童罪，是指以出卖为目的，拐骗、绑架、收买、贩卖、接送、中转妇女、儿童的行为。其中，所谓中转妇女系为拐卖妇女的罪犯提供中途场所或机会的行为，属于拐卖实行行为之一。乙知情后收留甲和被拐卖妇女，属于中转行为，与甲一同成立拐卖妇女罪的共犯。A项正确。

成立帮助犯的前提是帮助犯的帮助对正犯的实行行为具有物理性的或者心理性的因果作用。甲对乙的望风并不知情，不存在心理上的因果性，而望风期间没有任何事情发生，因此，也不能认为存在物理性的因果作用。乙不成立（片面）帮助犯。B项错误。

烧香祈福并不能对甲实施电信诈骗提供任何物理性或心理性的作用，因此不能成立共同犯罪。C项错误。

乙用摄像机拍摄甲寻衅滋事的过程，对甲的寻衅滋事无法产生直接的物理性或心理性的作用，不成立共同犯罪。当然，如果乙利用信息网络辱骂、恐吓他人，情节恶劣，破坏社会秩序的，根据《关于办理利用信息网络实施诽谤等刑事案件适用法律若干问题的解释》第5条的规定，应以寻衅滋事罪定罪处罚。但这一点在本题中没有案情佐证。D项错误。

3. ［答案］AD　　［难度］难

［考点］共同犯罪、片面共犯、承继共犯

［命题和解题思路］本题考查共同犯罪中的片面共犯、承继共犯等多个知识点，具有一定难度，考生需要对片面共犯和承继共犯理论的实质和关键点熟练掌握，唯有如此，方能正确作答。

［选项分析］片面共犯是指二个以上的行为人之间，主观上没有相互沟通，仅单方面具有共同犯罪的故意的情况。究竟是否承认片面共犯，犯罪共同说和行为共同说有不同的结论。犯罪共同说认为，共同犯罪的成立，各行为人之间必须要有共同的意思联络，而片面共犯场合并不存在这种共同的意思联络。因此，犯罪共同说否定片面共同正犯，否定片面共同正犯，则意味着丙不会与甲成立共同犯罪。行为共同说认为，只要客观的实行行为相同或部分相同就可以成立共同正犯，处罚共犯是因为各人为了实现自己的犯罪，通过利用他人扩张了自己的因果影响力的防卫。行为共同说认为，既然是片面共犯，那么，就只是对知情的一方适用共同犯罪的处罚原则，对不知情的一方不适用共同犯罪的处罚原则。因此，行为共同说承认片面共同正犯，而承认片面共同正犯就可以追究丙的刑事责任。那么，能否认定为间接正犯呢？如果答案是肯定的，则A项错误，B项正确；如果答案是否定的，则B项错误，A项正确。实际上，间接正犯需对因果流程具备实质支配力。本题中，丙对甲也没有支配力和控制力，甲如何处置乙，取决于其自己的意思，因此不能认为是间接正犯。因此，A项正确，B项错误。

承继的共同正犯是指在他人实行一部分犯罪行为之后，犯罪行为尚未完全结束之际，行为人基于共犯的意思，加入该犯罪的实行的情形。但基于责任主义和犯罪事实支配理论，后行为者的参与和先前行为人已经造成的结果之间没有关系，后参与者只能支配参与之后的事实，因此，丙对甲已经实施的绑架行为并不具有支配力，仅对其后的杀人行为承担责任，而不应该承担绑架罪中“杀害被绑架人”的结果加重犯的责任。C项错误。

如承认片面共同正犯，丙也只能对其参与后的行为承担责任，即丙只能与甲在故意杀人罪范围内成立共同犯罪。D项正确。

4. ［答案］CD　　［难度］中

［考点］共同犯罪的成立条件、转化型抢劫

［命题和解题思路］共同犯罪是法考重点考点，符合重者恒重的命题思路，本题命题结合转化型抢劫考查共同犯罪的成立条件，也是法考中最常见的综合多个知识点的考查方式。

［选项分析］《刑法》第269条规定，犯盗窃、诈骗、抢夺罪，为窝藏赃物、抗拒抓捕或者毁灭罪证而当场使用暴力或者以暴力相威胁的，依照《刑法》第263条关于抢劫罪的规定定罪处罚。本题中，甲实施了盗窃财物的行为后又对保安使用了暴力，属于转化型抢劫，成立抢劫罪。甲、乙虽有分工，乙属于望风等候，虽未实施盗窃的实行行为，但在甲窃取财物被发现后与甲共同抗拒

抓捕，共同成立转化型抢劫。

B 项虽然承认甲、乙二人在两个阶段均成立共同犯罪，但是忽略了转化型抢劫的成立条件，甲、乙二人均只成立抢劫罪一罪而非数罪。故 B 项错误，C 项正确。

甲、乙二人前后阶段均符合共同犯罪的成立条件，罪名均为抢劫罪一罪。故 D 项正确。

5. ［答案］ABC　　［难度］难

［考点］共同犯罪

［命题和解题思路］本题主要考查考生对于共同犯罪中一些基础问题的理解。相对而言，如果没有一定的理论功底，排除选项 BCD 较难，但本题将正确选项放在选项 A，而 A 项相较于其他三个选项较易确认为正确的论述，一定程度上降低了本题的难度。

［选项分析］自杀行为本身不构成犯罪，不成立故意杀人罪。但是如果教唆者对自杀者形成支配关系，就成立故意杀人罪（间接正犯）。A 项正确。

共同犯罪过程中，如果有人想中止，只有脱离共犯关系，才有可能成立犯罪中止，即不但自己自动停止，还要消除自己的行为对共同犯罪所产生的物理的、心理上的贡献，如果行为人脱离成功，那么就有可能会出现部分既遂、部分中止的情况。B 项正确。

实行犯如果有对象错误或者打击错误，教唆犯的犯罪形态会受到影响。例如，甲拿乙的照片给丙，让丙杀掉乙，结果丙认错了人，将丁杀死。那么对于丙而言，是对象错误，不论按照法定符合说还是具体符合说，都构成故意杀人罪既遂。对于甲来说，则是打击错误，根据法定符合说，成立故意杀人罪既遂；根据具体符合说，对丁成立过失致人死亡罪，对乙成立故意杀人罪未遂。因此，C 项正确。

D 项的说法不严谨，犯罪集团的组织者、领导者要对犯罪集团所犯的所有罪行负责，但是，犯罪集团以外的共同犯罪中的组织者、领导者仅需对其实际组织、领导的犯罪行为负责。D 项错误。

6. ［答案］B　　［难度］易

［考点］共同犯罪与犯罪构成的关系

［命题和解题思路］本题考查脱逃罪的既遂、共犯的责任认定。只要熟练掌握共同正犯实行交互归责原则，也就是所谓的“部分实行，全部责任”原则，便不难解答本题。

［选项分析］脱逃罪的既遂标准是摆脱监管的实力控制。本案中，甲、乙、丙成立脱逃罪的共犯，丙已经成功摆脱监管的实力控制，成立既遂，而基于共犯“部分实行，全部责任”的处罚原则，甲、乙均对此既遂结果承担责任，三人均构成脱逃罪既遂。故 A 项正确，不当选；B 项错误，当选。

若甲、乙的帮助、鼓励对丙的脱逃成功起了作用，即便甲、乙没有脱逃成功，甲、乙的行为亦构成脱逃罪既遂。故 C 项正确，不当选。

认定甲、乙在规范上构成脱逃罪既遂与甲、乙事实上未越狱成功并不矛盾，只要他们为丙成功越狱提供了原因力即可。故 D 项正确，不当选。

7. ［答案］CD　　［难度］中

［考点］共同犯罪

［命题和解题思路］本题主要考查考生对“部分实行，全部责任”原则与事实存疑时有利于被告原则关系的理解。需要注意的是，本题与 2016 年卷 2 第 7 题不同，2016 年的题是共同故意伤害，结果过失致被害人死亡，由于对于过失能否成立共犯，部分犯罪共同说和行为共同说存在争议，而本题中，四人均是杀人故意，也造成了死亡的结果，不存在犯罪共同说与行为共同说的差异，因此，这两题的解题思路是不同的。考生要领会这两题中所蕴含的知识点，做到知其然更要知其所以然。

［选项分析］甲、乙、丙、丁四人预谋杀人，并且四人存在明显的分工，说明四人是共同正犯，具有违法的连带性，应进行交互归责，即所有人都要对不法结果负责，而无论不法结果是不是自己亲手造成。因此，丙、丁即便没有亲手导致被害人死亡，仍然成立故意杀人罪既遂。A 项错误。

即便无法查清是甲还是乙直接导致了死亡结果，由于共同正犯实行交互归责原理，因此，无论是谁导致的结果，另一方都要负责，而无需查清究竟是谁事实上导致的死亡结果。B 项错误。

由于四人是共同正犯，被害人也确实因暴力行为而死亡，因此四人均成立故意杀人罪既遂。C 项正确。

认定甲、乙、丙、丁四人成立犯罪既遂与事实存疑时有利于被告的原则并不矛盾，因为本题无需适用事实存疑时有利于被告的原则。D 项正确。

8. [答案] C　　[难度] 中

[考点] 共同犯罪与犯罪构成的关系、狭义共犯与正犯的关系

[命题和解题思路] 本题的命题人主要想通过本题考查考生对于共同犯罪与犯罪构成之间关系的理解。许多刑法学习者误认为二人以上要成立共同犯罪，必须完全符合同一个犯罪构成要件，但这样的话会造成共同犯罪的很多问题无法处理，命题人也深知考生容易犯此错误。实际上，如果二人以上持不同故意共同实施了某种行为，只就他们所实施的性质相同（重合）的部分成立共同犯罪，至于其最后的罪名是否相同，并不重要。

[选项分析] 乙根本不知道甲是想要杀人，乙只是出于帮助甲"盗窃"的故意为其望风，由于乙欠缺杀人的故意，因此，甲、乙二人没有杀人的共同故意，不可能成立故意杀人罪的共同犯罪。A 项错误，不当选。

正犯没有盗窃行为，甲根本没有盗窃，根据共犯从属性原则，帮助犯也不能成立盗窃罪。B 项错误，不当选。

甲的行为是"入室+杀人"，乙的行为是帮助"入室+盗窃"，两者共同在非法侵入住宅这一点上成立共犯。甲由于其主观上是杀人的故意，且入侵住宅后也实施了杀人行为，最终应认定为故意杀人罪既遂，而乙只成立非法侵入住宅罪（帮助犯）。C 项正确，当选。

乙的帮助行为客观上为甲的"入室+杀人"提供了帮助，但主观上是为甲"入室+盗窃"而帮助，杀人无法包容盗窃，且正犯甲并没有盗窃的行为，因此乙的帮助不能被认为盗窃行为的帮助犯，因此，乙只构成非法侵入住宅罪的既遂。D 项错误，不当选。

9. [答案] D　　[难度] 中

[考点] 共同正犯与犯罪构成的关系、共同正犯的处罚原则

[命题和解题思路] 本题主要考查的是共同正犯的处罚原则，即"部分实行，全部负责"。本题中甲、乙、丙三人共同实施的是故意伤害行为，导致丁死亡的加重结果出现。我们认为，对于结果加重犯的共同正犯，只要能确定加重结果是由各行为人在共同行为决意的范围之内形成的，就可认为各行为人在"基本犯+结果加重犯"的范围内成立共犯正犯，进而适用"部分实行，全部负责"的处罚原则。换言之，加重结果均可以归属于各共犯人，而无需考虑这一加重结果究竟是谁的行为最终导致的。就此而言，可以说"事实存疑时有利于被告"的原则不影响加重结果归责于各共犯人。需要指出的是，本题中的 B 项是一个强干扰项，如果有考生认为各行为人只是在基本犯的范围内成立共犯，将会推导出 B 项。另外，近年来共同犯罪的考题中出现过多次"查不清结果是谁导致的"时候是否适用"存疑时有利于被告"原则的考点，希望考生吃透"部分实行，全部负责"的处罚原则。

[选项分析] 本题的题干很清楚地说甲、乙、丙三人共同故意伤害丁，姑且不考虑丙是否要对丁的死亡这一加重结果负责，无论如何，丙至少在故意伤害罪基本犯的范围内是成立犯罪的。A 项错误，不当选。

甲、乙、丙三人有共同伤害的故意，也参与了共同伤害致死的实行，三人在故意伤害罪结果加重犯的范围内成立共犯，根据"部分实行，全部负责"的原则，三人都需要对死亡结果负责，因此，甲、乙应成立故意伤害（致死）罪。B 项错误，不当选。

既然甲、乙、丙三人在故意伤害罪结果加重犯的范围内成立共同正犯，那么，三人都要对丁的死亡结果负责，丙也应当构成故意伤害（致死）罪。C 项错误，不当选。

对于结果加重犯的共同正犯，只要确定加重结果是由各共犯人在共同行为决意范围内形成的，就认为在结果加重犯的范围内成立共犯，所有人都要对加重结果负责，至于是谁具体造成了该结果并不重要。由此，在无法查清到底是谁造成了丁的死亡结果时，所有人都要对丁的死亡结果负责，与存疑时有利于被告原则并不矛盾。D 项正确，当选。

10. [答案] D　　[难度] 中

[考点] 共同犯罪与犯罪构成的关系、从犯的概念、间接正犯的概念、片面共犯的概念

［命题和解题思路］本题主要考查对共同犯罪的成立条件以及间接正犯和片面共犯等基础概念的理解。考试观点认为，“共同犯罪仅指具备犯罪构成的客体与客观要件意义上的共同犯罪”，秉持“违法是连带的，责任是个别的”，即认为共犯的本质是在不法的行为层面具有连带性。通俗地说，共犯就是两个以上行为人一起去干一件“坏事”，至于最终是否成立犯罪、成立何罪，还需要个别地判断责任阶层的内容。这是本题考查的基本点。另外，命题人还针对考生常犯的错误——“一个成年人和一个未达刑事责任年龄的人一起实施犯罪，为了处罚成年人，就将该人当作间接正犯来对待”做了否定。应该说，命题人并没有直接表明其犯罪论的立场，而是在选项中自设理论前提让考生据此推理，这也是刑法题近年来通常采用的命题方式。

［选项分析］非法侵入计算机信息系统罪要求犯罪主体必须达到 16 周岁，因此，如果认为责任年龄、责任能力并非共同犯罪的成立要件，即采“违法是连带的，责任是个别的”的观点，那么在甲、乙存在共同的犯意联络，也各自对法益被侵害的事实有所贡献的情形下，两者就成立共同犯罪。A 项正确，不当选。

在假设甲、乙成立共同犯罪的前提下，由于乙只是应甲的要求，协助编写了侵入程序，实施正犯行为即侵入某尖端科技研究所的计算机信息系统的仍然是甲，因此，乙在整个犯罪事件流程中属于帮助犯即从犯的地位。B 项正确，不当选。

如上所述，针对本题中的案情，为了处罚已成年的共犯，往往将其当作间接正犯来进行处罚。但间接正犯的实质在于支配被利用者，将其作为犯罪工具予以利用从而实施犯罪的情形。成立间接正犯，必须客观上存在支配行为，即利用意志或者认知的优势将他人当作工具予以利用，主观上也要存在支配的意志。本题中的乙是“应邀”为甲编写侵入计算机信息系统的程序，无论是客观上还是主观上，乙都不存在支配甲的情况，因此乙并非间接正犯。C 项正确，不当选。

所谓片面共犯，是指参与同一犯罪的人中，一方认识到自己是在和他人共同犯罪，而另一方没有认识到有他人和自己共同犯罪。本题中，甲、乙之间存在犯意联络，显然不符合片面共犯的概念。D 项错误，当选。

11. ［答案］D　　［难度］易

［考点］共同犯罪与犯罪构成的关系、共同犯罪的成立条件、片面对向犯和片面共犯

［命题和解题思路］本题命题者主要考查考生对于共同犯罪基础知识的掌握，包括共同犯罪与犯罪构成的关系、共同犯罪的成立条件、片面对向犯和片面共犯的概念。对于刑法学习者来说，之所以感觉共同犯罪充斥着混乱，在遇到共同犯罪的有关案例时不知从何下手，很大程度上是因为有关共同犯罪的基础知识没有掌握牢固。应该说，本题对于知识点的考查并没有借助案例的形式，而是直接考知识点，因此，难度系数相对较低。

［选项分析］成立间接正犯必须具备主客观两个层面的要件，即主观上要有将他人作为工具予以利用的支配意志存在；客观上要有利用自己的认知或者意志上的优势将他人作为工具予以支配的行为。有责任能力者与无责任能力者（如严重的精神病人）实施犯罪，通常情况下成立间接正犯，但是，如果有责任能力者根本没有意识到一起实施不法行为的是精神病人，则有责任能力者就没有间接正犯的支配意志，所以不能成立间接正犯，而成立教唆犯。例如，甲唆使乙强奸丙，实际上乙是精神病患者，但甲对此不知情。此时甲并没有将乙作为工具予以利用的支配意志，当然不能认定甲成立间接正犯。A 项错误，不当选。

共同正犯是在违法层面成立的，而责任则需个别判断。各行为人完全可以基于不同的故意在一起实施共同的违法行为。换言之，成立共同犯罪要求主观上必须存在共同故意，但是这里的共同故意并非指持同一犯罪的故意。例如，甲以杀人故意、乙以伤害故意共同对丙实施暴力殴打行为，甲和乙在共同伤害的违法层面成立共同正犯，只是在责任阶段要各自判断。B 项错误，不当选。

所谓对向犯，是指以二人以上相互对向的行为为要件的犯罪。片面的对向犯，则是指刑法只处罚一方的行为，就此而言，片面对向犯并不成立共犯，只是因为还存在原则上可以（根据实际案情，也不是必然成立共同犯罪）处罚对向双方的对向犯而连带一起放在了共犯部分来讨论。典型的片面对向犯如贩卖淫秽物品牟利罪，立法者只规定了要对贩卖者予以处罚，而对于购买者则

不予以处罚。在片面的对向犯场合，立法者基于刑事政策的考虑，认为另一方（如单纯购买淫秽光盘的人，当然如果是故意承诺大批量、高价格购买，唆使本来不从事贩卖淫秽物品的人卖给自己的，则可能成立教唆犯）不具有可罚性。据此，如果对另一方以刑法总则中的共犯规定加以处罚，便会明显违背立法者意志，不符合立法意图。因此，C 项错误，不当选。

片面共犯，是指参与同一犯罪的人中，一方认识到自己是在和他人犯罪，而另一方并没有认识到他人和自己共同犯罪。例如，甲在追杀乙，与甲没有犯意联络的丙故意将乙绊倒，甲得以杀人既遂。片面的共犯包括片面帮助犯、片面实行犯和片面教唆犯。一般来说，承认片面帮助犯的（片面实行犯可以被降格评价为片面帮助犯），片面帮助犯要对所帮助一方的违法事实负责，而不知情的一方则属于单独犯罪。在片面的帮助犯场合，并不存在共同的犯罪故意。D 项正确，当选。

第二节　共　犯

［答案］D　　［难度］难

［考点］帮助犯的因果关系、帮助未遂与帮助犯未遂

［命题和解题思路］本题考查的主要知识点是帮助犯与结果之间的因果关系。按照目前通说主张的共犯处罚基础理论的惹起说来看，之所以处罚共犯（教唆犯和帮助犯），是因为帮助行为和教唆行为通过正犯行为促进了法益侵害（物理的、心理的促进），那么，帮助行为、教唆行为也必须和正犯行为所造成的结果之间具备因果关系。另外，需要注意的是，本题还考查了一个很细节的知识点，即帮助未遂和帮助犯未遂之间的区别。帮助未遂是指帮助行为在正犯还未着手实行行为时因为意志以外原因而未得逞。例如，甲应乙的请求，给乙的入室盗窃提供了一把钥匙（如果甲故意提供了一把根本无用的钥匙，那么，虽然客观上对乙的盗窃预备起到了心理帮助，但由于甲没有帮助的故意，所以不成立任何阶段的帮助犯），结果乙在路上把钥匙弄丢了，乙自己翻墙进入盗窃既遂。因此，顶多成立犯罪预备阶段的帮助犯。而帮助犯未遂是指帮助犯本身提供了有用的帮助（物理的、心理的促进），这一因果进程维系到了正犯的着手实行行为时（此时预备阶段已经结束），但因为意志以外的原因而没有有效促进正犯的实行行为以及既遂结果的实现，或者正犯的行为本身没有达到既遂。这一考点不太引人关注，且本题题干中，对于该钥匙有用与否并没有明确提及，仅交代了是“擅自配制”，考生非常容易做错。

［选项分析］尽管乙送甲一把擅自配制的张家房门钥匙以便甲顺利盗窃，但客观上甲并未成功利用乙提供的钥匙进入张家房内。换言之，乙提供钥匙的行为对甲成功实施盗窃并未起到促进作用。A 项错误，不当选。

甲进入张家盗窃既遂并未利用乙提供的钥匙，在打不开门时，乙提供钥匙所具有的心理帮助已经消失，并且乙在事前告诉甲若钥匙打不开就必须放弃盗窃，但是甲并未听从乙的建议。因此，乙的行为显然没有为甲的入室盗窃行为提供精神上的助力，更不会对其入室盗窃既遂提供精神上的帮助，不能构成盗窃罪既遂的帮助犯。B 项错误，不当选。

如上所述，本案中乙是“擅自配制”了一把钥匙，可以推断这把钥匙是有用的，只是甲临时没有打开门。换言之，该帮助行为已经维系到正犯着手实行时，应该属于帮助犯未遂。但 C 选项中的“乙欲帮助甲实施盗窃行为，因意志以外的原因未能得逞”表达的是帮助甲实施盗窃行为本身一开始就没有得逞，这表述的是帮助未遂，而非帮助犯未遂。因此，C 项错误，不当选。

甲顺利实施入室盗窃与乙提供钥匙的帮助行为之间没有物理性和心理性的因果关系，因而乙不成立盗窃罪既遂的帮助犯。但乙的帮助行为的影响已经维系到甲着手开门盗窃的时点，此时的甲已经构成盗窃罪未遂，因此，乙成立盗窃罪未遂的帮助犯。D 项正确，当选。

第三节　共同犯罪人的处罚

［答案］D　　［难度］易

［考点］教唆犯的成立条件、教唆犯与间接正犯的关系、教唆犯的处罚

［命题和解题思路］本题对知识点的考查相对比较直接，难度较低。其考查的知识点主要是我国刑法中教唆犯概念的基础知识。易错点是 C 项，考生往往认为唆使不满 14 周岁的人犯罪因而属于

间接正犯，就不能再属于教唆犯了，但其实构成间接正犯并不意味着其不能构成教唆犯，成立教唆犯与间接正犯的标准是是否符合教唆犯与间接正犯的成立条件。我们认为教唆犯是故意唆使并引起他人实施符合构成要件的违法行为；而只要自己不亲自实施犯罪，利用他人犯罪，将他人当作犯罪工具加以支配，就成立间接正犯。换言之，成立间接正犯必须对被利用者具有支配力，如果被教唆者具有辨认控制自己行为的能力和随机应变作案的能力，那就意味着教唆者没有对其产生支配力，这时教唆者不成立间接正犯，只成立教唆犯。所以，一般而言，成立教唆犯意味着不成立间接正犯，而成立间接正犯的同时也可以成立教唆犯，这时就高不就低，以间接正犯来论处。

［选项分析］被教唆人接受教唆实施了犯罪时，理应按照他在共同犯罪中所起的作用处罚。教唆他人犯罪既可以是一人教唆，也可以是数人一起教唆。在数人共同唆使他人犯罪的场合，不仅在数个教唆者和被教唆者之间要分清各自的作用，在各个教唆者之间也应当根据其所起作用来定罪处罚。在单个人唆使他人犯罪的场合，教唆者与被教唆者成立共同犯罪，在被教唆者和教唆者之间要分清各自的作用后定罪处罚。A 项正确，不当选。

不能认为教唆犯必然是主犯，否则就违背了《刑法》第 29 条第 1 款前半段的规定。教唆犯根据其在共同犯罪中所起的作用，可以是主犯，也可以是从犯，甚至在被胁迫教唆的情况下，还可以是胁从犯。B 项正确，不当选。

C 项是重点干扰项。秉持“违法是连带的，责任是个别的”，我们认为只要引起被教唆者制造了违法的事实，就成立教唆犯，被教唆者的年龄、责任能力等不是教唆犯成立的考虑因素，因此，教唆不满 14 周岁的人犯罪，完全可以成立教唆犯。同时，如果该被教唆者由于年龄过小，而没有达到刑事责任年龄，不具有辨认控制自己行为的能力和随机应变作案的能力，那就可以说，教唆者对其产生了支配力，同时成立间接正犯。这时，既然成立教唆犯，就应当适用《刑法》第 29 条第 1 款后半段的规定。C 项正确，不当选。

由于过失犯罪要么缺乏犯罪认识，要么缺乏犯罪意志，所以不存在教唆者“引起”被教唆者实施违法的犯意的情况。如果教唆者教唆他人放松警惕，进而发生了过失犯罪的情况，但这里所“教唆”的“放松警惕”与“实施违法”显然并不是一回事，如果教唆者利用了被教唆者的过失，对被教唆者形成了支配力，而最终导致过失犯罪的成立，那么，教唆者将成立间接正犯，而非教唆犯。所以，《刑法》第 29 条第 1 款规定中的“犯罪”不可能是指过失犯罪。D 项错误，当选。

第四节　共犯的特殊问题

1. ［答案］ABC　　［难度］难

［考点］共同犯罪、不作为

［命题和解题思路］本题考查了不作为犯罪、教唆行为与正犯结果的因果性等知识点，考点融合度较高，命题者设置了多重陷阱，如果考生盲目根据“一人既遂，则全部既遂；实行犯既遂，则教唆犯、帮助犯一定既遂”的原理来做题的话，将很可能做错。

［选项分析］甲将毒牛奶递给丙时，已经属于杀人行为的着手，进入了实行阶段。丙未死亡，甲构成故意杀人罪未遂。A 项正确。

甲基于递毒牛奶的先行行为和是丁的父亲这两点，产生了对丁的救助义务。甲能够阻止却故意不阻止，构成不作为的故意杀人罪既遂。甲的一句话“他喝过了，不用喝了”并非合格的救助义务。B 项正确。

当实行犯甲对丙构成故意杀人罪未遂，那么教唆犯乙对丙也构成故意杀人罪未遂。C 项正确。

考生应该注意，教唆犯只对与自己的教唆行为具有因果性的结果承担责任。本题中，乙教唆甲杀害的是丙，而没有教唆甲杀害丁。丁的死亡是甲的不作为导致的。而甲的不作为并非乙教唆所引起的，是甲自己的独立行为。因此，乙的教唆行为与正犯甲的违法结果（丁的死亡）之间缺乏引起与被引起的因果关系，所以不能将该死亡结果归责于乙，乙对丁的死亡不承担教唆犯的责任，不能因为丁的死亡而给乙定故意杀人罪既遂。换言之，甲通过不作为导致丁的死亡，是甲的实行过限，超出了甲、乙共同故意的范围，该违法事实与乙无关。因此，D 项错误。

2. [答案] ACD [难度] 难

[考点] 片面共同正犯

[命题和解题思路] 命题人主要考查考生对于片面共同正犯这一概念的理解，以及对片面共同正犯理论争议的把握。所谓片面的共同犯罪，是指参与犯罪的一方未认识到自己和他人共同实施犯罪，而另一方则认识到自己是和他人共同实施犯罪。片面共同正犯，即实行的一方未认识到另一方的实行行为。如果承认片面的共同正犯，只能对知情的一方适用共同正犯的处罚原则，而对不知情的一方则不应适用共同正犯的处罚原则。换句话说，对不知情的一方只能按其自身所犯的罪处罚。是否承认片面共同正犯，最为重要的实益在于对知情的一方是否适用共同正犯的交互归责（部分实行，全部责任）原则。例如，甲、乙二人商量共同入户盗窃，由甲入室取财，乙在外望风，如果乙发现有人便立即通知甲逃跑。乙发现被害人丙回家后以暴力手段将丙打成重伤，而不知情的甲在顺利窃取财物后逃离。如果承认片面共同正犯，则此时知情的乙应当成立抢劫罪的结果加重犯，而不知情的甲仅成立盗窃罪。

本题命题人在设计选项时并未就争议的理论问题给出特定的立场选择，而是让考生根据存在争议的理论学说推导出各自的逻辑结论，这对考生的逻辑推理能力也提出了较高的要求。要正确解答本题，考生还需要准确把握共同犯罪与犯罪构成的关系问题。

[选项分析] 甲在知道乙计划前往丙家抢劫的计划后，为帮助乙取得财物先行将丙打昏后离去，乙发现丙昏迷后从丙家取走价值 5 万元的财物。如果承认片面的共同正犯，则知情的甲一方不仅需要对自己将丙打伤的行为负责，而且需要对乙取走丙财物的行为负责，由于甲明知自己采用暴力将丙打伤的行为是乙取财行为的必要条件，因此甲成立抢劫罪，而不知情的乙只能对自己的取财行为负责，成立盗窃罪。据此，A 项正确，当选。

由于 AB 项属于互相排斥的选项，A 项正确时，B 项显然错误，不当选。

如果否认片面共同正犯，则各自仅需对自己的行为部分负责，不存在对他人的行为负责的问题。需要注意的是，否定说也是承认片面帮助犯的。因此，甲将丙打伤的行为成立故意伤害罪；同时甲认识到自己将丙打伤是为乙顺利取走丙的财物提供物理性的帮助，所以甲成立盗窃罪。由于甲只有一个行为，因而成立故意伤害罪与盗窃罪的想象竞合犯。C 项正确，当选。

无论是否承认片面共同正犯，不知情的乙均只需对自己的行为所造成的结果负责，乙对甲伤害的行为根本不知情，因此仅需承担盗窃罪的责任。D 项正确，当选。

3. [答案] B [难度] 易

[考点] 共同犯罪与身份、共同犯罪的处罚、受贿罪、贪污罪、滥用职权罪

[命题和解题思路] 共犯与身份是共同犯罪中非常重要的知识点，无身份者参与以特殊资格身份为构成要件要素的犯罪时，构成相应身份犯的狭义共犯（教唆犯和帮助犯）。本题中，乙虽然没有国家工作人员身份，但其成立帮助犯是没有问题的。在此基础上，考生就需要判断两人的行为究竟符合何罪的犯罪构成。题干中颇具迷惑性的是“只交罚款一半的钱，即可优先通行”这一表述，如果不能清楚认定“罚款一半的钱”到底是国家所有的罚款还是司机的行贿款，便肯定会选错。实际上，本题的选项设计，已经肯定了两人构成共犯，在此基础上，作为单选题，如果 A 项错误，那么 D 项也是错的，所以从逻辑上就可以判断两者的说法无误，仅需要对 BC 项作出判断，这在一定程度上降低了本题的难度。

[选项分析] 乙告知超载司机“只交罚款一半的钱，即可优先通行”，在司机交钱后便由在高速路口执勤的甲放行，超载司机为此便可以省下一半的罚款。不难理解，甲与乙做的事其实就是“拿人钱财替人消灾”。所以，甲与乙收的钱不能算作公共财产，而是司机提供的贿赂物。据此，甲、乙构成受贿罪的共犯，而非贪污罪的共犯。A 项正确，不当选。

由于收受的钱并没有上交单位财务，不能认定为国有财产，甲与乙收的钱其实是贿赂款，故二人不构成贪污罪共犯。B 项错误，当选。

甲的行为除构成受贿罪以外，还符合滥用职权罪的犯罪构成，即构成受贿罪与滥用职权罪的想象竞合。本案中的甲在自己受贿的同时，造成了国家公共财产（罚款）的损失（损失额应为 64 万元），构成滥用职权罪，乙成立帮助犯。C 项正

确，不当选。

所有共犯都应对受贿的总额负责，而非仅仅对自己所获得的赃款部分负责。据此，乙受贿的数额也是 32 万元。D 项正确，不当选。

4.［答案］ AB ［难度］中

［考点］教唆犯的认定、中立的帮助、承继的共同正犯

［命题和解题思路］命题人考查的知识点有：唆使没有犯罪意思的人实施犯罪的，才可能成立教唆犯；对已经有犯罪意思的人，即便实施外观上像教唆的指使、唆使行为，也不可能成立教唆犯，最多可以成立（心理）帮助犯。从这一题的答案也可以看出，《刑法》第 29 条第 2 款“如果被教唆的人没有犯被教唆的罪，对于教唆犯，可以从轻或者减轻处罚”，是指如果被教唆的人着手实行犯罪后，由于意志以外的原因未得逞（未遂）或者自动放弃犯罪或有效地防止结果发生（中止），对于教唆犯，可以从轻或者减轻处罚。如果被教唆人还未着手实行就因为意志以外的原因或自动放弃，而停留在预备阶段，那么，教唆者成立教唆犯（犯罪预备），应当根据《刑法》第 29 条第 1 款和第 22 条，予以从轻、减轻处罚或者免除处罚。

［选项分析］所谓的教唆犯，是指以授意、怂恿、利诱等方式故意使他人产生犯罪决意的人。在甲教唆乙杀丙之前，乙便因妻丙外遇而决意杀之，也即乙已经有了犯罪决意，换句话说，乙的杀人决意并非因甲的教唆行为所致，因此甲不成立教唆犯。A 项正确，当选。

所谓承继的共同正犯，是指在前行为人已经实施了一部分实行行为之后，后行为人以共同实行的意思参与实行犯罪的情形。乙基于敲诈勒索的故意恐吓丙，取财行为作为敲诈勒索构成要件行为的重要组成部分，甲中途加入帮助乙取财，实质性地分担了敲诈勒索罪的部分构成要件行为，因此甲成立敲诈勒索罪的共犯。需要注意的是，本选项容易与“承继的共同正犯中的中途参与人，对参与前的事实不负责”这一基本立场相混淆，如果中途参与人参与的是构成要件的一部分，那就需要对正在参与的事实负责。例如，甲抢劫乙，在使用暴力压制住乙的反抗后，丙参与进来拿走了乙的钱包。因取财行为也属于抢劫罪的构成要件内容，且甲的暴力行为也一直在持续，所以丙也构成抢劫罪，而非盗窃罪。当然，如果甲为了抢劫而一开始就杀死了乙，丙随后参与进来拿走了乙的钱包。此时，丙仅构成抢劫罪的基本犯，不需要对乙的死亡负责。再如，甲暴力强奸乙后，乙失去反抗能力，丙趁机参与进来奸淫了乙，此时，乙只构成强奸罪的基本犯，而不负轮奸的责任。但如果甲明知丙进行强奸，而不阻止（自己的暴力行为使乙陷入了危险，产生消除义务）则应该承担轮奸的情节加重犯的责任。B 项正确，当选。

中立的帮助行为，是指中性的日常生活行为为正犯的犯行提供了帮助。中立的帮助行为成立帮助犯，必须符合两个条件：一是主观上明知对方在犯罪，二是客观的帮助行为对正犯的犯罪起到了实质性、紧迫性的促进作用。如果正犯明摆着是要以中立的帮助行为（如购买刀具、搭乘出租）来实施犯罪，并且中立的帮助者对此也明知，则中立的帮助犯具有可罚性。甲认识到乙和丙在斗殴，其对乙购买羊角锤是用来行凶具有明显的特别认知，对此，应以帮助犯予以处罚。C 项错误，不当选。

就共犯与身份的关系来说，不具有构成要件要求的特定身份资格者，无论如何不可能成立正犯，而只能成立教唆犯与帮助犯。间接正犯也属于正犯的一种，因此，不具身份者也不可能成立身份犯构成要件的间接正犯。受贿罪是典型的身份犯构成要件，成立正犯要求必须具有国家工作人员身份，因此，不具有国家工作人员身份的甲不可能成立间接正犯。另外，成立间接正犯需要形成支配力，本题中，乙并没有接受教唆去收受贿赂，更不存在受甲的支配去利用自己的职务行为为他人谋取利益的情形，因此也不可能成立间接正犯。需要注意的是，由于乙并没有接受教唆，甲也不成立受贿罪的教唆犯。D 项错误。不当选。

第十一章　罪数论

试　题

第一节　想象竞合犯、法条竞合犯与结果加重犯

1. 甲欲杀乙，乙在反抗中将屋内正在燃烧的炭盆撞翻，甲殴打乙致其昏迷，被乙撞翻的炭火引燃屋内衣物，甲为毁灭证据且意图烧死乙，故未灭火而自行离去。火势越来越大，导致相邻房屋着火，最终乙因昏迷吸入大量有毒气体而窒息死亡。关于本案，下列哪一选项是正确的？（2020年回忆版）

A. 甲存在作为和不作为，且作为与不作为相排斥，不能对甲数罪并罚

B. 甲有灭火的义务，且有能力灭火而没有灭火，成立不作为的放火罪

C. 因乙没有如甲的预想被火烧死而是窒息而亡，故甲成立故意杀人罪未遂

D. 不论对甲的行为如何评价，因只有一个行为，所以都只能成立一罪

2. 关于罪数的判断，下列哪些说法是正确的？（2019年回忆版）

A. 二人以上轮奸是以暴力胁迫或其他手段强奸妇女的加重情节，而不是强奸罪的特别法条

B. 曹某将入室盗窃所得的仿真品（价值4000元）冒充古董卖给第三人，后一行为是不可罚的事后行为

C. 钱某两次入户盗窃，一次持枪抢劫，应当数罪并罚

D. 周某抢劫后担心日后被认出，遂将被害人陈某杀害。周某构成抢劫罪和故意杀人罪的想象竞合

3. 关于法条关系，下列哪一选项是正确的（不考虑数额）？（2016-2-11）

A. 即使认为盗窃与诈骗是对立关系，一行为针对同一具体对象（同一具体结果）也完全可能同时触犯盗窃罪与诈骗罪

B. 即使认为故意杀人与故意伤害是对立关系，故意杀人罪与故意伤害罪也存在法条竞合关系

C. 如认为法条竞合仅限于侵害一犯罪客体的情形，冒充警察骗取数额巨大的财物时，就会形成招摇撞骗罪与诈骗罪的法条竞合

D. 即便认为贪污罪和挪用公款罪是对立关系，若行为人使用公款赌博，在不能查明其是否具有归还公款的意思时，也能认定构成挪用公款罪

4. 关于罪数，下列哪些选项是正确的（不考虑数额或情节）？（2016-2-54）

A. 甲使用变造的货币购买商品，触犯使用假币罪与诈骗罪，构成想象竞合犯

B. 乙走私毒品，又走私假币构成犯罪的，以走私毒品罪和走私假币罪实行数罪并罚

C. 丙先后三次侵入军人家中盗窃军人制服，后身穿军人制服招摇撞骗。对丙应按牵连犯从一重罪处罚

D. 丁明知黄某在网上开设赌场，仍为其提供互联网接入服务。丁触犯开设赌场罪与帮助信息网络犯罪活动罪，构成想象竞合犯

5. 关于结果加重犯，下列哪一选项是正确的？（2015-2-8）

A. 故意杀人包含了故意伤害，故意杀人罪实际上是故意伤害罪的结果加重犯

B. 强奸罪、强制猥亵妇女罪的犯罪客体相同，强奸、强制猥亵行为致妇女重伤的，均成立结果加重犯

C. 甲将乙拘禁在宾馆20楼，声称只要乙还债就放人。乙无力还债，深夜跳楼身亡。甲的行为不成立非法拘禁罪的结果加重犯

D. 甲以胁迫手段抢劫乙时，发现仇人丙路过，于是立即杀害丙。甲在抢劫过程中杀害他人，因抢劫致人死亡包括故意致人死亡，故甲成立抢劫致人死亡的结果加重犯

6. 关于罪数判断，下列哪一选项是正确的？（2013-2-10）

A. 冒充警察招摇撞骗，骗取他人财物的，适

用特别法条以招摇撞骗罪论处

B. 冒充警察实施抢劫，同时构成抢劫罪与招摇撞骗罪，属于想象竞合犯，从一重罪论处

C. 冒充军人进行诈骗，同时构成诈骗罪与冒充军人招摇撞骗罪的，从一重罪论处

D. 冒充军人劫持航空器的，成立冒充军人招摇撞骗罪与劫持航空器罪，实行数罪并罚

7. 关于想象竞合犯的认定，下列哪些选项是错误的？（2013-2-56）

A. 甲向乙购买危险物质，商定 4000 元成交。甲先后将 2000 元现金和 4 克海洛因（折抵现金 2000 元）交乙后收货。甲的行为成立非法买卖危险物质罪与贩卖毒品罪的想象竞合犯，从一重罪论处

B. 甲女、乙男分手后，甲向乙索要青春补偿费未果，将其骗至别墅，让人看住乙。甲给乙母打电话，声称如不给 30 万元就准备收尸。甲成立非法拘禁罪和绑架罪的想象竞合犯，应以绑架罪论处

C. 甲为劫财在乙的茶水中投放 2 小时后起作用的麻醉药，随后离开乙家。2 小时后甲回来，见乙不在（乙喝下该茶水后因事外出），便取走乙 2 万元现金。甲的行为成立抢劫罪与盗窃罪的想象竞合犯

D. 国家工作人员甲收受境外组织的 3 万美元后，将国家秘密非法提供给该组织。甲的行为成立受贿罪与为境外非法提供国家秘密罪的想象竞合犯

第二节　牵连犯与吸收犯

关于罪数的判断，下列哪一选项是正确的？（2017-2-8）

A. 甲为冒充国家机关工作人员招摇撞骗而盗窃国家机关证件，并持该证件招摇撞骗。甲成立盗窃国家机关证件罪和招摇撞骗罪，数罪并罚

B. 乙在道路上醉酒驾驶机动车，行驶 20 公里后，不慎撞死路人张某。因已发生实害结果，乙不构成危险驾驶罪，仅构成交通肇事罪

C. 丙以欺诈手段骗取李某的名画。李某发觉受骗，要求丙返还，丙施以暴力迫使李某放弃。丙构成诈骗罪与抢劫罪，数罪并罚

D. 已婚的丁明知杨某是现役军人的配偶，却仍然与之结婚。丁构成重婚罪与破坏军婚罪的想象竞合犯

详　解

第一节　想象竞合犯、法条竞合犯与结果加重犯

1. ［答案］B　　［难度］难

［考点］行为个数、想象竞合犯、因果关系认识错误

［命题和解题思路］本题考查的是由犯罪行为引发的作为义务、行为个数判断、因果关系错误及罪数形态问题。本题难点在于前后相继的行为究竟应该如何评价罪数。考生要注意命题者在题目中提到的一个细节，即“火势越来越大，导致相邻房屋着火”，说明这里还涉及不作为的放火罪的问题，而不单纯是故意杀人罪一罪。

［选项分析］A 项中，甲的危害行为有两个：其一，以杀害故意殴打乙；其二，明知自己的行为间接引起室内着火而不履行作为义务，造成火灾。这两个行为尽管都是甲的行为，但由于两者主观故意存在明显区别（前者为杀人故意，后者为放火故意），行为目标也不尽相同（后者意图毁灭证据），难以认定两者存在实质上的重合关系或具有内在的整体性，不宜类比“概括的故意中的整体行为”而认定为一个“行为”，应分成两个行为讨论较为合适。前者为作为杀人，后者为不作为放火，两者并不相互排斥，应该数罪并罚。AD 项错误。

甲杀害乙，乙在反抗中撞翻炭盆的举动，不属于“异常的介入因素”，因此不可能中断甲与火灾之间的因果关系，甲仍然对火灾的发生具有因果影响。换言之，乙撞翻火盆造成火灾仍然属于甲的责任领域，甲在客观上虽然没有直接实施放火行为，但引起了火患，因此需要对火灾负责，具有监督型作为义务。甲明知自己应救火、能救火而拒不救火，造成严重结果，成立不作为的放火罪。B 项正确。

指向同一结果的因果关系发展过程的错误，在犯罪构成的评价上并无实质区别，不影响故意的成立，因此，甲依然成立故意犯罪既遂而非未遂。C 项错误。

2. ［答案］AC　　［难度］中

［考点］法条竞合犯、想象竞合犯、不可罚的事后行为、数罪并罚

［命题和解题思路］本题主要想考查考生对于罪数论中想象竞合犯、法条竞合犯以及不可罚的事后行为等几个常见概念的理解。本题只要掌握基础知识，一般不会做错。

［选项分析］轮奸是强奸罪法条明文规定的一种加重情节，并非强奸罪的特别法条。A项正确。

入室盗窃仿真品本身已经成立盗窃罪，而后一阶段将仿真品冒充古董真迹卖给他人则属于隐瞒真相欺骗他人，成立诈骗罪。前后两个行为侵犯了两个不同的法益，理应数罪并罚。B项错误。

入户盗窃与持枪抢劫分别成立盗窃罪与抢劫罪，数个行为符合数罪的犯罪构成，理应数罪并罚。C项正确。

周某抢劫成功后为了灭口而故意杀人，此时抢劫罪已经成立，只能另外成立故意杀人罪，这里的杀人不属于取财的手段行为，理应以抢劫罪和故意杀人罪数罪并罚。D项错误。

3. ［答案］D　　［难度］中

［考点］法条竞合犯

［命题和解题思路］本题主要考查考生对法条竞合概念的理解。本题的四个选项看似复杂，其实如果理解法条竞合的概念，可以较轻松地通过排除法得到正确答案。有关的分析思路是：命题人设置的A与B两个选项可以说是有意“故弄玄虚”，如果考生理解法条竞合的基本特征是一行为同时符合数个犯罪构成，则如果两个罪名是互斥、对立关系的话，便意味着一个行为不可能同时符合这两个罪名，据此可直接排除AB项。而对于C项，只要考生熟知招摇撞骗罪的保护法益并非财产利益，也可以直接确认C项是错误论述。这样，就只剩下D项为正确答案。

［选项分析］法条竞合，是指基于法条之间错综复杂的规定，一行为同时符合了数个法条规定的构成要件，但是不需要考虑个案的案件事实，从法条之间的逻辑关系便推导出只能适用一个法条（通常是特别法条）的情况。而如果两个罪名（如诈骗罪和盗窃罪）之间是对立、互斥关系，意味着两个罪名之间没有任何交集，因而同一行为不可能同时触犯这两个罪名。A项错误。

如果认为故意杀人与故意伤害是对立关系，故意杀人罪与故意伤害罪之间就没有法条的交叉或竞合关系，不是法条竞合。B项错误。

招摇撞骗罪其保护法益并非财产法益。招摇撞骗罪与诈骗罪并非侵害了同一客体，冒充警察骗取数额巨大的财物也不会成立招摇撞骗罪和诈骗罪的法条竞合犯，而是想象竞合犯。C项错误。

按照事实存疑有利于被告原则，当对行为人是否存在非法占有意思不能确定时，可以认定行为人缺乏这一目的。因此，即便认为贪污罪和挪用公款罪是对立关系，也可以认为行为人对于自己将单位公款挪用去赌博持有认识和希望，符合挪用公款罪的构成要件，成立挪用公款罪。D项正确。

4. ［答案］BD　　［难度］中

［考点］想象竞合犯、牵连犯

［命题和解题思路］本题考查考生对于想象竞合犯和牵连犯这两个概念的理解。所涉及的想象竞合犯和牵连犯的案情均较简单，在熟悉相关罪名的情况下，只要了解想象竞合是一行为触犯数罪名与数法益、牵连犯是手段与目的、原因与结果之间需要有类型性的牵连关系，便可得出正确答案。

［选项分析］A项是重点干扰项。我国《刑法》在第170条、第173条分别规定了伪造货币罪和变造货币罪，说明变造不同于伪造，所以，使用变造的货币的行为不能成立使用假币罪（明知是伪造的货币而使用），只可能成立诈骗罪。A项错误。

走私毒品，又走私其他物品构成犯罪的，应以走私毒品罪和其所犯的其他走私罪分别定罪，依法数罪并罚。B项正确。

C项涉及牵连犯的成立，所谓牵连犯是指犯罪的手段行为或目的行为、结果行为与原因行为分别触犯不同罪名的情形。只有当某种手段通常用于实施某种目的犯罪，以及某种原因行为通常会导致某种结果行为时，才宜认定为牵连犯。冒充军人招摇撞骗通常并不连带需要通过盗窃军人制服的手段进行，因此，对于丙不宜认定为牵连犯。C项错误。

D项中，丁首先成立开设赌场罪的帮助犯。另外，我国《刑法》第287条之二规定了帮助信

息网络犯罪活动罪，该罪是指明知他人利用信息网络实施犯罪，为其犯罪提供互联网接入、服务器托管、网络存储、通讯传输等技术支持，或者提供广告推广、支付结算等帮助，情节严重的行为。丁明知黄某利用互联网实施开设赌场犯罪，仍然为其提供互联网接入服务，又成立帮助信息网络犯罪活动罪。由于是一行为触犯数罪名，成立想象竞合犯。D 项正确。

难点解析

学界对于到底是否承认牵连犯问题存在一定的争议，我国刑法学理论过去一直承认牵连犯概念，并且司法实务对于牵连犯概念认定过宽。现今大多数观点认为，即便承认牵连关系，也必须严格限定其适用。**认定是否存在牵连犯关系，关键在于必须紧扣行为人实施的数个行为之间具有经验上通常具有的方法与目的或者原因与结果的牵连关系。**否则，便不能认为是牵连犯。

5. ［答案］C　　［难度］中

［考点］结果加重犯

［命题和解题思路］本题主要考查对于结果加重犯成立要件的理解。一般认为，成立结果加重犯需具备以下要件：第一，行为人实施基本行为但发生了加重结果，基本行为与加重结果之间存在因果关系。第二，行为人一般对基本行为持故意，对加重结果至少有过失。第三，刑法就加重结果加重了法定刑。命题人设计本题，目的是着重考查加重结果的归责问题。

［选项分析］故意杀人罪对致死结果持的是故意心态，而故意伤害的结果加重犯对于死亡结果持的是过失心态，如果认为故意杀人罪是故意伤害罪的结果加重犯，意味着故意杀人与故意伤害致人死亡属于等质性的罪行，这明显不合理。另外，故意伤害罪的法定刑和故意杀人罪的法定刑不存在后者绝对比前者重的情况，因此，不符合结果加重犯的法定刑一定重于基本犯的成立要件。因此，A 项错误。

成立结果加重犯要求法律明文规定，《刑法》第 237 条第 1 款强制猥亵妇女罪（已变更为强制猥亵、侮辱罪）的规定中并没有就强制猥亵导致被害人受重伤的情形加重法定刑，不符合结果加重犯的成立要件。B 项错误。

被害人自杀，从相当因果关系来看，属于被害人自身的异常介入因素（被拘禁后跳楼超出了一般人的经验认知和常规做法），因此，基本行为（非法拘禁）和加重结果（死亡）之间不存在因果关系。而从客观归责的被害人自我负责原理看，被害人基于自主的自由意志选择结束自己生命，当然应当自我负责，其他人无需对死亡结果负责，就此，死亡结果显然不能算在非法拘禁的行为人头上。所以无论如何，甲都不成立结果加重犯。C 项正确。

甲尽管是在抢劫过程中杀害他人，但是被杀害的人并非抢劫罪的对象，这里欠缺抢劫行为和结果之间的因果关系，当然不成立结果加重犯。D 项错误。

6. ［答案］C　　［难度］中

［考点］想象竞合犯、法条竞合、招摇撞骗罪

［命题和解题思路］本题围绕招摇撞骗罪主要考查考生对于法条竞合关系与想象竞合关系的理解程度。法条竞合与想象竞合的区分在具体判断上较为复杂。需要考生熟悉两者之间的关系。

［选项分析］冒充警察招摇撞骗，骗取他人财物，由于只存在一个招摇撞骗行为，造成了数个结果（两罪保护的法益不同），所以构成招摇撞骗罪与诈骗罪的想象竞合犯，应从一重罪论处。A 项错误。

冒充警察进行抢劫，虽然有骗的成分，但之所以冒充警察抢劫是为了更好地压制被害人反抗从而劫取财物，而不是为了骗取财物。因此冒充警察抢劫，不成立招摇撞骗罪，而只成立抢劫罪一罪。B 项错误。

同理，冒充军人劫持航空器的，也不成立冒充军人招摇撞骗罪，而只成立劫持航空器罪一罪。D 项错误。

最高人民法院、最高人民检察院《关于办理诈骗刑事案件具体应用法律若干问题的解释》第 8 条规定，冒充国家机关工作人员进行诈骗，同时构成诈骗罪和招摇撞骗罪的，依照处罚较重的规定定罪处罚。C 项正确。

7. ［答案］ABCD　　［难度］中

［考点］想象竞合犯

［命题和解题思路］本题结合分则的具体罪名考查考生对于想象竞合犯的理解。要正确解答本

题，除了准确理解成立想象竞合关系的必备条件外，还必须熟悉题目中所出现的常见罪名的构成要件，否则容易选错。

［选项分析］A 项中，考生容易忽略“先后”二字，即甲并非一次性地将 2000 元现金和 4 克海洛因交给乙，而是有两个身体举动。换句话说，甲存在两个行为：一是将 2000 元现金作为购买危险物质的对价，构成非法买卖危险物质罪；二是将 4 克海洛因折价 2000 元作为对价购买危险物质，实质上是将毒品作为买卖的标的，成立贩卖毒品罪。由于是两个行为，不可能成立想象竞合犯。A 项错误。

B 项是重点干扰项。法条竞合和想象竞合的关键区别在于是由法律规定本身的原因导致竞合还是通过行为导致的竞合，前者属于法条竞合，后者属于想象竞合。另外，法条竞合侵犯的客体相同，而想象竞合侵犯的客体不同。绑架罪和非法拘禁罪因为法律规定本身的原因，两者在侵害人身自由法益的角度上具有同一性，因此，二者应当是法条竞合关系，而非想象竞合关系。B 项错误。

甲为了抢劫而在乙的茶水中偷放麻醉药，属于抢劫罪的预备行为；而其在 2 小时后回来发现乙不在，将乙的 2 万元现金拿走，属于盗窃罪的实行行为。由于存在两个行为，抢劫罪与盗窃罪不可能属于想象竞合关系，应该数罪并罚。C 项错误。

可以将甲的收受境外组织 3 万美元（受贿行为）与将国家秘密非法提供给境外组织评价为两个不同的行为。实际上，受贿罪中的为他人谋取利益只需要许诺甚至是虚假许诺为他人谋取利益，甲作为国家工作人员收受境外组织的 3 万美元，已然侵犯了国家工作人员职务行为的不可收买性，成立受贿犯罪既遂。当行为人受贿后又为境外非法提供国家秘密的，应当数罪并罚，即应当以受贿罪和为境外非法提供国家秘密罪数罪并罚。D 项错误。

第二节　牵连犯与吸收犯

［答案］A　　［难度］中

［考点］牵连犯、想象竞合犯

［命题和解题思路］罪数论（竞合论）是考生常犯迷糊的地方。本题命题人借刑法分则中的相关罪名考查了考生对于罪数论相关基础概念如牵连犯、想象竞合犯、法条竞合犯、吸收犯等的理解。

［选项分析］成立牵连犯要求手段行为和目的行为之间必须具有通常性，即只有当某种手段通常用于实施某种目的犯罪，以及某种原因行为通常会导致某种结果行为时，才宜认定为牵连犯。招摇撞骗未必都需要国家机关证件，更并非通常都是以盗窃国家机关证件的方式进行，因此，盗窃国家机关证件和招摇撞骗罪之间不存在类型性的牵连关系，由于甲具有清楚可分的两个行为，因而应当数罪并罚。A 项正确。

乙醉酒驾驶行驶了 20 公里后才肇事撞死路人，其危险驾驶行为已然成立危险驾驶罪既遂，就罪数论而言，不能认为乙不构成危险驾驶罪，当然，根据《刑法》第 133 条之一的规定，最终应该按照交通肇事罪定罪处罚。B 项错误。

根据《刑法》第 269 条的规定，犯盗窃、诈骗、抢夺罪后为窝藏赃物、抗拒抓捕或者毁灭罪证而当场使用暴力或者以暴力相威胁的，依照抢劫罪定罪处罚。C 项错误。

破坏军婚的行为基本上都属于重婚行为，刑法将这两种行为规定为不同的犯罪，主要是体现对于现役军人婚姻的特别保护。而两罪一同规定在“侵犯公民人身权利、民主权利罪”中，因而二者不是想象竞合关系。因此，如果重婚行为符合破坏军婚罪的构成要件，则直接论以破坏军婚罪。D 项错误。

第十二章　刑罚裁量

试　题

第一节　累　犯

关于累犯，下列哪一选项是正确的？（2015-2-10）

A. 对累犯和犯罪集团的积极参加者，不适用缓刑

B. 对累犯，如假释后对所居住的社区无不良影响的，法院可决定假释

C. 对被判处无期徒刑的累犯，根据犯罪情节

等情况，法院可同时决定对其限制减刑

D. 犯恐怖活动犯罪被判处有期徒刑 4 年，刑罚执行完毕后的第 12 年又犯黑社会性质的组织犯罪的，成立累犯

第二节　自首与立功

1. 关于立功，下列哪一说法是正确的？（2023 年回忆版）

A. 张某在取保候审期间，利用网络教唆陈某贩卖毒品，然后联系公安机关将陈某抓获。张某构成立功

B. 李某在服刑期间，其家人在监狱外购买他人发明，以李某名义申请并获得了该项发明专利。李某不构成立功

C. 王某因行贿罪被抓，其交代了刘某向他索贿的事实。王某应同时适用坦白与立功

D. 钱某贩卖毒品被抓，其检举并揭发了其上家周某贩卖毒品的事实。钱某不构成立功

2. 甲交通肇事后逃跑，其父协助公安机关将甲抓获。对此，下列哪些说法是正确的？（2018 年回忆版）

A. 甲不成立自首，因为甲并没有自动投案

B. 甲父协助公安机关抓获甲，可以认定为代甲自首，故甲的行为成立自首

C. 甲父协助公安机关抓获甲，可以认定为立功，但该立功也是为了甲，故可认定为甲成立立功

D. 甲虽然不成立自首，但对于甲父协助公安机关抓获甲的行为，在对甲量刑时可以酌情从轻处罚

3. 关于自首，下列哪一选项是正确的？（2017-2-9）

A. 甲绑架他人作为人质并与警察对峙，经警察劝说放弃了犯罪。甲是在“犯罪过程中”而不是“犯罪以后”自动投案，不符合自首条件

B. 乙交通肇事后留在现场救助伤员，并报告交管部门发生了事故。交警到达现场询问时，乙否认了自己的行为。乙不成立自首

C. 丙故意杀人后如实交代了自己的客观罪行，司法机关根据其交代认定其主观罪过为故意，丙辩称其为过失。丙不成立自首

D. 丁犯罪后，仅因形迹可疑而被盘问、教育，便交代了自己所犯罪行，但拒不交代真实身份。丁不属于如实供述，不成立自首

4. 下列哪一选项成立自首？（2015-2-11）

A. 甲挪用公款后主动向单位领导承认了全部犯罪事实，并请求单位领导不要将自己移送司法机关

B. 乙涉嫌贪污被检察院讯问时，如实供述将该笔公款分给了国有单位职工，辩称其行为不是贪污

C. 丙参与共同盗窃后，主动投案并供述其参与盗窃的具体情况。后查明，系因分赃太少、得知举报有奖才投案

D. 丁因纠纷致程某轻伤后，报警说自己伤人了。报警后见程某举拳冲过来，丁以暴力致其死亡，并逃离现场

5. 甲（民营企业销售经理）因合同诈骗罪被捕。在侦查期间，甲主动供述曾向国家工作人员乙行贿 9 万元，司法机关遂对乙进行追诉。后查明，甲的行为属于单位行贿，行贿数额尚未达到单位行贿罪的定罪标准。甲的主动供述构成下列哪一量刑情节？（2014-2-12）

A. 坦白　　B. 立功

C. 自首　　D. 准自首

6. 1999 年 11 月，甲（17 周岁）因邻里纠纷，将邻居杀害后逃往外地。2004 年 7 月，甲诈骗他人 5000 元现金。2014 年 8 月，甲因扒窃 3000 元现金，被公安机关抓获。在讯问阶段，甲主动供述了杀人、诈骗罪行。关于本案的分析，下列哪些选项是错误的？（2014-2-56）

A. 前罪的追诉期限从犯后罪之日起计算，甲所犯三罪均在追诉期限内

B. 对甲所犯的故意杀人罪、诈骗罪与盗窃罪应分别定罪量刑后，实行数罪并罚

C. 甲如实供述了公安机关尚未掌握的罪行，成立自首，故对盗窃罪可从轻或者减轻处罚

D. 甲审判时已满 18 周岁，虽可适用死刑，但鉴于其有自首表现，不应判处死刑

第三节　数罪并罚制度

1. 关于数罪并罚，下列哪些选项是正确的？（2017-2-55）

A. 甲犯某罪被判处有期徒刑 2 年，犯另一罪被判处拘役 6 个月。对甲只需执行有期徒刑

B. 乙犯某罪被判处有期徒刑2年，犯另一罪被判处管制1年。对乙应在有期徒刑执行完毕后，继续执行管制

C. 丙犯某罪被判处有期徒刑6年，执行4年后发现应被判处拘役的漏罪。数罪并罚后，对丙只需再执行尚未执行的2年有期徒刑

D. 丁犯某罪被判处有期徒刑6年，执行4年后被假释，在假释考验期内犯应被判处1年管制的新罪。对丁再执行2年有期徒刑后，执行1年管制

2. 判决宣告以前一人犯数罪，数罪中有判处（1）和（2）的，执行（3）；数罪中所判处的（4），仍须执行。将下列哪些选项内容填入以上相应括号内是正确的？（2016-2-55）

A. （1）死刑（2）有期徒刑（3）死刑（4）罚金

B. （1）无期徒刑（2）拘役（3）无期徒刑（4）没收财产

C. （1）有期徒刑（2）拘役（3）有期徒刑（4）附加刑

D. （1）拘役（2）管制（3）拘役（4）剥夺政治权利

3. 被宣告________的犯罪分子，在________考验期内犯新罪或者发现判决宣告以前还有其他罪没有判决的，应当撤销________，对新犯的罪或者新发现的罪作出判决，把前罪和后罪所判处的刑罚，依照《刑法》第69条的规定，决定执行的刑罚。

关于三个空格的填充内容，下列哪一选项是正确的？（2013-2-11）

A. 均应填“假释”

B. 均应填“缓刑”

C. 既可均填“假释”，也可均填“缓刑”

D. 既不能均填“假释”，也不能均填“缓刑”

第四节 缓刑制度

1. 关于缓刑的适用，下列哪些选项是错误的？（2017-2-56）

A. 甲犯抢劫罪，所适用的是“三年以上十年以下有期徒刑”的法定刑，缓刑只适用于被判处拘役或者3年以下有期徒刑的罪犯，故对甲不得判处缓刑

B. 乙犯故意伤害罪与代替考试罪，分别被判处6个月拘役与1年管制。由于管制不适用缓刑，对乙所判处的拘役也不得适用缓刑

C. 丙犯为境外非法提供情报罪，被单处剥夺政治权利，执行完毕后又犯帮助恐怖活动罪，被判处拘役6个月。对丙不得宣告缓刑

D. 丁17周岁时犯抢劫罪被判处有期徒刑5年，刑满释放后的第4年又犯盗窃罪，应当判处有期徒刑2年。对丁不得适用缓刑

2. 关于缓刑的适用，下列哪些选项是正确的？（2015-2-59）

A. 甲犯重婚罪和虐待罪，数罪并罚后也可能适用缓刑

B. 乙犯遗弃罪被判处管制1年，即使犯罪情节轻微，也不能宣告缓刑

C. 丙犯绑架罪但有立功情节，即使该罪的法定最低刑为5年有期徒刑，也可能适用缓刑

D. 丁17岁时因犯放火罪被判处有期徒刑5年，23岁时又犯伪证罪，仍有可能适用缓刑

3. 关于刑罚的具体运用，下列哪些选项是错误的？（2014-2-55）

A. 甲1998年因间谍罪被判处有期徒刑4年。2010年，甲因参加恐怖组织罪被判处有期徒刑8年。甲构成累犯

B. 乙因倒卖文物罪被判处有期徒刑1年，罚金5000元；因假冒专利罪被判处有期徒刑2年，罚金5000元。对乙数罪并罚，决定执行有期徒刑2年6个月，罚金1万元。此时，即使乙符合缓刑的其他条件，也不可对乙适用缓刑

C. 丙因无钱在网吧玩游戏而抢劫，被判处有期徒刑1年缓刑1年，并处罚金2000元，同时禁止丙在12个月内进入网吧。若在考验期限内，丙仍常进网吧，情节严重，则应对丙撤销缓刑

D. 丁系特殊领域专家，因贪污罪被判处有期徒刑8年。丁遵守监规，接受教育改造，有悔改表现，无再犯危险。1年后，因国家科研需要，经最高法院核准，可假释丁

详 解

第一节 累 犯

[答案] D　　[难度] 易

[考点] 累犯

［命题和解题思路］本题主要考查对有关累犯的刑法规定的理解，四个选项均为刑法的明文规定，可以说是直接考对法条的理解。但由于刑罚部分考生往往不注意复习，导致基础知识掌握不牢，还是有可能丢分的。

［选项分析］《刑法》第 74 条规定："对于累犯和犯罪集团的首要分子，不适用缓刑。"犯罪集团的积极参加者与首要分子不同。A 项错误。

《刑法》第 81 条第 2 款规定："对累犯以及因故意杀人、强奸、抢劫、绑架、放火、爆炸、投放危险物质或者有组织的暴力性犯罪被判处十年以上有期徒刑、无期徒刑的犯罪分子，不得假释。"从中可见，累犯不得假释。B 项错误。

《刑法》第 50 条第 2 款规定："对被判处死刑缓期执行的累犯以及因故意杀人、强奸、抢劫、绑架、放火、爆炸、投放危险物质或者有组织的暴力性犯罪被判处死刑缓期执行的犯罪分子，人民法院根据犯罪情节等情况可以同时决定对其限制减刑。"据此，对被判处无期徒刑的累犯，不得限制减刑。C 项错误。

《刑法》第 66 条规定："危害国家安全犯罪、恐怖活动犯罪、黑社会性质的组织犯罪的犯罪分子，在刑罚执行完毕或者赦免以后，在任何时候再犯上述任一类罪的，都以累犯论处。"要成立特别累犯，对行为人前后所犯罪行有特殊要求。D 项的恐怖活动犯罪和黑社会性质的组织犯罪均是特别累犯的适用罪名。D 项正确。

第二节　自首与立功

1. ［答案］B　　［难度］中

［考点］立功的认定

［命题和解题思路］本题考查了立功认定的几种情形，涉及最高人民法院《关于处理自首和立功若干具体问题的意见》、最高人民法院《关于办理减刑、假释案件具体应用法律的规定》等司法解释的规定。另外，就 CD 项，可能有考生认为行贿者交代的受贿者、贩毒者交代的上家，属于自己罪行的一部分。但事实上，这两者与交代自己的罪行是可以分别考虑的，成立对自己罪行的自首或坦白不影响对受贿者和上家的罪行成立立功。

［选项分析］根据最高人民法院《关于处理自首和立功若干具体问题的意见》第 4 条第 1 款的规定，犯罪分子通过贿买、暴力、胁迫等非法手段，或者被羁押后与律师、亲友会见过程中违反监管规定，获取他人犯罪线索并"检举揭发"的，不能认定为有立功表现。张某系贩卖毒品罪的教唆犯，是通过非法手段获得的"线索"，不能认定为立功。否则就无异于承认"人们可以从犯罪中获利"。A 项错误。

根据最高人民法院《关于办理减刑、假释案件具体应用法律的规定》第 5 条的规定，拟按法律规定的"有发明创造或者重大技术革新"认定为"重大立功表现"的，该发明创造或者重大技术革新应当是罪犯在刑罚执行期间独立或者为主完成并经国家主管部门确认的发明专利，且不包括实用新型专利和外观设计专利；拟按法律规定的"对国家和社会有其他重大贡献"认定为"重大立功表现"的，该重大贡献应当由罪犯在刑罚执行期间独立或者为主完成并经国家主管部门确认。李某的发明是其家人在监狱外购买的，并非自己独立或为主完成，不能成立立功。B 项正确。

王某对自己的行贿事实成立坦白，同时，交代刘某向其索贿的事实成立立功。一个如实供述的行为同时符合了坦白和立功的条件，因而只能择一认定选择对其最有利的量刑情节。C 项错误。

钱某交代自己贩卖毒品的事实，成立贩卖毒品罪的坦白或自首。此时，又检举并揭发了周某贩卖毒品的事实，能够成立立功。这是与自己贩卖毒品行为区分开的，可以同时并存。D 项错误。

2. ［答案］AD　　［难度］易

［考点］自首、立功

［命题和解题思路］本题主要考查考生对于自首和立功基本概念以及对相关司法解释规定的理解。实际上，只要掌握了自首与立功的规范意旨，即便不太清楚司法解释的规定，也不太可能做错。

［选项分析］根据《刑法》第 67 条的规定，自首，是指犯罪以后自动投案，如实供述自己的罪行的行为。被采取强制措施的犯罪嫌疑人、被告人和正在服刑的罪犯，如实供述司法机关还未掌握的本人其他罪行的，以自首论。甲并未主动去投案，因此不能认定为自首。A 项正确。

自首的一种形式为代首。代首，是指犯罪人在犯罪以后，有投案自首的诚意，但由于种种原因不能亲自前往司法机关，而明确委托他人代为投案。代首的特点是委托他人代替自己向司法机关投案。之所以委托他人去投案，往往存在某种客观原因，如犯罪人因病、因伤，犯罪人为将被害人送往医院抢救而无暇亲赴司法机关投案，犯罪人为排除犯罪所造成的物质损害而无法及时自动投案等。代首和送首的关键在于是否自愿主动，否则就不叫自首。显然，甲并非委托父亲代首，无法体现甲自身的自愿性和自首的本质特征。B项错误。

《关于处理自首和立功若干具体问题的意见》第4条第3款规定，犯罪分子亲友为使犯罪分子“立功”，向司法机关提供他人犯罪线索、协助抓捕犯罪嫌疑人的，不能认定为犯罪分子有立功表现。亲友协助抓捕无法体现出犯罪人自身的人身危险性降低，不能认定为犯罪嫌疑人的立功。C项错误。

甲父协助公安机关抓捕甲尽管不能被认定为自首与立功，但使得司法机关节约了相应司法资源，可以作为酌定量刑情节考虑。D项正确。

3. ［答案］B　　［难度］易

［考点］自首

［命题和解题思路］自首是法考刑罚部分经常考查的知识点，命题人通过本题主要想考查考生对自首概念以及相关重要司法解释的理解程度。《刑法》第67条第1款规定，犯罪以后自动投案，如实供述自己的罪行的，是自首。所谓的自动投案，是指将自己置于公安司法机关的控制之下。掌握这两点，是做对本题的基础。

［选项分析］最高人民法院《关于处理自首和立功具体应用法律若干问题的解释》第1条规定，自动投案，是指犯罪事实或者犯罪嫌疑人未被司法机关发觉，或者虽被发觉，但犯罪嫌疑人尚未受到讯问、未被采取强制措施时，主动、直接向公安机关、人民检察院或者人民法院投案。A项中，甲是在绑架现场接受警察的劝说而放弃犯罪，犯罪事实和犯罪嫌疑人显然已经被发觉，不符合前述司法解释中规定的自动投案的条件。A项错误。

成立自首，要求行为人必须如实交代自己的罪行。乙虽然在交通肇事后留在现场救助伤员并报告交管部门发生了事故，但在警察询问时否认自己的行为，没有如实交代自己的罪行，不成立自首。B项正确。

最高人民法院《关于被告人对行为性质的辩解是否影响自首成立问题的批复》指出，被告人对行为性质的辩解不影响自首的成立。丙对自己行为的故意与过失性质有误解，对其的辩解不会影响对事实的认定，因此，只要如实供述将被害人致死的事实，即可认定为自首。C项错误。

最高人民法院《关于处理自首和立功具体应用法律若干问题的解释》第1条明确规定，罪行尚未被司法机关发觉，仅因形迹可疑被有关组织或者司法机关盘问、教育后，主动交代自己的罪行的，应当视为自动投案。而最高人民法院《关于处理自首和立功若干具体问题的意见》则指出，犯罪嫌疑人供述的身份等情况与真实情况虽有差别，但不影响定罪量刑的，应认定为如实供述自己的罪行。犯罪嫌疑人自动投案后隐瞒自己的真实身份等情况，影响对其定罪量刑的，不能认定为如实供述自己的罪行。题干并未交代丁的身份会影响对其定罪量刑，因此，只要丁如实交代了自己的犯罪事实，即可认定为自首。据此，D项错误。

4. ［答案］C　　［难度］易

［考点］自首的概念

［命题和解题思路］本题主要考查对自首概念的理解以及对相关重要司法解释的掌握程度。《刑法》第67条规定，犯罪以后自动投案，如实供述自己罪行的，是自首。而自动投案，是指将自己置于公安司法机关的有效控制之下，从而达到节约司法资源的目的，这是正确解答本题的关键，也是AD项的考点所在。

［选项分析］最高人民法院《关于处理自首和立功具体应用法律若干问题的解释》第1条规定，自动投案，是指犯罪事实或者犯罪嫌疑人未被司法机关发觉，或者虽被发觉，但犯罪嫌疑人尚未受到讯问、未被采取强制措施时，主动、直接向公安机关、人民检察院或者人民法院投案。A项中的甲尽管向单位领导承认了犯罪事实，但是并没有向司法机关投案，也无意将自己置于司法机关的控制之下，不成立自首。A项错误。

命题人在这里设置了一个陷阱，让考生误以为考查的是对行为性质的辩解是否影响自首的成立。但其实，本项考查的并非这个知识点。最高人民法院《关于处理自首和立功具体应用法律若干问题的解释》第 1 条规定，自动投案，是指犯罪事实或者犯罪嫌疑人未被司法机关发觉，或者虽被发觉，但犯罪嫌疑人尚未受到讯问、未被采取强制措施时，主动、直接向公安机关、人民检察院或者人民法院投案。根据这一规定，成立自首必须是犯罪事实尚未被司法机关发觉，或者司法机关已发觉，但尚未对犯罪嫌疑人进行讯问或采取强制措施时主动投案。B 项中，乙已经因为贪污的犯罪事实被检察机关讯问，所以不能成立自首。B 项错误。

丙主动投案并向司法机关交代了自己参与盗窃的犯罪事实，成立自首。至于自首的动机是真诚悔罪抑或是基于分赃不均，不影响自首的成立。自首的规范目的在于便利刑事追诉的顺利进行而不是鼓励行为人的内心向善、“迷途知返”，因此，内心动机不影响自首的成立。C 项正确。

D 项中，丁尽管因轻伤的行为事实报警，但是后一行为，已经成立防卫过当，丁逃离现场的行为当然不是将自己置于公安司法机关的有效控制之下并主动交代自己的主要犯罪事实。D 项错误。

5. ［答案］B　　［难度］易

［考点］自首、坦白、立功

［命题和解题思路］命题人在本题中通过具体案例来考查对于自首、坦白、立功三者的适用界限问题。题目本身的难度并不大，但是考生往往对刑罚论部分不太重视，因此，本题虽然简单，但也可能做错。刑罚论的部分需要考生对法条规定的细节特别留意。

［选项分析］《刑法》第 67 条第 3 款规定：“犯罪嫌疑人虽不具有前两款规定的自首情节，但如实供述自己罪行的，可以从轻处罚；因其如实供述自己罪行，避免特别严重后果发生的，可以减轻处罚。”从规定即可清楚地知道，构成坦白的前提是“如实供述自己的罪行”，如果自己的行为不构成犯罪，当然无所谓成立坦白。甲主动供述曾向国家工作人员乙行贿 9 万元，可后查明甲的行为属于单位行贿，行贿数额尚未达到单位行贿罪的定罪标准，如此一来，既然不构成单位行贿罪，便无法追究单位中个人的刑事责任。据此，甲不成立坦白。A 项错误。

甲的行为可以成立针对受贿者乙的立功。所谓立功，是指犯罪分子揭发他人的犯罪行为经查证属实的，或者提供重要线索从而得以侦破其他案件等的行为。由于甲的揭发，司法机关得以顺利追诉受贿者乙，符合立功的条件。B 项正确。

一般自首，是指犯罪分子犯罪以后自动投案，如实供述自己罪行的行为。题干交代得很清楚，甲是因合同诈骗罪被捕，显然不符合“自动投案”的条件。C 项错误。

所谓准自首，是指被采取强制措施的犯罪嫌疑人、被告人和正在服刑的罪犯，如实供述司法机关还未掌握的本人其他罪行的行为。粗略看来，甲似乎符合准自首的成立条件，但需要提醒考生的是，成立准自首的前提同坦白一样，也必须是自己的行为已经构成犯罪，如果自己的行为不构成犯罪，就不会适用准自首的量刑规则，当然也就无所谓准自首的问题了。由于不能以单位行贿罪追究甲的刑事责任，因此，也不能认定其是准自首。D 项错误。

6. ［答案］ABCD　　［难度］易

［考点］刑法的时间效力的概念、自首、死刑

［命题和解题思路］本题给定的案件事实看似挺复杂，其实，只要对时间效力、自首和死刑的基本内容比较熟悉，不难得出正确答案。本题考查的重点其实在于对追诉期限的计算方法和相应的期限的掌握，至于 BD 两个选项较为简单，基本不会出错。

［选项分析］所谓追诉时效，是刑法规定的，对犯罪人进行刑事追诉的有效期限；在此期限内，司法机关有权追诉；超过了此期限，司法机关就不能再行追诉。当行为人犯有数个罪名时，如果前罪的追诉期限较长，而后罪的追诉期限较短，完全有可能出现后罪已过追诉时效，而前罪尚在追诉时效内的情况。所以需要针对每个罪名确定具体的追诉时效。在故意杀人和诈骗的这段间隔时间里，由于不到 20 年，所以故意杀人罪并没有过追诉时效；但是在诈骗和盗窃的这段时间间隔中，由于诈骗 5000 元的量刑档中法定最高刑是 3 年，法定最高刑不满 5 年的，追诉期限是 5 年，所以到 2014 年诈骗罪已过追诉时效。A 项错误。

由于诈骗罪已过追诉时效，因此，无法对三罪分别定罪量刑后再数罪并罚。B 项错误。

自首的法律效果仅仅及于自己如实供述的罪

行，对于未如实供述的自己犯下的罪行，当然不能成立自首。甲并未供述盗窃的罪行，所以对于盗窃不成立自首，当然也不能从轻或者减轻处罚。C项错误。

《刑法》第49条第1款规定，犯罪的时候不满18周岁的人和审判的时候怀孕的妇女，不适用死刑。甲在犯故意杀人罪时未满18周岁，所以不能对其适用死刑。命题人设置了在审判时已满18周岁这个陷阱。D项错误。

第三节 数罪并罚制度

1. ［答案］ABCD ［难度］中

［考点］数罪并罚制度

［命题和解题思路］本题主要考查考生对于数罪并罚原则中的吸收原则以及并科原则的理解，同时结合了判决宣告以后发现漏罪的并罚以及假释考验期内犯罪的并罚。考生如果对《刑法》第69条第2款比较熟悉，就基本不会做错本题，该款规定："数罪中有判处有期徒刑和拘役的，执行有期徒刑。数罪中有判处有期徒刑和管制，或者拘役和管制的，有期徒刑、拘役执行完毕后，管制仍须执行。"当然，如果考生平时疏于复习刑罚论部分，也可能选错。

［选项分析］《刑法》第69条第2款规定，数罪中有判处有期徒刑和拘役的，执行有期徒刑。因此，甲犯某罪被判处有期徒刑2年，犯另一罪被判处拘役6个月，对甲只需执行有期徒刑。A项正确。

《刑法》第69条第2款规定，数罪中有判处有期徒刑和管制，或者拘役和管制的，有期徒刑、拘役执行完毕后，管制仍须执行。乙犯分别被判处有期徒刑2年和管制1年的数罪，应在有期徒刑执行完毕后继续执行管制。B项正确。

《刑法》第70条"判决宣告后发现漏罪的并罚"规定："判决宣告以后，刑罚执行完毕以前，发现被判刑的犯罪分子在判决宣告以前还有其他罪没有判决的，应当对新发现的罪作出判决，把前后两个判决所判处的刑罚，依照本法第六十九条的规定，决定执行的刑罚。已经执行的刑期，应当计算在新判决决定的刑期以内。"丙属于判决宣告以后发现漏罪的并罚情形，按照《刑法》第70条的规定，应当对新发现的漏罪作出判决，将前后两个判决所判处的刑罚按照《刑法》第69条的规定决定执行的刑罚，同时已经执行的刑期应当计算在新判决确定的刑期内，即俗称的"先并后减"。据此，丙被发现的漏罪被判处拘役，应当将拘役和前罪判决确定的6年有期徒刑进行并罚，按照《刑法》第69条第2款的规定，并罚后应当判决执行6年有期徒刑。由于已经执行4年，因此丙仅需继续执行2年有期徒刑。C项正确。

根据《刑法》第86条第1款的规定，被假释的犯罪分子，在假释考验期限内犯新罪，应当撤销假释，按照《刑法》第71条的规定实行数罪并罚，即"先减后并"。据此，丁前罪被判处6年有期徒刑，且已执行4年，应当将前罪没有执行的2年有期徒刑和新罪的1年管制进行并罚，而数罪中有判处有期徒刑和管制的，有期徒刑执行完毕后管制仍须执行，由此丁在2年有期徒刑执行完毕后仍须执行1年管制。D项正确。

2. ［答案］ABC ［难度］易

［考点］数罪并罚的适用

［命题和解题思路］本题围绕《刑法》第69条的规定考查数罪并罚的执行。《刑法修正案（九）》新增第69条第2款规定："数罪中有判处有期徒刑和拘役的，执行有期徒刑。数罪中有判处有期徒刑和管制，或者拘役和管制的，有期徒刑、拘役执行完毕后，管制仍须执行。"这也反映出命题者关注刑法修正案的命题规律，因此，考生要熟悉考试前新发布的刑法修正案内容。

［选项分析］《刑法》第69条规定："判决宣告以前一人犯数罪的，除判处死刑和无期徒刑的以外，应当在总和刑期以下、数刑中最高刑期以上，酌情决定执行的刑期，但是管制最高不能超过三年，拘役最高不能超过一年，有期徒刑总和刑期不满三十五年的，最高不能超过二十年，总和刑期在三十五年以上的，最高不能超过二十五年。数罪中有判处有期徒刑和拘役的，执行有期徒刑。数罪中有判处有期徒刑和管制，或者拘役和管制的，有期徒刑、拘役执行完毕后，管制仍须执行。数罪中有判处附加刑的，附加刑仍须执行，其中附加刑种类相同的，合并执行，种类不同的，分别执行。"据此，数罪中有判处死刑和有期徒刑的，执行死刑。数罪中有判处附加刑罚金的，仍须执行。A项正确。

判决宣告以前一人犯数罪，数罪中有判处无

期徒刑和拘役的，只执行无期徒刑。数罪中的没收财产刑仍须执行。B 项正确。

数罪中有判处有期徒刑和拘役的，只执行有期徒刑。数罪中的附加刑仍须执行。C 项正确。

数罪中有判处拘役和管制的，拘役执行完毕后仍须执行管制。D 项错误。

3. ［答案］B　　［难度］易

［考点］数罪并罚的适用

［命题和解题思路］本题主要考查假释与缓刑考验期内犯新罪或者发现漏罪的数罪并罚方法。考查方式是直接考法条记忆，这种考查方式现在较为少见了。假释、缓刑部分的知识点在刑罚论中相对比较重要，从历年考查情况看，题目一般难度不大，但需要熟悉相关法条，否则光靠理论推理难以确保能够做对。

［选项分析］《刑法》第 77 条第 1 款规定："被宣告缓刑的犯罪分子，在缓刑考验期限内犯新罪或者发现判决宣告以前还有其他罪没有判决的，应当撤销缓刑，对新犯的罪或者新发现的罪作出判决，把前罪和后罪所判处的刑罚，依照本法第六十九条的规定，决定执行的刑罚。"

《刑法》第 86 条第 1、2 款规定："被假释的犯罪分子，在假释考验期限内犯新罪，应当撤销假释，依照本法第七十一条的规定实行数罪并罚。在假释考验期限内，发现被假释的犯罪分子在判决宣告以前还有其他罪没有判决的，应当撤销假释，依照本法第七十条的规定实行数罪并罚。"

根据上述两条的规定，本题只有 B 项正确，均应填"缓刑"。

第四节　缓刑制度

1. ［答案］ABD　　［难度］中

［考点］缓刑的适用条件

［命题和解题思路］本题命题人主要考查考生对于缓刑适用条件是否熟练掌握。应该说，本题难度不大，由于《刑法》第 74 条明确规定，对于累犯和犯罪集团的首要分子不适用缓刑，因此命题人在考查缓刑的适用条件时，经常一并考查考生对于累犯的条件是否能准确理解，需要引起注意。

［选项分析］缓刑只能适用于被判处拘役或 3 年以下有期徒刑的犯罪分子，甲犯抢劫罪应被判处 3 年以上 10 年以下有期徒刑的法定刑，但《刑法》第 99 条规定，本法所称以上、以下、以内，包括本数。因此，甲在被判处 3 年有期徒刑时，仍然可以适用缓刑。A 项错误。

尽管根据《刑法》第 69 条第 2 款的规定，数罪中有判处拘役和管制的，拘役执行完毕后，管制仍须执行。但对于拘役部分，只要根据行为人的犯罪情节和悔罪表现适用缓刑不致再危害社会的，就可以适用缓刑。B 项错误。

《刑法》第 74 条明确规定，对于累犯和犯罪集团的首要分子，不适用缓刑。丙犯为境外非法提供情报罪被单处剥夺政治权利，执行完毕后又犯帮助恐怖活动罪，按照《刑法》第 66 条的规定，危害国家安全犯罪、恐怖活动犯罪、黑社会性质的组织犯罪的犯罪分子，在刑罚执行完毕或者赦免以后，在任何时候再犯上述任一类罪的，都以累犯论处。因此丙成立特别累犯，对丙不应适用缓刑。C 项正确。

为了更好地保护未成年人，贯彻惩罚为辅、教育为主的未成年人犯罪刑事政策，《刑法》第 65 条第 1 款规定，被判处有期徒刑以上刑罚的犯罪分子，刑罚执行完毕或者赦免以后，在 5 年以内再犯应当判处有期徒刑以上刑罚之罪的，是累犯，应当从重处罚，但是过失犯罪和不满 18 周岁的人犯罪的除外。据此，丁不成立累犯，其犯盗窃罪被判处 2 年有期徒刑，仍然有可能适用缓刑。D 项错误。

2. ［答案］ABCD　　［难度］易

［考点］缓刑的适用条件

［命题和解题思路］本题主要考查缓刑的适用条件，不过，命题人结合了立功的处理以及累犯的成立条件进行了考查，在一定程度上增加了本题的难度。另外，考生还需要对题目中所涉及的罪名的大概刑期有所了解。

［选项分析］重婚罪的法定刑是"二年以下有期徒刑或者拘役"，虐待罪基本款的法定刑是"二年以下有期徒刑、拘役或者管制"，加重款法定刑是"二年以上七年以下有期徒刑"。因此，数罪并罚后，总和刑期完全可能在 3 年以下有期徒刑范围内，符合缓刑适用条件。A 项正确。

缓刑只适用于被判处拘役、3 年以下有期徒刑的犯罪分子，管制并非有期徒刑，当然不能适用缓刑。B 项正确。

《刑法》第68条规定，对于有立功表现的犯罪分子，可以从轻或者减轻处罚。尽管绑架罪的法定最低刑为5年有期徒刑，但减轻处罚后的刑期仍然可能符合缓刑的刑期适用条件。C项正确。

为了更好地保护未成年人，贯彻惩罚为辅、教育为主的未成年人犯罪刑事政策，2011年《刑法修正案（八）》增加了不满18周岁者犯罪不成立累犯的规定。《刑法》第65条第1款规定："被判处有期徒刑以上刑罚的犯罪分子，刑罚执行完毕或者赦免以后，在五年以内再犯应当判处有期徒刑以上刑罚之罪的，是累犯，应当从重处罚，但是过失犯罪和不满十八周岁的人犯罪的除外。"据此，丁是未成年人，不成立累犯，其犯伪证罪只要被判处3年以下有期徒刑或者拘役，仍然有可能适用缓刑。D项正确。

3. ［答案］AB　　［难度］易

［考点］累犯、数罪并罚、缓刑、假释

［命题和解题思路］本题考查对于累犯、数罪并罚、缓刑、假释的理解与适用，如果理解并熟记各自的适用条件的话，题目本身并不难。命题人较好地融合考查了刑法溯及力的内容，因为累犯制度在2011年曾被《刑法修正案（八）》修订过，如果考生对此不了解，便很容易做错。

［选项分析］《刑法》第66条规定："危害国家安全犯罪、恐怖活动犯罪、黑社会性质的组织犯罪的犯罪分子，在刑罚执行完毕或者赦免以后，在任何时候再犯上述任一类罪的，都以累犯论处。"但这是经过2011年《刑法修正案（八）》修正过的结果。《刑法修正案（八）》对《刑法》第66条规定的特别累犯制度增设了两种情形：恐怖活动犯罪以及黑社会性质组织犯罪的犯罪分子。根据从旧兼从轻原则，对于这两类犯罪人来说，新修法显然是对他们不利的变更，因此必须严格遵守禁止溯及既往的原则。甲在1998年因间谍罪被判处有期徒刑4年，但却是在时隔十余年后的2010年才犯有恐怖活动罪行，因此，不能适用现行特别累犯制度的规定，而应适用一般累犯的规定，又由于两罪之间时间间隔已经超过了5年，故其不构成一般累犯。A项错误。

《刑法》第72条规定适用缓刑的条件是，被判处拘役、3年以下有期徒刑，犯罪情节较轻，有悔罪表现，没有再犯罪的危险以及宣告缓刑对所居住社区没有重大不良影响。据此，缓刑的适用和数罪并罚之间没有逻辑上的必然关联，只要行为人数罪并罚的刑期不超过3年，便可以适用缓刑。B项错误。

《刑法》第77条第2款规定，被宣告缓刑的犯罪分子，在缓刑考验期限内，违反法律、行政法规或者国务院有关部门关于缓刑的监督管理规定，或者违反人民法院判决中的禁止令，情节严重的，应当撤销缓刑，执行原判刑罚。丙在宣告缓刑时被命令禁止进入网吧，但其违反人民法院的禁止令且情节严重，应当撤销缓刑。C项正确。

《刑法》第81条第1款规定，被判处有期徒刑的犯罪分子执行原判刑期1/2以上，被判处无期徒刑的犯罪分子实际执行13年以上，符合认真遵守监规等条件的，可以假释。如果有特殊情况，经最高人民法院核准，可以不受上述执行刑期的限制。丁是特殊领域专家，经最高人民法院核准可以不受假释的执行刑期限制。D项正确。

第十三章　刑罚执行与刑罚消灭

试　题

第一节　减刑制度

关于减刑、假释的适用，下列哪些选项是错误的？（2013-2-57）

A. 对所有未被判处死刑的犯罪分子，如认真遵守监规，接受教育改造，确有悔改表现，或者有立功表现的，均可减刑

B. 无期徒刑减为有期徒刑的刑期，从裁定被执行之日起计算

C. 被宣告缓刑的犯罪分子，不符合"认真遵守监规，接受教育改造"的减刑要件，不能减刑

D. 在假释考验期限内犯新罪，假释考验期满后才发现的，不得撤销假释

第二节 假 释

1. 甲假释后，未经批准离开了所居住的市。对此，下列哪些说法是正确的？（2020 年回忆版）

A. 甲假释后应自行到社区矫正机构报到

B. 社区矫正机构可对甲使用电子定位装置

C. 社区矫正机构可在提出撤销假释建议时，同时提请逮捕

D. 法院在决定是否撤销假释时，应听取甲的意见

2. 在符合“执行期间，认真遵守监规，接受教育改造”的前提下，关于减刑、假释的分析，下列哪一选项是正确的？（2017-2-11）

A. 甲因爆炸罪被判处有期徒刑 12 年，已服刑 10 年，确有悔改表现，无再犯危险。对甲可以假释

B. 乙因行贿罪被判处有期徒刑 9 年，已服刑 5 年，确有悔改表现，无再犯危险。对乙可优先适用假释

C. 丙犯贪污罪被判处无期徒刑，拒不交代贪污款去向，一直未退赃。丙已服刑 20 年，确有悔改表现，无再犯危险。对丙可假释

D. 丁因盗窃罪被判处有期徒刑 5 年，已服刑 3 年，一直未退赃。丁虽在服刑中有重大技术革新，成绩突出，对其也不得减刑

3. 关于假释的撤销，下列哪一选项是错误的？（2015-2-12）

A. 被假释的犯罪分子，在假释考验期内犯新罪的，应撤销假释，按照先减后并的方法实行并罚

B. 被假释的犯罪分子，在假释考验期内严重违反假释监督管理规定，即使假释考验期满后才被发现，也应撤销假释

C. 在假释考验期内，发现被假释的犯罪分子在判决宣告前还有同种罪未判决的，应撤销假释

D. 在假释考验期满后，发现被假释的犯罪分子在判决宣告前有他罪未判决的，应撤销假释，数罪并罚

4. 甲因在学校饭堂投毒被判处 8 年有期徒刑。服刑期间，甲认真遵守监规，接受教育改造，确有悔改表现。关于甲的假释，下列哪一说法是正确的？（2014-2-11）

A. 可否假释，由检察机关决定

B. 可否假释，由执行机关决定

C. 服刑 4 年以上才可假释

D. 不得假释

第三节 追诉时效

1. 关于追诉时效，下列哪一选项是正确的？（2016-2-10）

A. 《刑法》规定，法定最高刑为不满 5 年有期徒刑的，经过 5 年不再追诉。危险驾驶罪的法定刑为拘役，不能适用该规定计算危险驾驶罪的追诉时效

B. 在共同犯罪中，对主犯与从犯适用不同的法定刑时，应分别计算各自的追诉时效，不得按照主犯适用的法定刑计算从犯的追诉期限

C. 追诉时效实际上属于刑事诉讼的内容，刑事诉讼采取从新原则，故对刑法所规定的追诉时效，不适用从旧兼从轻原则

D. 刘某故意杀人后逃往国外 18 年，在国外因伪造私人印章（在我国不构成犯罪）被通缉时潜回国内。4 年后，其杀人案件被公安机关发现。因追诉时效中断，应追诉刘某故意杀人的罪行

2. 关于追诉时效，下列哪些选项是正确的？（2015-2-60）

A. 甲犯劫持航空器罪，即便经过 30 年，也可能被追诉

B. 乙于 2013 年 1 月 10 日挪用公款 5 万元用于结婚，2013 年 7 月 10 日归还。对乙的追诉期限应从 2013 年 1 月 10 日起计算

C. 丙于 2000 年故意轻伤李某，直到 2008 年李某才报案，但公安机关未立案。2014 年，丙因他事被抓。不能追诉丙故意伤害的刑事责任

D. 丁与王某共同实施合同诈骗犯罪。在合同诈骗罪的追诉期届满前，王某单独实施抢夺罪。对丁合同诈骗罪的追诉时效，应从王某犯抢夺罪之日起计算

详 解

第一节 减刑制度

［答案］ABCD ［难度］易

［考点］减刑的条件和程序、假释的撤销

［命题和解题思路］命题人在本题中主要考查考生对减刑、假释的适用条件和适用程序的理解。本题虽然理论性不强，但由于考查的点很细，如果基本功不牢，还是很可能做错的。这也提醒考生，减刑、假释的基本规定要相当熟悉，不在刑罚论部分丢分。

［选项分析］A 项是重点干扰项。“所有未被判处死刑的犯罪分子”，意味着包括了被单独判处附加刑的犯罪分子，如被单处罚金或者单处剥夺政治权利的情形。对于被单处罚金或剥夺政治权利的犯罪分子，不存在“认真遵守监规，接受教育改造”的问题。A 项错误。

《刑法》第 80 条规定，无期徒刑减为有期徒刑的刑期，从裁定减刑之日起计算。B 项错误。

C 项同样是干扰项。《刑法》第 78 条规定：“被判处管制、拘役、有期徒刑、无期徒刑的犯罪分子，在执行期间，如果认真遵守监规，接受教育改造，确有悔改表现的，或者有立功表现的，可以减刑；有下列重大立功表现之一的，应当减刑：……”被宣告缓刑的犯罪分子，如果具有立功表现，也是可以减刑的。C 项错误。

《刑法》第 86 条第 1 款规定：“被假释的犯罪分子，在假释考验期限内犯新罪，应当撤销假释，依照本法第七十一条的规定实行数罪并罚。”D 项错误。

第二节　假　释

1. ［答案］ABC　　［难度］易

［考点］假释的社区矫正及其撤销

［命题和解题思路］假释是历年法考的重点，本题考查了假释的社区矫正，这一考点相对来说，有点偏，实际上，《社区矫正法》于 2020 年 7 月 1 日正式施行，也就是考试当年，这也提醒考生，复习时务必注意当年或前一年正式生效的重要法律法规、刑法修正案等。

［选项分析］根据《社区矫正法》第 21 条第 1 款的规定，人民法院判处管制、宣告缓刑、裁定假释的社区矫正对象，应当自判决、裁定生效之日起 10 日内到执行地社区矫正机构报到。A 项正确。

根据《社区矫正法》第 29 条第 1 款的规定，社区矫正对象未经批准离开所居住的市、县的，经县级司法行政部门负责人批准，可以使用电子定位装置，加强监督管理。B 项正确。

根据《社区矫正法》第 47 条第 1 款的规定，被提请撤销缓刑、假释的社区矫正对象可能逃跑或者可能发生社会危险的，社区矫正机构可以在提出撤销缓刑、假释建议的同时，提请人民法院决定对其予以逮捕。虽然 C 项中并未明确表示甲是否可能逃跑或者发生社会危险，但 C 项是一种假设，在社区矫正机构根据情势判断提出撤销假释建议时，可以同时提请逮捕。C 项正确。

根据《社区矫正法》第 48 条第 2 款的规定，人民法院拟撤销缓刑、假释的，应当听取社区矫正对象的申辩及其委托的律师的意见。此款规定的是人民法院拟撤销假释时须听取社区矫正对象的申辩，而非根据其意见决定是否撤销。D 项错误。

2. ［答案］B　　［难度］易

［考点］假释的适用条件

［命题和解题思路］本题较简单，命题人主要考查考生对于假释适用条件的理解。只要牢记假释的适用条件—被判处有期徒刑的犯罪分子，执行原判刑期 1/2 以上，如果认真遵守监规，接受教育改造，确有悔改表现，没有再犯罪的危险的，本题将很容易做对。

［选项分析］《刑法》第 81 条第 2 款规定：“对累犯以及因故意杀人、强奸、抢劫、绑架、放火、爆炸、投放危险物质或者有组织的暴力性犯罪被判处十年以上有期徒刑、无期徒刑的犯罪分子，不得假释。”甲因爆炸罪被判处有期徒刑 12 年，因此即便其确有悔改表现，也不得假释。A 项错误。

被判处有期徒刑的犯罪分子，执行原判刑期 1/2 以上，如果认真遵守监规，接受教育改造，确有悔改表现，没有再犯危险的，可以假释。乙因行贿罪被判处有期徒刑 9 年，已服刑 5 年，确有悔改表现且无再犯危险，可以适用假释。B 项正确。

丙在贪污后拒不交代贪污款的去向，也未积极退赃，不能认定其有悔改表现，因而不能适用假释。C 项错误。

《刑法》第 78 条规定：“被判处管制、拘役、有期徒刑、无期徒刑的犯罪分子，在执行期间，如果认真遵守监规，接受教育改造，确有悔改表现的，或者有立功表现的，可以减刑；有下列重大立功表现之一的，应当减刑：……（三）有发明创造或者重大技术革新的；……”据此，丁因盗窃罪被判处有期徒刑 5 年，尽管一直未退赃，但其在服刑中有重大技术革新，成绩突出，应当予以减刑。D 项错误。

3. ［答案］D　　［难度］易

［考点］假释的撤销

［命题和解题思路］本题主要考查假释的撤销的相关规定，只要考生理解《刑法》第 86 条的规定，本题便可做对。需要注意的是，假释考验期满前、后发现漏罪的法律效果并不相同。

［选项分析］《刑法》第 86 条第 1 款规定：“被假释的犯罪分子，在假释考验期限内犯新罪，应当撤销假释，依照本法第七十一条的规定实行数罪并罚。”据此，假释考验期内犯新罪的，应当撤销假释，按照“先减后并”的方法并罚。A 项正确。

《刑法》第 86 条第 3 款规定：“被假释的犯罪分子，在假释考验期限内，有违反法律、行政法规或者国务院有关部门关于假释的监督管理规定的行为，尚未构成新的犯罪的，应当依照法定程序撤销假释，收监执行未执行完毕的刑罚。”B 项正确。

《刑法》第 86 条第 2 款规定：“在假释考验期限内，发现被假释的犯罪分子在判决宣告以前还有其他罪没有判决的，应当撤销假释，依照本法第七十条的规定实行数罪并罚。”因此，假释考验期内发现尚有判决宣告前的漏罪没有判决的，应当撤销假释，按照“先并后减”的方法并罚。C 项正确。

根据《刑法》第 86 条第 2 款的规定，只有“在假释考验期内”发现判决宣告前尚有漏罪未判决的才应撤销假释后实行数罪并罚，那么在假释考验期满后当然不能再撤销假释并实行并罚。D 项错误。

4. ［答案］C　　［难度］易

［考点］假释的适用条件和程序

［命题和解题思路］本题主要考查考生对于假释概念的掌握情况，题目设计较为简单。但考生们往往只关注假释的实体要件，对于假释的程序要件却少有关注，命题人也深知此点，本题的 AB 项正是对程序性知识的考查。不过只要对我国司法制度有所了解的考生，应该不会做错。

［选项分析］根据《刑法》第 82 条和第 79 条的规定，对于犯罪人的减刑、假释，都由执行机关向中级以上人民法院提出减刑或者假释建议书，人民法院应当组成合议庭进行审理，对于符合相关条件的，才能裁定予以减刑或者假释。所以是否能够假释，不是由检察机关决定。A 项错误。

假释只能由人民法院裁定，而不是由执行机关决定。B 项错误。

根据《刑法》第 81 条第 1 款的规定，被判处有期徒刑的犯罪分子，执行原判刑期 1/2 以上，被判处无期徒刑的犯罪分子，实际执行 13 年以上的，符合认真遵守监规等条件的，可以假释。所以，甲必须执行原判刑期的 1/2 以上即 4 年以后才能假释。C 项正确。

根据《刑法》第 81 条第 2 款的规定，只有累犯以及因故意杀人、强奸、抢劫、绑架、放火、爆炸、投放危险物质或者有组织的暴力性犯罪被判处 10 年以上有期徒刑、无期徒刑的犯罪分子，才不得假释。甲的行为虽构成投放危险物质罪，但只被判处 8 年有期徒刑，未被判处 10 年以上有期徒刑，不符合不得假释的刑期要求，因此，对于甲还是可以假释的。D 项错误。

第三节　追诉时效

1. ［答案］B　　［难度］中

［考点］追诉时效的期限、追诉期限的计算与中断

［命题和解题思路］追诉时效是法考命题中的重要部分，本题中，考生需要理解刑法规定的法定最高刑与最长追诉期限之间的对应关系。

［选项分析］《刑法》第 87 条中只是规定，法定最高刑为不满 5 年有期徒刑的，经过 5 年；而没有说最低刑必须是有期徒刑以上，如果法定刑为拘役不适用 5 年追诉期限的规定的话，则意味着经过任何期限都可以追诉，显然不合适。A 项错误。

在司法实践中，主犯与从犯相应量刑幅度的法定最高刑经常不一致。例如，甲、乙二人共同杀丙，甲是实行的主犯，乙仅是提供帮助的从犯。甲应适用故意杀人罪的第一档法定刑，其法定最高刑为死刑，据此，对甲的追诉期限是 20 年；乙

应适用故意杀人罪的第二档法定刑，其最高法定刑是10年有期徒刑，对乙的追诉期限是15年。B项正确。

追诉时效制度既然规定在刑法中，就应当受到罪刑法定原则中的从旧兼从轻的限制，原则之所以成为原则，就在于其贯穿于整个刑法规范体系。C项错误。

按照我国《刑法》第7条属人管辖的规定，要追究我国公民在国外犯罪的刑事责任，必须是我国公民在国外所犯之罪也属于我国刑法规定的犯罪。刘某虽在国外犯罪，但是题目中明确交代刘某伪造私人印章在我国不构成犯罪，因此，刘某的行为不构成诉讼时效中断。刘某在逃亡18年后又过了4年才被公安机关发现，此时距杀人行为已经过了22年，已过最长的追诉时效期限20年，因此不能再行追诉刘某故意杀人的刑事责任。D项错误。

2. [答案] AC　　[难度] 中

[考点] 追诉时效的期限、追诉期限的计算

[命题和解题思路] 本题考查了追诉期限及其计算以及不受追诉期限限制的情形。只要熟练掌握《刑法》第87条、第88条、第89条，本题便能够做对。但是，本题需要对所涉及的罪名的法定最低刑有所了解，可以说考查的还是非常细致的。

[选项分析] 我国的追诉时效并非超过20年就绝对不能追诉。根据《刑法》第87条第4项的规定，法定最高刑为无期徒刑、死刑的，经过20年。如果20年后认为必须追诉的，须报经最高人民检察院核准。所以，甲犯劫持航空器罪即便超过30年，但只要报请最高人民检察院核准，仍可以追究其刑事责任。A项正确。

B项是重点干扰项。《刑法》第384条规定挪用公款罪的行为情状之一为挪用公款数额较大，超过3个月未还。乙在2013年1月10日挪用公款，但未用于非法活动或营利活动，如果乙在临近期满3个月之前归还挪用的公款，其便不成立挪用公款罪。所以乙成立挪用公款罪之日并非挪用之日，而是挪用之日期满3个月后，据此，其追诉期限肯定不是从1月10日起计算。B项错误。

故意轻伤的法定最高刑为3年有期徒刑，因此，对丙的追诉期限为5年，在2005年时已经过了追诉时效。只有在2005年之前李某报案而公安机关未立案的，才符合《刑法》第88条第2款的规定，即“被害人在追诉期限内提出控告，人民法院、人民检察院、公安机关应当立案而不予立案的，不受追诉期限的限制”。李某直到2008年才报案，所以应当认定对丙故意伤害罪的追诉期限已经届满。C项正确。

基于罪责自负原则，追诉时效应该根据犯罪人各自犯罪的情况来计算，而不能根据共同犯罪中他人的追诉期限来计算。《刑法》第89条第2款规定：“在追诉期限以内又犯罪的，前罪追诉的期限从犯后罪之日起计算。”这里的前罪、后罪均指同一个犯罪人。D项中王某的追诉期限应从其抢夺之日起计算，而对于与王某共同实施合同诈骗的丁的追诉期限应从其合同诈骗罪成立之日起计算。D项错误。

第十四章　危害公共安全罪

试　题

第一节　交通肇事罪

1. 关于危害公共安全罪的认定，下列哪一选项是正确的？（2017-2-12）

A. 猎户甲合法持有猎枪，猎枪被盗后没有及时报告，造成严重后果。甲构成丢失枪支不报罪

B. 乙故意破坏旅游景点的缆车的关键设备，致数名游客从空中摔下。乙构成破坏交通设施罪

C. 丙吸毒后驾车将行人撞成重伤（负主要责任），但毫无觉察，驾车离去。丙构成交通肇事罪

D. 丁被空姐告知“不得打开安全门”，仍拧开安全门，致飞机不能正点起飞。丁构成破坏交通工具罪

2. 甲将私家车借给无驾照的乙使用。乙夜间驾车与其叔丙出行，途中遇刘某过马路，不慎将其撞成重伤，车辆亦受损。丙下车查看情况，对

乙谎称自己留下打电话叫救护车，让乙赶紧将车开走。乙离去后，丙将刘某藏匿在草丛中离开。刘某因错过抢救时机身亡。对此，下列选项正确的是：（2016-2-86）

A. 乙交通肇事后逃逸致刘某死亡，构成交通肇事逃逸致人死亡

B. 乙交通肇事且致使刘某死亡，构成交通肇事罪与过失致人死亡罪，数罪并罚

C. 丙与乙都应对刘某的死亡负责，构成交通肇事罪的共同正犯

D. 丙将刘某藏匿致使其错过抢救时机身亡，构成故意杀人罪

3. 乙（15 周岁）在乡村公路驾驶机动车时过失将吴某撞成重伤。乙正要下车救人，坐在车上的甲（乙父）说："别下车！前面来了许多村民，下车会有麻烦。"乙便驾车逃走，吴某因流血过多而亡。关于本案，下列哪一选项是正确的？（2014-2-13）

A. 因乙不成立交通肇事罪，甲也不成立交通肇事罪

B. 对甲应按交通肇事罪的间接正犯论处

C. 根据司法实践，对甲应以交通肇事罪论处

D. 根据刑法规定，甲、乙均不成立犯罪

4. 甲在建筑工地开翻斗车。某夜，甲开车时未注意路况，当场将工友乙撞死、丙撞伤。甲背丙去医院，想到会坐牢，遂将丙弃至路沟后逃跑。丙不得救治而亡。关于本案，下列哪一选项是错误的？（2013-2-12）

A. 甲违反交通运输管理法规，因而发生重大事故，致人死伤，触犯交通肇事罪

B. 甲在作业中违反安全管理规定，发生重大伤亡事故，触犯重大责任事故罪

C. 甲不构成交通肇事罪与重大责任事故罪的想象竞合犯

D. 甲为逃避法律责任，将丙带离事故现场后遗弃，致丙不得救治而亡，还触犯故意杀人罪

第二节　以危险方法危害公共安全罪

1. 下列哪一情形构成以危险方法危害公共安全罪？（2022 年回忆版）

A. 甲在公交车上因为玩手机错过了下车时间，与司机发生争吵，抢夺司机方向盘

B. 乙从高空向下扔正在燃烧的蜂窝煤

C. 丙为了杀戊，改装了戊的摩托车，戊骑摩托车撞死了人

D. 丁在公交车上与司机争吵打斗，导致公交车与其他车辆相撞

2. 下列哪些情形构成危害公共安全？（2020 年回忆版）

A. 甲盗窃公共道路上的窨井盖，因此出现车辆交通事故，致多人死伤

B. 公交司机乙驾驶途中被乘客辱骂后与其互殴，公交车失去控制坠入河中，致多人死伤

C. 乘客丙抢夺正在行驶中的公共汽车方向盘，车辆与对向驶来的卡车相撞，致多人死伤

D. 丁自高空向地面抛掷燃烧物，致多人死伤

3. 甲一直从事卖迷药的业务，其明知乙将使用迷药进行抢劫等犯罪活动，仍然将迷药的使用方法教给乙。乙用迷药迷倒丙后拿走了财物，后多次使用该迷药实施犯罪行为。关于甲的行为定性，下列哪一说法是错误的？（2018 年回忆版）

A. 甲的行为成立以危险方法危害公共安全罪，因为该行为会导致乙实施不特定的犯罪

B. 甲的行为不成立以危险方法危害公共安全罪，因为出售迷药的行为不会危害公共安全

C. 乙的行为成立抢劫罪

D. 甲的行为成立抢劫罪的帮助犯，亦触犯了传授犯罪方法罪，属于想象竞合

4. 甲对拆迁不满，在高速公路中间车道用树枝点燃一个焰高约 20 厘米的火堆，将其分成两堆后离开。火堆很快就被通行车辆轧灭。关于本案，下列哪一选项是正确的？（2016-2-12）

A. 甲的行为成立放火罪

B. 甲的行为成立以危险方法危害公共安全罪

C. 如认为甲的行为不成立放火罪，那么其行为也不可能成立以危险方法危害公共安全罪

D. 行为危害公共安全，但不构成放火、决水、爆炸等犯罪的，应以以危险方法危害公共安全罪论处

第三节　投放危险物质罪

下列哪些行为构成投放危险物质罪？（2017-2-57）

A. 甲故意非法开启实验室装有放射性物质的容器，致使多名实验人员遭受辐射

B. 乙投放毒害性、放射性、传染病病原体之外的其他有害物质，危害公共安全

C. 丙欲制造社会恐慌气氛，将食品干燥剂粉末冒充炭疽杆菌，大量邮寄给他人

D. 丁在食品中违法添加易使人形成瘾癖的罂粟壳粉末，食品在市场上极为畅销

详　解

第一节　交通肇事罪

1. [答案] C　　[难度] 中

[考点] 丢失枪支不报罪、破坏交通设施罪、交通肇事罪、破坏交通工具罪

[命题和解题思路] 命题人主要考查考生对于危害公共安全罪章中的丢失枪支不报罪、交通肇事罪、破坏交通工具罪、破坏交通设施罪等罪名犯罪构成的理解和适用。当然，这一题从某种意义上说并不完全是考查刑法知识点的，也是考常识和考生的仔细程度的。例如，缆车到底是交通工具还是交通设施，飞机起飞和登机的区别等。而刑法知识点则相对简单，就是考丢失枪支不报罪、交通肇事罪的构成要件和重要司法解释等，考生如果熟悉，一般不会做错。

[选项分析] A 项是干扰项。《刑法》第 129 条“丢失枪支不报罪”规定：“依法配备公务用枪的人员，丢失枪支不及时报告，造成严重后果的……”可见，只有依法配备公务用枪的人员才能成为本罪的主体，而猎户显然不符合这一主体身份。因此，甲不成立丢失枪支不报罪。A 项错误。

B 项是重点干扰项。《刑法》第 116 条“破坏交通工具罪”规定：“破坏火车、汽车、电车、船只、航空器，足以使火车、汽车、电车、船只、航空器发生倾覆、毁坏危险，尚未造成严重后果的……”本题中景点的缆车实际上是属于“电车”，乙故意破坏旅游景点的缆车的关键设备而非缆车的轨道，因此，属于破坏交通工具罪，而不是破坏交通设施罪。B 项错误。

C 项涉及交通肇事罪中的一个重要司法解释。根据最高人民法院《关于审理交通肇事刑事案件具体应用法律若干问题的解释》第 2 条第 2 款的规定，交通肇事致 1 人以上重伤，负事故全部或者主要责任，并具有酒后、吸食毒品后驾驶机动车辆以及无驾驶资格驾驶机动车辆等 6 种特定情形之一的，以交通肇事罪定罪处罚。因此，丙吸毒后驾车将行人撞成重伤且负主要责任的，按照前述司法解释的规定，应当论以交通肇事罪。C 项正确。实际上，即使不熟悉这一司法解释，毒驾也是违反交通管理法规的，造成 1 人重伤（负主要责任）的结果，显然应当负刑事责任。

D 项中，飞机起飞前打开安全门，可见还没有造成足以使飞机发生倾覆、毁坏的危险，而破坏交通工具罪要求必须是足以使火车、汽车、航空器等发生倾覆、毁坏危险的行为。因此，丁的行为不成立破坏交通工具罪。如果考生平时比较关注新闻，就会发现有新闻中报道乘客登机后私自打开安全门，被以《治安管理处罚法》处罚并承担民事责任的案例，如果看到诸如此类的新闻，本项将不会做错。D 项错误。

2. [答案] D　　[难度] 中

[考点] 交通肇事罪、因果关系中的介入因素

[命题和解题思路] 本题表面上考查的是交通肇事罪的认定问题。但实际上，命题人主要考查的是因果关系的介入因素和故意杀人罪的认定问题。另外，如果考生只知晓最高人民法院《关于审理交通肇事刑事案件具体应用法律若干问题的解释》，但对知识点的把握不太深入，可能会错误地受该司法解释内容的影响，把乙和丙当作共犯。从本题的命题技巧看，其实一定程度上降低了本题的难度，因为 ABC 项都是相互联系的，一旦否定乙成立逃逸致人死亡，就可以直接排除 ABC 项，得到正确答案 D。

[选项分析] 乙夜间无照驾驶不慎将刘某撞成重伤后将车开走，显然至少负主要责任，成立交通肇事逃逸应当没有问题。但被害人的死亡结果能否归属于乙的逃逸则是另外的问题，这涉及因果关系中的介入因素的考量，题目中明确指出“丙将刘某藏匿在草丛中离开。刘某因错过抢救时机身亡”。可见，如果不是将其藏匿，而是及时送医，将会抢救过来，不会导致其死亡。从中可以得出，肇事逃逸这一前行为对死亡结果的作用并不是非常重要，介入的“藏匿在草丛中”的情节才是对死亡结果有异常、重要的原因。由此，死亡结果不能归于肇事逃逸行为。乙不成立肇事逃

逸致人死亡。A 项错误。

既然刘某的死亡结果不能归于乙的肇事逃逸行为，因此，不能构成交通肇事罪与过失致人死亡罪。B 项错误。

乙不应当对刘某的死亡结果负责。因此，C 项错误。

丙故意将重伤的刘某藏匿于草丛中，属于以作为的方式提升被害人的死亡风险，最终实现了该风险，因此，成立作为的故意杀人罪。D 项正确。

易混淆点解析

需要注意的是，本案的情形和最高人民法院《关于审理交通肇事刑事案件具体应用法律若干问题的解释》第 5 条第 2 款规定的情形不同。该款规定："交通肇事后，单位主管人员、机动车辆所有人、承包人或者乘车人指使肇事人逃逸，致使被害人因得不到救助而死亡的，以交通肇事罪的共犯论处。"该司法解释说的是死亡结果系乘车人指使肇事者逃逸而没有及时救助所致，本案尽管也是乘车人指使肇事者逃逸，但是死亡属于乘车人故意犯罪所致，因而不能将其认定为交通肇事罪的共犯。

3. [答案] C　　[难度] 中

[考点] 交通肇事罪、共犯的成立

[命题和解题思路] 本题一定程度上涉及学理和司法解释的冲突，最高人民法院《关于审理交通肇事刑事案件具体应用法律若干问题的解释》第 5 条第 2 款规定："交通肇事后，单位主管人员、机动车辆所有人、承包人或者乘车人指使肇事人逃逸，致使被害人因得不到救助而死亡的，以交通肇事罪的共犯论处。"如果按照该规定，甲将构成交通肇事罪的共犯，即 C 项是正确的。但实际上，交通肇事罪是一种典型的过失犯罪，按照我国的通说观点，过失犯罪不能成立共犯。这一司法解释在学界产生了较大争议。如果按照学界的观点，甲、乙不能构成交通肇事罪的共犯，但要注意，其仍可能构成其他犯罪。

[选项分析] 乙未满 15 周岁，尚未达到完全刑事责任年龄，因此，确实对交通肇事罪不负刑事责任。但如果考虑到最高人民法院《关于审理交通肇事刑事案件具体应用法律若干问题的解释》第 5 条第 2 款的规定，甲将构成交通肇事罪的共犯，理由是共犯是不法层面的问题，不涉及刑事责任年龄的考量，即使乙没有达到刑事责任年龄，也不影响与甲之间成立共犯，当然，这么说是在排除了司法解释本身存在的上述问题的基础上的。无论如何，司法解释尚具有效力，下级司法机关在审理类似案件时必须适用。因此，甲构成交通肇事罪。A 项错误。

如果将甲当作间接正犯，那也不能成立交通肇事罪的间接正犯，原因是交通肇事罪是过失犯，而一般认为主观上如果是过失，将不可能存在支配性和操纵性的可能，因此，不可能成为间接正犯。当然，甲还是可能成立诸如遗弃罪、故意杀人罪的间接正犯的。B 项错误。

命题人不可能直接说根据司法解释，因为其很可能是反对这个司法解释的观点的，因此，只能说，根据司法实践—这其实是一种客观的现象。而前述已经分析了，按照该司法解释，甲是构成交通肇事罪的共犯，成立交通肇事罪。C 项正确。

乙如果明知吴某失血过多，亟待救助而仍逃逸，不排除可以构成不作为的故意杀人罪。对甲来说，即使从学理上说，不能成立交通肇事罪的共犯，但仍可能构成遗弃罪，甚至是不作为的故意杀人罪（教唆犯）。D 项错误。

4. [答案] A　　[难度] 易

[考点] 交通肇事罪、重大责任事故罪

[命题和解题思路] 命题人试图考查交通肇事罪和重大责任事故罪的区分，当然本题题干交代得不清楚，某夜甲到底是在建筑工地开的翻斗车，还是在一般的道路上开的私家车。这会导致不同的结论。从考题更为明晰的角度来说，命题人应该使用"甲开翻斗车时"这种描述。考生要准确解答本题，必须掌握的要点是只有在公共交通管理范围之内的道路上违反交通管理法规，发生机动车事故时才有可能适用交通肇事罪，否则便只能认定其他过失犯罪。

[选项分析] 需要注意的是，交通肇事罪和重大责任事故罪所保护的法益、构成要件是不同的，前者保护的法益是公共道路交通安全，即不特定或多数交通参与者的生命、健康和财产安全，因此，只有公共道路上的参与主体才有可能适用交通肇事罪。正是基于这个道理，最高人民法院《关于审理交通肇事刑事案件具体应用法律若干问

题的解释》第 8 条明确规定："在实行公共交通管理的范围内发生重大交通事故的，依照刑法第一百三十三条和本解释的有关规定办理。在公共交通管理的范围外，驾驶机动车辆或者使用其他交通工具致人伤亡或者致使公共财产或者他人财产遭受重大损失，构成犯罪的，分别依照刑法第一百三十四条、第一百三十五条、第二百三十三条等规定定罪处罚。"根据本题题干的表述，甲应该是在建筑工地开翻斗车的过程中未适当履行注意义务导致发生重大事故，因此，不应当成立交通肇事罪。A 项论述错误，当选。

《刑法》第 134 条规定的"重大责任事故罪"，是指在生产、作业中违反有关安全管理的规定，因而发生重大伤亡事故或者造成其他严重后果的行为。甲在工地作业过程中，未适当履行注意义务导致一死一伤，符合重大责任事故罪的构成要件，成立重大责任事故罪。B 项正确，不当选。

由于甲只成立重大责任事故罪，其行为不符合交通肇事罪的构成要件，不成立交通肇事罪，所以不能成立交通肇事罪和重大责任事故罪的想象竞合犯。C 项正确，不当选。

甲在发生事故致丙受伤后将丙带离现场，使得丙丧失了被救助的机会，这种隐藏或遗弃行为直接提升了丙的死亡风险，并且甲对此也有认识与放任，因而，成立故意杀人罪。D 项正确，不当选。

第二节　以危险方法危害公共安全罪

1. [答案] D　　[难度] 中

[考点] 以危险方法危害公共安全罪、放火罪、妨害安全驾驶罪、高空抛物罪

[命题和解题思路] 刑法客观题历来重视对于最新刑法修正案的考查，而《刑法修正案（十一）》中高空抛物罪、妨害安全驾驶罪又是学界普遍关注的重点修改内容。因此，法考命题专家以此来命题是可以预见的。不过一般来说，考查最新司法解释或刑法修正案的题不会太难，基本都是直接考查知识点的，考生只要对相关司法解释或修正案的内容比较熟悉，将不用害怕这类题目。例如，如果清楚妨害安全驾驶罪的法定刑和典型案例，AD 项将不会选错。

[选项分析]《刑法》第 133 条之二第 1 款规定："对行驶中的公共交通工具的驾驶人员使用暴力或者抢控驾驶操纵装置，干扰公共交通工具正常行驶，危及公共安全的，处一年以下有期徒刑、拘役或者管制，并处或者单处罚金。"可见，该罪是一个典型的轻罪。而以危险方法危害公共安全罪中的危险方法是与放火、决水、爆炸以及投放危险物质行为的危害性相当的，其基本犯的法定刑是 3 年以上 10 年以下有期徒刑。A 项属于典型的妨害安全驾驶的行为，还达不到以危险方法危害公共安全罪的程度，不符合竞合的情况，不能成立以危险方法危害公共安全罪。A 项不当选。

乙从高空向下扔正在燃烧的蜂窝煤的行为，造成人员伤亡或财产损失的范围较小，不具有造成不特定多数人伤亡或者重大财产损失的危险，不构成以危险方法危害公共安全罪，而应构成高空抛物罪。需要注意的是，高空抛物罪所保护的法益并非公共安全，而是社会管理秩序。因此，其不构成以危险方法危害公共安全罪，但并不妨碍成立高空抛物罪。B 项不当选。

丙改装戊摩托车的行为，主观上是想杀死戊，而客观上由于摩托车无法造成不特定或多数人的生命、健康、财产损失，因此，丙的行为并不构成以危险方法危害公共安全罪。C 项不当选。

《刑法》第 133 条之二第 3 款规定："有前两款行为，同时构成其他犯罪的，依照处罚较重的规定定罪处罚。"丁在公交车上与司机打架，并且发生了严重的交通事故，不仅构成妨害安全驾驶罪，也达到了以危险方法危害公共安全罪的危害性程度，属于想象竞合，根据前述规定，应当按照重罪，即以危险方法危害公共安全罪定罪处罚。D 项当选。

2. [答案] ABCD　　[难度] 易

[考点] 公共安全的概念及认定

[命题和解题思路]"危害公共安全罪"一章属于历年来的法考重点。特别是近年来"两高"出台了多个指导性意见，用来规范"危害公共安全罪"章节罪名的认定。本题主要针对盗窃窨井盖、危害公共交通工具运行安全、高空抛物等常见多发行为的司法认定等设置选项。考生只要熟记相应的司法解释即可作答，但即使对有些司法解释不熟悉，也可以根据刑法法理推断出来，命题人不太可能考非常生僻且与学理无关甚至相背离的司法解释的内容。

［选项分析］A 项考查的是《关于办理涉窨井盖相关刑事案件的指导意见》中盗窃、破坏正在使用中的社会机动车通行道路上的窨井盖，足以使汽车、电车发生倾覆、毁坏危险的危害公共安全的行为。实际上，根据生活常识，盗窃公共道路上的窨井盖是会造成车辆倾覆、人员伤亡后果的。A 项正确。

B 项考查的是《关于依法惩治妨害公共交通工具安全驾驶违法犯罪行为的指导意见》中驾驶人员在公共交通工具行驶过程中，与乘客发生纷争后违规操作或者擅离职守，与乘客厮打、互殴，危害公共安全的行为。《刑法》第 133 条之二第 2 款规定："前款规定的驾驶人员在行驶的公共交通工具上擅离职守，与他人互殴或者殴打他人，危及公共安全的，依照前款的规定处罚。" B 项正确。

C 项考查的是《关于依法惩治妨害公共交通工具安全驾驶违法犯罪行为的指导意见》中乘客在公共交通工具行驶过程中，抢夺方向盘、变速杆等操纵装置，危害公共安全的行为。C 项正确。

D 项考查的是《关于依法妥善审理高空抛物、坠物案件的意见》中高空抛物危害公共安全的行为。D 项正确。

3. ［答案］A　　［难度］中

［考点］帮助犯、以危险方法危害公共安全罪、传授犯罪方法罪

［命题和解题思路］本题主要想考查考生对于帮助犯以及以危险方法危害公共安全罪和传授犯罪方法罪的掌握。本题中的难点在于传授犯罪方法罪有点偏，且考生容易误以为该罪与使用所传授方法实施的具体犯罪是相斥关系。此处要注意，如果被传授者对于使用所传授的犯罪方法实施犯罪还未进入预备阶段（可能有人会说，根据共犯从属性原则，不是要等到实行犯着手后才能处罚共犯吗？需要注意，共犯从属性是以德、日刑法理论为语境的，这些国家的刑法中基本不认为预备犯具有可罚性，处罚犯罪预备属于极其例外的情形；而根据我国刑法的规定，所有犯罪都有预备形态，故都具有可罚性），那么，传授者将不能构成帮助犯。

［选项分析］对于以危险方法危害公共安全罪中危害方法的解释，并非只要行为危害了不特定人的安全便满足条件，按照同类解释的原理，危险方法必须达到与放火、爆炸、投放危险物质等行为具有等质性危害的程度。教授他人迷药使用方法所具有的危害性与放火等显然不可同日而语，因此，甲不成立以危险方法危害公共安全罪。A 项错误，当选；B 项正确，不当选。

乙使用迷药将他人迷倒后取财，属于抢劫手段中的"其他方法"，成立抢劫罪。C 项正确，不当选。

本题题干中说的是"将使用"，说明乙对于抢劫行为已经提上日程，换言之，对于抢劫犯罪至少已经处于准备工具的预备阶段，此时，甲告知乙使用迷药的方法，可以成立抢劫罪预备阶段的帮助。另外，甲的行为也符合《刑法》第 295 条传授犯罪方法罪的构成要件，成立传授犯罪方法罪。最终论以抢劫罪帮助犯和传授犯罪方法罪的想象竞合。D 项正确，不当选。

4. ［答案］C　　［难度］易

［考点］放火罪、以危险方法危害公共安全罪

［命题和解题思路］本题主要考查放火罪与以危险方法危害公共安全罪的竞合问题。本题的关键点在于放火罪基本犯中的危害公共安全之程度的把握，而对此的判断，需要结合放火的时间、地点、火苗是否容易失控导致周边物体燃烧。本题中的树枝如果点燃后，根本无法引燃道路或者上面的附属物，也无法使来往车辆面临被烧毁的危险，那么，就不会构成放火罪的基本犯。当然，如果虽不能使来往车辆被烧毁，但可能由于火势过大，导致过往司机视线受阻或导致必然出现其他危险驾驶的行为，那么，也可能构成破坏交通设施罪或以危险方法危害公共安全罪。

［选项分析］本题中，按照题干的交代，所生的两个火堆很快就被通行车辆轧灭，结合甲放火的地点以及对象物燃烧的实际情况来看，高速公路本身及其路面的附属物不太可能被点燃，而火堆根据其高度和燃烧物判断，其燃烧规模程度也不足以威胁到往来车辆的安全。所以，尽管甲有放火行为，但未危害到公共安全，不成立放火罪。A 项错误。

既然因没有造成公共安全的危险，而不构成放火罪，那么，也不会成立以危险方法危害公共安全罪，因为该罪的成立前提同样也必须危害到

公共安全，且行为本身的危险程度要与放火罪相当。按照 A 项的分析，甲的行为并未危害公共安全。因此，BD 项错误，C 项正确。

第三节　投放危险物质罪

[答案] AB　　[难度] 易

[考点] 投放危险物质罪

[命题和解题思路] 本题主要考查考生对于投放危险物质罪犯罪构成的理解。投放危险物质罪，是指故意投放毒害性、放射性、传染病病原体等物质，危害公共安全的行为。考生只要对本罪的犯罪构成有基本的认知和掌握即可。本题可以说是送分题。

[选项分析] 投放危险物质罪，是指投放毒害性、放射性、传染病病原体等物质或者以其他危险方法危害公共安全的行为。其行为方式包括直接将危险物质投放于供不特定或者多数人饮用的食品或饮料中，将危险物质投放于供人、畜等使用的河流、池塘、水井等处，以及释放危险物质，如将毒害性和放射性物质打开后置于公共场所。因此，甲故意非法开启实验室装有放射性物质的容器，致使多名实验人员遭受辐射，构成投放危险物质罪。A 项正确。

《刑法》第 114 条规定的投放危险物质罪的罪状中是用“等物质”来表述的，这里的“等”没有理由是“等内”，因为立法者面对纷繁复杂的有害物质，从法益保护的角度来说，没有理由对其进行限定，而理应将这里的“等物质”理解为是“等外”，即投放毒害性、放射性、传染病病原体之外的其他有害物质，危害公共安全，也应该成立投放危险物质罪。B 项正确。

投放危险物质罪属于“危害公共安全罪”章中的罪名，因此其保护的法益必定和公共安全有关联，将食品干燥剂粉末冒充炭疽杆菌大量邮寄给他人以制造恐怖气氛，事实上却不可能危及不特定或多数人的生命、健康安全，因此不应当认定为投放危险物质罪，而仅构成《刑法》第 291 条之一规定的投放虚假危险物质罪。C 项错误。

罂粟壳粉末无疑是有害物质，在食品中添加该物质，确实侵害了不特定或多数人的身体健康，但投放危险物质罪是具体危险犯，添加罂粟壳粉末的危害性不可能产生与毒害性、放射性、传染病病原体一样的对公众生命、健康的高度、紧迫危险，据此，丁的行为不成立投放危险物质罪，而是成立生产、销售有毒、有害食品罪。D 项错误。

第十五章　破坏社会主义市场经济秩序罪

试　题

第一节　生产、销售、提供假药罪

1. 甲、乙二人合谋，由甲负责制作一种假药，由乙负责假冒医生欺骗患者使用该假药。后经调查发现，甲生产的假药足以危害病人健康且事实上造成了就医者重伤。对于甲、乙二人的行为性质，下列哪一说法是正确的？（2019 年回忆版）

A. 诈骗罪与非法行医罪的想象竞合

B. 销售假药罪与生产假药罪数罪并罚

C. 诈骗罪与生产、销售假药罪的想象竞合

D. 非法行医罪与生产、销售假药罪数罪并罚

2. 下列哪一犯罪属抽象危险犯？（2015-2-14）

A. 污染环境罪

B. 投放危险物质罪

C. 破坏电力设备罪

D. 生产、销售假药罪

第二节　生产、销售有毒、有害食品罪

1. 关于生产、销售伪劣商品罪，下列哪些选项是正确的？（2016-2-57）

A. 甲既生产、销售劣药，对人体健康造成严重危害，同时又生产、销售假药的，应实行数罪并罚

B. 乙为提高猪肉的瘦肉率，在饲料中添加“瘦肉精”。由于生猪本身不是食品，故乙不构成生产有毒、有害食品罪

C. 丙销售不符合安全标准的饼干，足以造成严重食物中毒事故，但销售金额仅有 500 元。对丙应以销售不符合安全标准的食品罪论处

D. 丁明知香肠不符合安全标准，足以造成严重食源性疾患，但误以为没有毒害而销售，事实上香肠中掺有有毒的非食品原料。对丁应以销售不符合安全标准的食品罪论处

2. 关于生产、销售伪劣商品罪，下列哪些判决是正确的？（2014-2-58）

A. 甲销售的假药无批准文号，但颇有疗效，销售金额达 500 万元，如按销售假药罪处理会导致处罚较轻，法院以销售伪劣产品罪定罪处罚

B. 甲明知病死猪肉有害，仍将大量收购的病死猪肉，冒充合格猪肉在市场上销售。法院以销售有毒、有害食品罪定罪处罚

C. 甲明知贮存的苹果上使用了禁用农药，仍将苹果批发给零售商。法院以销售有毒、有害食品罪定罪处罚

D. 甲以为是劣药而销售，但实际上销售了假药，且对人体健康造成严重危害。法院以销售劣药罪定罪处罚

3. 关于生产、销售伪劣商品罪，下列哪一选项是正确的？（2013-2-58）

A. 甲未经批准进口一批药品销售给医院。虽该药品质量合格，甲的行为仍构成销售假药罪

B. 甲大量使用禁用农药种植大豆。甲的行为属于“在生产的食品中掺入有毒、有害的非食品原料”，构成生产有毒、有害食品罪

C. 甲将纯净水掺入到工业酒精中，冒充白酒销售。甲的行为不属于“在生产、销售的食品中掺入有毒、有害的非食品原料”，不成立生产、销售有毒、有害食品罪

D. 甲利用“地沟油”大量生产“食用油”后销售。因不能查明“地沟油”的具体毒害成分，对甲的行为不能以生产、销售有毒、有害食品罪论处

第三节　持有、使用假币罪

下列哪一行为不成立使用假币罪（不考虑数额）？（2015-2-15）

A. 用假币缴纳罚款

B. 用假币兑换外币

C. 在朋友结婚时，将假币塞进红包送给朋友

D. 与网友见面时，显示假币以证明经济实力

第四节　信用卡诈骗罪

1. 甲、乙系表兄弟，长相相似，甲用乙的户口证明办理了身份证，得知乙的银行卡尚未绑定手机支付，遂持身份证去银行将乙的银行卡绑定自己手机支付，后去商场购物消费 3 万元，乙收到了 3 万元的扣款短信。关于甲的行为性质，下列哪一选项是正确的？（2021 年回忆版）

A. 盗窃罪　　B. 诈骗罪

C. 信用卡诈骗罪　　D. 侵占罪

2. 关于侵犯财产犯罪，下列哪一说法是错误的？（2021 年回忆版）

A. 甲盗窃王某手机（价值 3000 元），发现其微信账号余额 1 万元，遂将 1 万元转入自己的微信账户。甲成立盗窃罪一罪，犯罪数额为 1.3 万元

B. 乙盗窃张某手机（价值 3000 元），发现其微信账号没有余额，但绑定了信用卡，遂使用微信账号直接给自己微信账号转账 1 万元。乙成立盗窃罪一罪，犯罪数额为 1.3 万元

C. 丙盗窃李某手机（价值 3000 元），发现其微信账号没有余额，但绑定了信用卡，遂从信用卡往李某微信账户充值 1 万元，后再将 1 万元转入自己微信账户。丙成立盗窃罪一罪，犯罪数额为 1.3 万元

D. 丁盗窃刘某手机（价值 3000 元），发现其微信账户没有余额，也没有绑定信用卡，遂用该手机备忘录中记载的刘某信用卡信息绑定了该微信账户，后去商场使用微信扫码消费了 1 万元。丁成立盗窃罪一罪，犯罪数额为 1.3 万元

3. 甲盗窃他人信用卡后，骗乙说“捡了一张信用卡”，让乙使用。乙使用该信用卡在商场购买了价值 3.8 万元的财物。关于本案，下列哪一说法是正确的？（2019 年回忆版）

A. 乙成立信用卡诈骗罪

B. 乙是信用卡诈骗罪的正犯，甲是信用卡诈骗罪的帮助犯

C. 应按乙的行为性质确定共同犯罪的性质，甲、乙均构成信用卡诈骗罪

D. 应按甲的行为性质确定共同犯罪的性质，甲、乙均成立盗窃罪

4. 甲以虚假的身份信息申领了一张信用卡，

先后透支了4万元后按期归还了欠款。银行认为其信用度高，遂将其信用额度增至10万元。甲恶意透支10万元后拒不归还欠款。关于甲的行为，下列哪些说法是正确的？（2019年回忆版）

A. 甲成立恶意透支型信用卡诈骗罪，数额为10万元

B. 甲成立使用以虚假身份证明骗领信用卡的信用卡诈骗罪

C. 甲成立妨害信用卡管理罪与信用卡诈骗罪的牵连犯

D. 对甲应以信用卡诈骗罪和妨害信用卡管理罪数罪并罚

5. 关于信用卡诈骗罪，下列哪些选项是错误的？（2017-2-58）

A. 以非法占有目的，用虚假身份证明骗领信用卡后又使用该卡的，应以妨害信用卡管理罪与信用卡诈骗罪并罚

B. 根据司法解释，在自动柜员机（ATM机）上擅自使用他人信用卡的，属于冒用他人信用卡的行为，构成信用卡诈骗罪

C. 透支时具有归还意思，透支后经发卡银行两次催收，超过3个月仍不归还的，属于恶意透支，成立信用卡诈骗罪

D. 《刑法》规定，盗窃信用卡并使用的，以盗窃罪论处。与此相应，拾得信用卡并使用的，就应以侵占罪论处

6. 甲和女友乙在网吧上网时，捡到一张背后写有密码的银行卡。甲持卡去ATM机取款，前两次取出5000元。在准备再次取款时，乙走过来说："注意，别出事"，甲答："马上就好。"甲又分两次取出6000元，并将该6000元递给乙。乙接过钱后站了一会儿说："我走了，小心点。"甲接着又取出7000元。关于本案，下列哪些选项是正确的？（2015-2-57）

A. 甲拾得他人银行卡并在ATM机上使用，根据司法解释，成立信用卡诈骗罪

B. 对甲前两次取出5000元的行为，乙不负刑事责任

C. 乙接过甲取出的6000元，构成掩饰、隐瞒犯罪所得罪

D. 乙虽未持银行卡取款，也构成犯罪，犯罪数额是1.3万元

7. 甲、乙为朋友。乙出国前，将自己的借记卡（背面写有密码）交甲保管。后甲持卡购物，将卡中1.3万元用完。乙回国后发现卡里没钱，便问甲是否用过此卡，甲否认。关于甲的行为性质，下列哪一选项是正确的？（2013-2-15）

A. 侵占罪　　B. 信用卡诈骗罪

C. 诈骗罪　　D. 盗窃罪

第五节　逃税罪

1. 甲系外贸公司总经理，在公司会议上拍板：为物尽其用，将公司以来料加工方式申报进口的原材料剩料在境内销售。该行为未经海关许可，应缴税款90万元，公司亦未补缴。关于本案，下列哪一选项是正确的？（2017-2-13）

A. 虽未经海关许可，但外贸公司擅自销售原材料剩料的行为发生在我国境内，不属于走私行为

B. 外贸公司的销售行为有利于物尽其用，从利益衡量出发，应认定存在超法规的犯罪排除事由

C. 外贸公司采取隐瞒手段不进行纳税申报，逃避缴纳税款数额较大且占应纳税额的10%以上，构成逃税罪

D. 如海关下达补缴通知后，外贸公司补缴应纳税款，缴纳滞纳金，接受行政处罚，则不再追究外贸公司的刑事责任

2. 朱某系某县民政局副局长，率县福利企业年检小组到同学黄某任厂长的电气厂年检时，明知该厂的材料有虚假、残疾员工未达法定人数，但朱某以该材料为准，使其顺利通过年检。为此，电气厂享受了不应享受的退税优惠政策，获取退税300万元。黄某动用关系，帮朱某升任民政局局长。检察院在调查朱某时发现，朱某有100万元财产明显超过合法收入，但其拒绝说明来源。在审查起诉阶段，朱某交代100万元系在澳门赌场所赢，经查证属实。关于黄某使电气厂获取300万元退税的定性，下列分析错误的是：（2015-2-91）

A. 具有逃税性质，触犯逃税罪

B. 具有诈骗属性，触犯诈骗罪

C. 成立逃税罪与提供虚假证明文件罪，应数罪并罚

D. 属单位犯罪，应对电气厂判处罚金，并对黄某判处相应的刑罚

第六节　非法经营罪

1. 刘某在未取得药品进出口批准许可证的情况下，擅自从国外购入可以治疗丙型肝炎的药品（在国外属于合格药品）销售给国内患者，获利30余万元，患者使用后均有明显好转。关于刘某行为的性质，下列哪一选项是正确的？（2023年回忆版）

A. 构成非法经营罪

B. 不构成犯罪

C. 构成妨害药品管理罪

D. 构成销售假药罪

2. 甲送给国有收费站站长吴某3万元，与其约定：甲在高速公路另开出口帮货车司机逃费，吴某想办法让人对此不予查处，所得由二人分成。后甲组织数十人，锯断高速公路一侧隔离栏、填平隔离沟（恢复原状需3万元），形成一条出口。路过的很多货车司机知道经过收费站要收300元，而给甲100元即可绕过收费站继续前行。甲以此方式共得款30万元，但骗吴某仅得20万元，并按此数额分成。关于甲非法获利的定性，下列分析正确的是：（2015-2-87）

A. 擅自经营收费站收费业务，数额巨大，构成非法经营罪

B. 即使收钱时冒充国有收费站工作人员，也不构成招摇撞骗罪

C. 未使收费站工作人员基于认识错误免收司机过路费，不构成诈骗罪

D. 骗吴某仅得20万元的行为，构成隐瞒犯罪所得罪

第七节　走私普通货物、物品罪

下列哪些行为（不考虑数量），应以走私普通货物、物品罪论处？（2015-2-61）

A. 将白银从境外走私进入中国境内

B. 走私国家禁止进出口的旧机动车

C. 走私淫秽物品，有传播目的但无牟利目的

D. 走私无法组装并使用（不属于废物）的弹头、弹壳

第八节　非法吸收公众存款罪

关于破坏社会主义市场经济秩序罪的认定，下列哪一选项是错误的？（2014-2-14）

A. 采用运输方式将大量假币运到国外的，应以走私假币罪定罪量刑

B. 以暴力、胁迫手段强迫他人借贷，情节严重的，触犯强迫交易罪

C. 未经批准，擅自发行、销售彩票的，应以非法经营罪定罪处罚

D. 为项目筹集资金，向亲戚宣称有高息理财产品，以委托理财方式吸收10名亲戚300万元资金的，构成非法吸收公众存款罪

第九节　保险诈骗罪、集资诈骗罪

1. 关于诈骗犯罪的论述，下列哪一选项是正确的（不考虑数额）？（2017-2-14）

A. 与银行工作人员相勾结，使用伪造的银行存单，骗取银行巨额存款的，只能构成票据诈骗罪，不构成金融凭证诈骗罪

B. 单位以非法占有目的骗取银行贷款的，不能以贷款诈骗罪追究单位的刑事责任，但可以该罪追究策划人员的刑事责任

C. 购买意外伤害保险，制造自己意外受重伤假象，骗取保险公司巨额保险金的，仅构成保险诈骗罪，不构成合同诈骗罪

D. 签订合同时并无非法占有目的，履行合同过程中才产生非法占有目的，后收受被害人货款逃匿的，不构成合同诈骗罪

2. 甲将私家车借给无驾照的乙使用。乙夜间驾车与其叔丙出行，途中遇刘某过马路，不慎将其撞成重伤，车辆亦受损。丙下车查看情况，对乙谎称自己留下打电话叫救护车，让乙赶紧将车开走。乙离去后，丙将刘某藏匿在草丛中离开。刘某因错过抢救时机身亡。为逃避刑事责任，乙找到有驾照的丁，让丁去公安机关“自首”，谎称案发当晚是丁驾车。丁照办。公安机关找甲取证时，甲想到若说是乙造成事故，自己作为被保险人就无法从保险公司获得车损赔偿，便谎称当晚将车借给了丁。后甲找到在私营保险公司当定损员的朋友陈某，告知其真相，请求其帮忙向保险公司申请赔偿。陈某遂向保险公司报告说是丁驾

车造成事故，并隐瞒其他不利于甲的事实。甲顺利获得 7 万元保险赔偿。对此，下列选项正确的是：(2016-2-88)

A. 甲对发生的保险事故编造虚假原因，骗取保险金，触犯保险诈骗罪

B. 甲既触犯保险诈骗罪，又触犯诈骗罪，由于两罪性质不同，应数罪并罚

C. 陈某未将保险金据为己有，因欠缺非法占有目的不构成职务侵占罪

D. 陈某与甲密切配合，骗取保险金，两人构成保险诈骗罪的共犯

第十节　强迫交易罪

甲公司本无意购买房地产地块，但其具有房地产企业资质，某次报名参与竞价一地块，并告知竞买者，如果给 300 万元，甲公司即退出竞争。甲公司因此先后两次获利共 600 万元，第 3 次欲以相同方式获利，但无竞买者支付，甲公司自动退出竞价。甲公司的行为构成下列哪一罪？(2020 年回忆版)

A. 诈骗罪

B. 强迫交易罪

C. 敲诈勒索罪

D. 串通投标罪

第十一节　洗钱罪

甲盗窃他人银行借记卡并于柜台取走卡内资金 50 万元，之后找到乙，告知其款项的真实来源，让乙帮忙将 50 万元转移到境外。关于本案，下列哪一选项是正确的？(2021 年回忆版)

A. 盗窃信用卡并使用的核心是冒用他人信用卡的行为，故甲的行为符合信用卡诈骗罪，同时成立洗钱罪的教唆犯，数罪并罚

B. 如果认为乙构成洗钱罪的正犯，则必须认定甲同时成立盗窃罪和信用卡诈骗罪，否则有违罪刑法定原则

C. 盗窃信用卡并使用的行为成立盗窃罪，但因甲的行为包含了信用卡诈骗，所以甲同时成立洗钱罪，应以盗窃罪与洗钱罪数罪并罚

D. 虽然盗窃信用卡并使用的行为包含了信用卡诈骗，但甲让乙帮助将诈骗款转移到境外的行为属于不可罚的事后行为，甲仅成立盗窃罪一罪

第十二节　侵犯商业秘密罪

甲厂派王某拿电锯威胁乙厂的田某说出商业秘密，否则就将其两条腿锯掉，田某由于害怕就说了。事后王某给田某 30 万元合作费，告诉他就当什么事都没有发生，田某收钱后未报警。对此，下列哪些说法是正确的？(2022 年回忆版)

A. 甲厂属于以贿赂手段侵犯商业秘密

B. 甲厂是侵犯商业秘密的直接正犯，没有必要认定为间接正犯

C. 田某是侵犯商业秘密的胁从犯

D. 田某构成非国家工作人员受贿罪

详　解

第一节　生产、销售、提供假药罪

1. [答案] C　　[难度] 中

[考点] 诈骗罪，非法行医罪，生产、销售、提供假药罪，想象竞合犯，数罪并罚

[命题和解题思路] 从题干可以看出，本题主要考查的罪名有非法行医罪以及生产、销售、提供假药罪，同时结合了总则部分关于共同犯罪以及想象竞合、数罪并罚制度的知识点，命题较为常规，考生只要熟悉以上知识点以及分则罪名即可做对题目。值得注意的是，出题人在题干中并没有给出乙以行医为业的信息，因此，考生应当以题干为准，不能多想、臆造没有的情节，从而导致错误。

[选项分析] 非法行医罪，是指未取得医生执业资格的人非法行医，情节严重的行为。非法行医罪属于职业犯，必须是以行医为业才能构成本罪，仅偶尔一两次的行医活动无法构成本罪。从题干信息我们无法看出乙是以行医为业，其仅仅是假冒医生欺骗患者使用假药，并未以此为职业，因此其不构成非法行医罪。AD 项错误。

甲、乙二人是事前合谋的共同犯罪关系，适用“部分实行，全部负责”的处理规则，因此两人均需对生产、销售行为负责。又因为生产、销售假药罪是选择性罪名，对于选择性罪名来说，既有生产行为又有销售行为的，也仅成立一罪，即生产、销售假药罪，不能数罪并罚。B 项错误。

题干中，甲、乙二人将假药冒充真药销售给他人，属于虚构事实欺骗他人，病人基于认识错误处分财产进而造成财产损失，当然成立诈骗罪。同时本案中的诈骗行为其实就是生产、销售假药行为，因此，甲、乙二人属于一行为触犯数罪名、数罪名保护法益又不同的想象竞合犯。C 项正确。

2. ［答案］D　　［难度］易

［考点］抽象危险犯，生产、销售假药罪

［命题和解题思路］本题主要考查抽象危险犯的概念，同时考生需对选项中的分则罪名有所熟悉。抽象危险犯是与具体危险犯相对应的概念，其上位概念是危险犯，与结果犯（实害犯）相对应。抽象危险犯一般可以与行为犯等同理解，即只要实施了行为就可以构成犯罪，并且一般来说，这种危险带来的后果是影响较为重大的，所以才不能等到具体危险的产生才构罪。而具体危险犯不仅需要行为人实施了行为，还要求造成了现实、紧迫的危险才可以构成犯罪，其在法条中的典型表述是“足以造成……危险的”。结果犯则要求行为产生了实害结果才能构成犯罪。

［选项分析］污染环境罪规定在我国《刑法》第 338 条。根据法条表述，构成污染环境罪必须要求出现“严重污染环境”的危害后果，因此，其属于结果犯。A 项错误。

投放危险物质罪规定在我国《刑法》第 114 条，属于危害公共安全的犯罪，在认定构成投放危险物质罪中，并不是行为人只要实施了投放危险物质的行为就构成，还需要判断有无产生具体的危险。例如，如果行为人在无人区投放危险物质，就不构成本罪。因此，其属于具体危险犯。B 项错误。

破坏电力设备罪规定在《刑法》第 118 条，与投放危险物质罪一样，该罪名也并不是实施行为即构成犯罪，而是需要判断是否产生具体的危险，如破坏正在检修或者尚未投入使用的电力设备，就不构成本罪。C 项错误。

生产、销售假药罪是典型的抽象危险犯，只要行为人实施了生产、销售假药的行为，就构成犯罪，因为只要行为完成，就代表着有危害人民群众的抽象危险产生。这样规定的依据是药品安全事关人民群众的生命、健康、财产安全，生产、销售假药行为具有极其严重的危害性，需要刑法进行严厉规制。D 项正确。

第二节　生产、销售有毒、有害食品罪

1. ［答案］ACD　　［难度］中

［考点］生产、销售劣药罪，生产、销售假药罪，生产、销售不符合安全标准的食品罪，生产、销售有毒、有害食品罪

［命题和解题思路］本题主要考查考生对于“破坏社会主义市场经济秩序罪”章中的生产、销售伪劣商品罪一节中相关罪名犯罪构成的理解，这一章是法考的重点章节，其罪名繁多，且罪名之间的关联性较强，因此可考性较强。但此类题目看似复杂，实则较为简单，考生需要熟悉相关条文，并能够判断罪与罪之间的关联，就能准确做出判断。

［选项分析］生产、销售劣药与生产、销售假药分属两个不同的刑法条文，是两个不同的罪名，行为人有多个行为，触犯多个罪名的，应当数罪并罚。A 项正确。

瘦肉精属于有毒、有害物质，在饲料中添加“瘦肉精”会直接影响到猪肉的品质，使其含有有毒、有害物质，因此该行为当然成立生产、销售有毒、有害食品罪。选项中以生猪不是食品为由排除该罪的适用，忽略了生猪就是为了人们食用而饲养，相对来说就是直接为人们所食用的，因此应当算作食品。B 项错误。

通过查阅生产、销售不符合安全标准的食品罪的法条，考生可以发现该罪条文中并没有设置数额要求，因此成立本罪并不要求达到一定的数额要求，销售金额仅有 500 元也可以构成本罪。从另一个角度考虑，这种关于人民生命、健康的犯罪，法官定罪最应当考虑的是其对人民健康造成的危害程度，不可能仅因为数额较小就不构成犯罪。C 项正确。

首先，从选项的表述可以看出，丁有可能构成生产、销售有毒、有害食品罪，但本罪是故意犯罪，丁误以为没有毒害因此不具备故意，从而不成立本罪。其次，我们需要想到有毒、有害食品可以被包容评价为不符合安全标准的食品，在销售不符合安全标准的食品罪的认定上，丁主客观相一致，符合该罪的犯罪构成。D 项正确。

易混淆点解析

对于本节罪名，需要特别提示考生注意以下两点：第一，生产、销售有毒、有害食品罪与生产、销售不符合安全标准的食品罪属于法条竞合的特别关系。前者是特别法条，因为成立生产、销售有毒、有害食品罪必定符合生产、销售不符合安全标准的食品罪的构成要件；反过来，构成生产、销售不符合安全标准的食品罪的行为未必符合生产、销售有毒、有害食品罪的构成要件。所以本题D项中的丁成立销售不符合安全标准的食品罪。第二，《刑法修正案（八）》将第141条生产、销售假药罪中的“足以严重危害人体健康的”删除，生产、销售假药罪由具体危险犯转变为抽象危险犯。对于刑法分则中为数不多的抽象危险犯，需要考生关注。

2. [答案] CD（原答案为ACD） [难度] 中

[考点] 销售伪劣产品罪，销售有毒、有害食品罪，销售假药罪，销售劣药罪，事实认识错误

[命题和解题思路] 本题主要考查生产、销售伪劣商品罪。该节罪名是客观题的重点考点，针对该节罪名，考生需要做到以下几点要求：（1）熟记该章的体系定位；（2）对相关条文有一定的了解；（3）了解该节罪名存在竞合，可以进行包容评价；（4）知晓“特殊优于一般，重法优于轻法”的法条竞合处理规则。只要做到以上几点，该节罪名几乎没有任何难度。

[选项分析] 国家已经修改了《药品管理法》，对于“假药”的界定回归以“疗效”为主，虽无批准文号但具有疗效的药品不再属于假药，因此该行为并不构成销售假药罪，也就不存在因为以销售假药罪定罪过轻而改用销售伪劣产品罪的说法。另外该产品同样不符合伪劣商品“掺杂掺假，以假充真，以次充好，以不合格冒充合格”的标准，亦不构成销售伪劣产品罪。A项错误。

生产、销售有毒、有害食品罪，是指行为人在生产或销售的食品中掺入有毒、有害的非食品原料，或者销售明知掺有有毒、有害的非食品原料的食品的行为。该罪的认定有两个要点：一是“掺入”行为；二是掺入的为“非食品原料”。病死猪肉虽然有害，但并不符合掺入非食品原料的行为要件，故不构成本罪。B项错误。

结合生产、销售有毒、有害食品罪的法条规定，农药属于“非食品原料”，使用农药行为可以认定为是“掺入”，因此选项中甲的行为属于销售明知掺有有毒、有害的非食品原料的食品，构成生产、销售有毒、有害食品罪。C项正确。

甲的行为在客观上符合了销售假药罪，但由于该罪是故意犯罪，甲缺乏销售假药的故意，故无法构成销售假药罪。结合“生产、销售伪劣商品罪”一节罪名存在可以包容评价而竞合的特点，我们可以想到假药可以被包容评价为劣药，从而使得甲的行为在销售劣药罪中达到主客观相统一，符合销售劣药罪的构成要件，构成该罪。D项正确。

3. [答案] B（原答案为AB） [难度] 中

[考点] 生产、销售假药罪，生产、销售有毒、有害食品罪

[命题和解题思路] 本题主要考查生产、销售假药罪和生产、销售有毒、有害食品罪两罪名，这两个罪名历年考查的频率较高，需要考生熟练掌握其构成要件。此外，仍需牢记上题中讲到的处理“生产、销售伪劣商品罪”一节罪名的四点要求，这类题目即可迎刃而解。需要注意的是，命题人在该题中考查了“掺入”的界定，这在法条中找不到答案，需要考生结合生活经验，灵活理解其内涵。

[选项分析] 国家已经修改了《药品管理法》，对于“假药”的界定回归以“疗效”为主，因此，虽未经批准进口但具有疗效的药品不再属于假药，因此该行为并不构成销售假药罪。A项错误。

生产、销售有毒、有害食品罪，是指行为人在生产或销售的食品中掺入有毒、有害的非食品原料，或者销售明知掺有有毒、有害的非食品原料的食品的行为。该罪的认定有两个要点：一是“掺入”行为；二是掺入的为“非食品原料”。农药属于“非食品原料”，使用农药行为可以认定为“掺入”，因此甲大量使用禁用农药种植大豆，构成生产有毒、有害食品罪。B项正确。

该项本来凭借常识就极易判断，但该选项的表述具有较大的迷惑性，考生看见“掺入”二字，便直接联想到生产、销售有毒、有害食品中的

"掺入"，随之认为纯净水不是非食品原料，从而不构成本罪。但本题的重点并不是纯净水而是工业酒精，考生可以转换思路，将选项表述变为"将工业酒精掺入纯净水中"，便可以得出答案。C 项错误。

"地沟油"早已被国家文件列为危害人体健康不能食用的油类，其有毒、有害性是已经明确了的，不能因为现有技术无法查明具体的毒害成分，就认定其不存在毒害成分。因此，甲利用"地沟油"大量生产"食用油"完全可以被评价为生产、销售有毒、有害食品。D 项错误。

第三节　持有、使用假币罪

［答案］D　　［难度］易

［考点］使用假币罪

［命题和解题思路］本题主要考查对使用假币罪构成要件的理解。只要考生把握住使用假币罪的保护法益在于防止假币流入市场造成国家金融管理秩序的破坏，便可将本题的分数收入囊中。换句话说，构成使用假币罪中的"使用"，必须是将假币投入市场流通（以假充真去"用"），侵犯了市场经济秩序的行为，考生可以从法益和行为定性的角度进行理解，则本题较为容易解决。

［选项分析］用假币缴纳罚款，显然已经是将假币投入市场流通的行为，构成使用假币罪。A 项不当选。

用假币兑换外币，同样是将假币投入市场流通，成立使用假币罪。B 项不当选。

将假币作为份子钱送给朋友，是用假币替代了自己应该实际支付的金钱，且会使假币流入市场，成立使用假币罪。C 项不当选。

仅仅是将假币作为显示自己有经济实力的工具以"忽悠"网友并马上收回的行为，并未将假币直接置于流通领域，没有"用"假币，不成立使用假币罪。D 项当选。

第四节　信用卡诈骗罪

1. ［答案］A　　［难度］中

［考点］信用卡诈骗罪、盗窃罪

［命题和解题思路］本题考查信用卡诈骗罪。信用卡诈骗罪是重点罪名，并且在许霆案之后，其实践热度也比较高，考查概率较大。本题的设置是该罪名的通常考查方法，即结合诈骗、盗窃信用卡等其他行为一起考查，难度不大，但需要考生能够冷静分析，通过拆解行为人的行为模式，并结合法条规定进行分析。

［选项分析］本题中，甲有两个行为，前行为是通过冒用乙的户口证明办理了身份证，并去银行将乙的银行卡绑定自己的手机支付；后行为是去商场购物消费 3 万元。前行为可以评价为盗窃乙的银行卡，后行为可评价为使用盗窃来的银行卡进行消费，结合《刑法》第 196 条的规定，盗窃信用卡并使用的，以盗窃罪定罪处罚，故甲的行为应定性为盗窃罪。A 项正确。

本题中，甲对商场并没有实施诈骗行为，其用真金白银进行购物，购物行为在民法上是合法有效的，商场也不会因此产生损失，故甲并不成立诈骗罪。B 项错误。

该选项迷惑性较大，但只要能准确认定甲的前行为构成盗窃罪，并知晓法条"盗窃信用卡并使用的，以盗窃罪定罪处罚"的规定，就不会误选该选项。C 项错误。

侵占罪的行为构造是变合法占有为非法所有。甲对乙银行卡的占有就是非法的，因此不符合侵占罪的构成要件，不构成侵占罪。D 项错误。

2. ［答案］D　　［难度］难

［考点］侵犯财产罪、信用卡诈骗罪

［命题和解题思路］本题结合了司法实践中的常见情形对盗窃罪、信用卡诈骗罪进行考查。仍然需要考生注意两点：一要仔细拆解分析题干，二要熟悉相关法条规定。在司法实践中，该类型犯罪如何处理仍存在争议，但作为考试，考生只需要从最基础的法理进行分析，从本质上对盗窃罪与信用卡诈骗罪进行区分。此外，考生还可以通过侵犯的法益来进行罪名辨析，如只是侵犯了个人财产权，没有侵犯其他法益宜认定为盗窃，如还侵犯了信用卡的管理制度，则可以认定为信用卡诈骗罪。

［选项分析］微信支付有两种情形：一是通过余额支付；二是通过绑定的银行卡进行支付，但无论是哪种支付方式，都是快捷支付，两种情形并没有本质上的区别。因此无论是直接转移微信余额，还是转移银行卡内余额，抑或先将银行卡金额充值到微信余额内再进行转移，都不应当有定罪上的区别。行为人盗窃手机，再转走手机上

可以快捷支付的资金，应当统一认定为盗窃。因此 ABC 项都正确，不当选。

丁采用非法手段获取刘某信用卡信息，擅自绑定窃取手机的微信，随后冒用绑定信用卡后的微信账号支付，已经脱离了快捷支付的范围，应当认定行为人具有前后两个行为，前行为被认定为盗窃罪，后行为则属于冒用型的信用卡诈骗罪，二罪数罪并罚。D 项错误，当选。

3. ［答案］A　　［难度］难

［考点］信用卡诈骗罪

［命题和解题思路］本题主要考查信用卡诈骗罪，但由于结合了共同犯罪的情节，整题难度大幅上升。考生需要熟悉信用卡诈骗罪的行为模式，并对每个行为人各自的主客观方面进行分析，才能得出正确答案。解答本题，仍然需要考生熟悉信用卡诈骗罪的法条，并掌握其中“盗窃信用卡并使用的，以盗窃罪定罪处罚”的规定。

［选项分析］通过拆解题干可知本案行为共有三个，分别是甲盗窃信用卡、甲欺骗乙让其使用、乙使用该信用卡。乙主观上以为是拾取的信用卡，客观上有冒用的行为，属于冒用他人信用卡，应认定为信用卡诈骗罪。A 项正确。

帮助犯是指在他人的犯罪中，充当辅助、帮助功能，甲在本案中的两个行为都无法被评价为辅助作用的帮助行为，因此其不构成信用卡诈骗罪的帮助犯。B 项错误。

两人成立共同犯罪，并不要求只能按其中一人的行为性质确定两人的罪名，正确的做法应当是依据两人各自的行为结合共同犯罪“部分实行，全部负责”的处理原则正确定罪量刑。甲的盗窃行为以及教唆他人使用应当认定为属于盗窃信用卡并使用，以盗窃罪定罪处罚。乙仅有使用以为是拾取的信用卡行为，成立信用卡诈骗罪。CD 项均错误。

4. ［答案］BC　　［难度］难

［考点］信用卡诈骗罪、妨害信用卡管理罪、牵连犯

［命题和解题思路］本题主要考查信用卡诈骗罪和妨害信用卡管理罪，并结合总则的牵连犯、数罪并罚等知识点进行考查。这两个罪名是信用卡类犯罪的重点罪名，考生解答本题需要对该两罪名有一定的掌握，并且正确分析题干信息，不能看到题干中出现恶意透支拒不归还就直接认为是信用卡诈骗罪。

［选项分析］本案中甲的行为一共有两个：一是以虚假的身份信息申领了一张信用卡，二是恶意透支 10 万元后拒不归还欠款。恶意透支型的信用卡诈骗罪，其前提条件是合法的持卡人，该主体要件亦是本题中最容易被忽视的点，不是合法持卡人的，不可能构成该类型的信用卡诈骗罪。所以，由于甲不是合法持卡人，无法构成恶意透支型信用卡诈骗罪。A 项错误。

甲以虚假的身份信息申领信用卡并使用的行为已经构成信用卡诈骗罪，其后拒不归还的行为无法脱离前行为独立评价，甲成立使用以虚假身份证明骗领信用卡的信用卡诈骗罪。B 项正确。

甲使用虚假身份信息骗领信用卡的行为构成妨害信用卡管理罪，而后使用的行为构成信用卡诈骗罪，属于典型的手段行为（妨害信用卡管理罪）与目的行为（信用卡诈骗罪）之间的牵连犯，从一重罪处罚。C 项正确。

牵连犯属于“处断的一罪”，其处理原则是从一重罪定罪处罚，而非数罪并罚。D 项错误。

5. ［答案］ACD　　［难度］易

［考点］信用卡诈骗罪

［命题和解题思路］本题主要考查妨害信用卡管理罪、信用卡诈骗罪。考生需要了解该两罪名的体系地位，并对该两罪名有基本的掌握，尤其是每个罪名之中的具体类型。本题仅涉及基础概念考查，较为容易。

［选项分析］使用虚假身份证明骗领信用卡的行为构成了妨害信用卡管理罪，而后使用的行为构成了信用卡诈骗罪，属于典型的手段行为（妨害信用卡管理罪）与目的行为（信用卡诈骗罪）之间的牵连犯，从一重罪处罚，而非数罪并罚。A 项错误。

考生在处理该选项的时候，可以将 ATM 机看作与银行柜台等效的机制，这样问题就可以迎刃而解，关注其擅自使用他人信用卡的行为，属于信用卡诈骗罪中的“冒用他人信用卡”的情形。因此，在自动柜员机上擅自使用他人信用卡的，属于冒用他人信用卡的行为，构成信用卡诈骗罪。B 项正确。

对于该项处理，考生需把握“行为与目的同

时存在原则”，行为人在透支时具有归还意思，其后不归还是由于还款能力等问题的，不应当认定为恶意透支型的信用卡诈骗罪，否则就会形成“只要还不上钱就构成犯罪”的场面。C 项错误。

根据《刑法》中信用卡诈骗罪的条文，其第三种情形为“冒用他人信用卡”，这里的冒用只要求行为人非合法持卡人而使用即可，对行为人取得卡的途径并无要求。因此，拾得信用卡并使用的，同样构成信用卡诈骗罪。D 项错误。

6. [答案] ABD　　[难度] 易

[考点] 共同犯罪的成立条件、信用卡诈骗罪

[命题和解题思路] 本题是以信用卡诈骗罪为外衣，考查考生对于总则中共同犯罪的掌握。共同犯罪是难度较大的一个知识点，成立共同犯罪，行为人之间必须具有意思联络，只要有意思联络，甚至不需要有行为上的帮助，也可能构成共同犯罪。脱离共同犯罪，则不仅需要停止自己的参与行为，还需要消除自己对共同犯罪的贡献，否则就不算脱离共同犯罪。虽然本题涉及理论较多，但法考往往只考其皮毛，总体难度不大，考生不用有畏难心理，在掌握好基础理论的同时，认真分析题干信息即可。

[选项分析] 根据《刑法》中信用卡诈骗罪的条文，其第三种情形则为“冒用他人信用卡”，这里的冒用只要求行为人非合法持卡人而使用即可，对行为人取得卡的途径并无要求。因此，拾得信用卡并使用的，同样构成信用卡诈骗罪。A 项正确。

共同犯罪的成立必须要求行为人之间存在共同故意，对于甲的前两次取款行为，从题干的表述来看，乙与甲的意思联络发生在两次取款之后，因此，这两次取款甲、乙之间不存在共同故意，故乙无需对甲这一部分的犯罪行为负责。B 项正确。

在甲已经分两次取出 5000 元后，乙走过来说：“注意，别出事”，此时二人存在共同的犯意联络，乙给予了甲明确的心理帮助，具有共同的犯罪故意，此时两人成立共同犯罪。因此，乙成立信用卡诈骗罪，而不是掩饰、隐瞒犯罪所得罪。C 项错误。

D 项考查的是共同犯罪的脱离。要想成立共犯脱离，共犯人不仅需要停止犯罪，还需要消除自己对共同犯罪的贡献。本案中乙虽然离开现场，停止了自己的犯罪行为，但是乙走之前对甲说：“我走了，小心点。”这说明乙对甲的心理帮助仍在延续，乙并没有消除自己对共同犯罪的贡献，因此其未成功地脱离共同犯罪。因此，乙对于自己离开现场之后，甲再取的 7000 元仍需要负责，即乙的犯罪数额一共是 1.3 万元。D 项正确。

7. [答案] B　　[难度] 难

[考点] 信用卡诈骗罪、盗窃罪、侵占罪、诈骗罪

[命题和解题思路] 本题案情较为简单，主要考查四个易混淆罪名的界分，要求考生对这四个罪名的构成要件以及认定的要点具有较为熟练的把握。其中主要涉及侵占罪的认定、借记卡的性质及占有、信用卡诈骗罪和盗窃罪的界分等知识点。

[选项分析] 侵占罪的核心构造是变自己的合法占有为非法所有。因此其认定的难题在于行为人是否建立了合法的占有。本案中，乙将借记卡和密码交由甲保管，但不意味着乙将卡内资金交由甲保管，资金的保管者仍然为银行。因此甲并没有对卡内资金的合法占有，就不能成立侵占罪。A 项错误。

首先，需要明确的是，借记卡在性质上属于信用卡，考生不能根据日常生活的理解，认为借记卡不是信用卡。其次，根据《刑法》中信用卡诈骗罪的条文，其第三种情形为“冒用他人信用卡”，这里的冒用只要求行为人非合法持卡人而使用即可，对行为人取得卡的途径并无要求。因此，合法保管他人信用卡并使用的，同样构成信用卡诈骗罪。B 项正确。

诈骗罪与信用卡诈骗罪属于法条竞合关系，本来应当适用“特殊优于一般，重法优于轻法”的处理原则，但诈骗罪的特殊之处在于其法条明文规定“本法另有规定的，依照规定”，因此，只要诈骗罪与其他罪名发生竞合时，统一适用其他罪名。本案行为人同时符合诈骗罪和信用卡诈骗罪，应当定信用卡诈骗罪。C 项错误。

盗窃罪要求行为人以平和手段自己转移财产占有，而本案财产的占有实际是由银行根据行为人的付款申请和密码验证而实施的。因此，甲不构成盗窃罪。D 项错误。

第五节　逃税罪

1. [答案] C　　[难度] 难

[考点] 逃税罪，走私普通货物、物品罪

[命题和解题思路] 本题主要考查逃税罪与走私犯罪。考生需要掌握该类罪名的体系地位与构成要件，同时由于这两罪在实践中具有千丝万缕的联系，并发的概率较大，因此考生还需对各罪名之间的竞合问题、并罚问题有一个基本的掌握，行为人构成特殊走私犯罪的，并不意味着不构成普通走私犯罪，二者可以同时构成后再想象竞合，也可以被包容评价。

[选项分析] 根据《刑法》第154条的规定，未经海关许可并且未补缴应缴税额，擅自将批准进口的来料加工、来件装配、补偿贸易的原材料、零件、制成品、设备等保税货物，在境内销售牟利的，应以走私普通货物、物品罪定罪处罚。选项中以行为发生在我国境内而排除该罪的适用，这是大众对于“走私”一词的生活理解，事实上走私行为不一定需要进行国边境的跨越。A项错误。

该项较为容易排除。刑法的动用要进行利益衡量是一个合理的观点，但在本题中企业私利与国家的边境管理秩序、关税管理秩序的利益衡量之中，企业私利并不具有当然的优先性。另外，超法规的犯罪排除事由目前在学界存在较大争议，在司法实践中也没有得到当然的承认，不能以此作为出罪的理由。B项错误。

逃税罪，是指纳税人采取欺骗、隐瞒手段进行虚假纳税申报或者不申报，逃避缴纳税款数额较大并且占应纳税额10%以上，或者缴纳税款后，以假报出口或者其他欺骗手段，骗取所缴纳的税款的行为，以及扣缴义务人采取欺骗、隐瞒等手段，不缴或少缴已扣、已收税款，数额较大的行为。外贸公司将以来料加工方式申报进口的原材料剩料在境内销售，本应经海关许可并且补缴应缴税额，但却采取隐瞒手段不进行纳税申报，逃避缴纳税款数额较大且占应纳税额的10%以上，构成逃税罪。C项正确。

本项的迷惑性较高，根据《刑法》第201条第4款的规定，经税务机关依法下达追缴通知后，补缴应纳税款，缴纳滞纳金，已受行政处罚的，不予追究刑事责任。从而看似该选项表述正确，但该款是规定在逃税罪里的，只对于逃税罪适用，这里的不追究刑事责任是指不追究逃税罪的刑事责任。但本案中，外贸公司的行为还构成走私普通货物、物品罪，该罪不能因为补缴税款而不追究，因此外贸公司仍需承担刑事责任。D项错误。

难点解析

《刑法》第201条第4款规定，经税务机关依法下达追缴通知后，补缴应纳税款，缴纳滞纳金，已受行政处罚的，不予追究刑事责任。需要提醒注意的是，如果税务机关只要求逃税人补缴应纳税款和滞纳金，但没有给予逃税者行政处罚的，只要逃税人补缴了应纳税款和滞纳金，同样不应追究其逃税罪的刑事责任。

2. [答案] ACD　　[难度] 易

[考点] 单位犯罪、逃税罪、诈骗罪、提供虚假证明文件罪

[命题和解题思路] 本题主要考查逃税罪与提供虚假证明文件罪。其中，提供虚假证明文件罪不属于重点罪名，但容易与其他犯罪杂糅一起出题，因此仍需考生对该罪名的体系地位有所掌握，并且还要熟悉其“身份犯”的性质，即必须具备特殊身份才能构成本罪。此外逃税罪仍是重点罪名，需要考生掌握其体系地位及基本构成要件。

[选项分析] 根据《刑法》第201条的规定，逃税罪，是指纳税人采取欺骗、隐瞒手段进行虚假纳税申报或者不申报，逃避缴纳税款数额较大并且占应纳税额10%以上或者缴纳税款后，以假报出口或者其他欺骗手段，骗取所缴纳的税款的行为，以及扣缴义务人采取欺骗、隐瞒等手段，不缴或少缴已扣、已收税款，数额较大的行为。据此，逃税罪的核心应当是“应交未交”，本题中黄某的行为是“先交后退”，不符合逃税罪的行为方式，不构成逃税罪。A项错误。

诈骗罪，是指行为人采用欺骗手段，使对方陷入认识错误从而交付财物的行为。本题中，黄某以虚假手段骗取退税，使国家财产遭受损失，符合诈骗罪的构成要件。B项正确。

根据《刑法》229条的规定，提供虚假证明文件罪，是指承担资产评估、验资、验证、会计、审计、法律服务、保荐、安全评价、环境影响评价、环境监测等职责的中介组织或者中介组织的

人员故意提供虚假证明文件，情节严重的行为。可以看出，本罪是典型的身份犯，必须具备特殊身份才能构成本罪。而黄某不具备上述身份，无法构成本罪。C 项错误。

结合上述分析，本案定性应为诈骗罪，而诈骗罪并非单位犯罪，单位无法构成诈骗罪。D 项错误。

第六节　非法经营罪

1. ［答案］B　　［难度］中

［考点］妨害药品管理罪、非法经营罪、销售假药罪

［命题和解题思路］本题考查了妨害药品管理罪、非法经营罪、销售假药罪等考生平时关注较少的罪名，涉及《关于办理危害药品安全刑事案件适用法律若干问题的解释》《药品管理法》等的规定。考生需要对司法解释和法律法规比较了解才能准确作答。

［选项分析］2022 年 3 月 6 日施行的“两高”《关于办理危害药品安全刑事案件适用法律若干问题的解释》废止了 2014 年 12 月 1 日施行的“两高”《关于办理危害药品安全刑事案件适用法律若干问题的解释》。2014 年司法解释第 7 条第 1 款规定，违反国家药品管理法律法规，未取得或者使用伪造、变造的药品经营许可证，非法经营药品，情节严重的，以非法经营罪定罪处罚。而根据《药品管理法》《药品管理法实施条例》的规定，从事药品批发或者零售均应当取得药品经营许可，其设定的一般药品经营许可属于普通许可，并非特许，并不符合《刑法》第 225 条非法经营罪中的第 1 项，即“未经许可经营法律、行政法规规定的专营、专卖物品或者其他限制买卖的物品”，且在上述 2014 年司法解释已被废止的情况下，不宜将其归入第 4 项，即“其他严重扰乱市场秩序的非法经营行为”。进言之，也不能认为如果不成立妨害药品管理罪，就成立非法经营罪，以非法经营罪兜底。否则就会造成，足以严重危害人体健康的，成立妨害药品管理罪，最高处 7 年有期徒刑；而不足以严重危害人体健康的，反而成立非法经营罪，最高处 15 年有期徒刑的罪刑倒置情况。因此，A 项错误。

《刑法》第 142 条之一“妨害药品管理罪”中所规定的妨害药品管理行为的第 2 项为“未取得药品相关批准证明文件生产、进口药品或者明知是上述药品而销售的”。虽然本题中刘某确实未取得药品相关批准证明文件进口了药品，但题目中明确指出“患者使用后均有明显好转”，即刘某的行为并未达到足以严重危害人体健康的程度，不能构成作为具体危险犯的妨害药品管理罪。C 项错误。

《刑法》第 141 条规定了生产、销售、提供假药罪，而该罪中的“假药”需根据《药品管理法》的规定来界定。2019 年 12 月 1 日起施行的《药品管理法》中关于假药的规定已经删除了未取得药品批准证明文件生产、进口药品的规定，只是在第 98 条第 4 款中规定“禁止未取得药品批准证明文件生产、进口药品”。换言之，没有取得药品批准文件进口的药品，已经不属于假药范畴了。因此，刘某的行为不成立销售假药罪。D 项错误。

综上所述，刘某的行为不成立上述罪名，其实通过《药品管理法》来处罚已经能做到罚当其过，不需要通过刑法来处罚。B 项正确。

2. ［答案］BC　　［难度］易

［考点］非法经营罪、招摇撞骗罪

［命题和解题思路］本题主要考查非法经营罪、招摇撞骗罪、诈骗罪和掩饰、隐瞒犯罪所得罪之间的罪名辨析。看似复杂，但这几个罪名的构成要件迥异，只要考生熟悉其构成要件，再仔细分析，就不难得出正确答案。另外，本题涉及非法经营罪的认定，考生需了解本罪在实践中的现状，由于该罪极易变成口袋罪名，因此司法解释规定法定之外的形成要认定为非法经营罪，须向最高人民法院请示。

［选项分析］A 项是重点干扰项。非法经营罪，是指自然人或者单位，违反国家规定故意从事非法经营活动，扰乱市场秩序的行为。非法经营罪是典型的行政犯，因此司法解释规定，对于非法经营的情形，有关司法解释未作明确规定的，应当逐级向最高人民法院请示。甲的行为虽然具有社会危害性，构成犯罪，但并不是司法解释明确规定的非法经营情形之一，因此，未经最高人民法院认可，不能认定为非法经营罪。A 项错误。

根据《刑法》279 条的规定，招摇撞骗罪，是指行为人冒充国家机关工作人员招摇撞骗的行为，而收费站工作人员并不属于国家机关工作人

员。因此，甲不符合招摇撞骗罪的犯罪构成。B项正确。

诈骗罪是指行为人采用欺骗手段，使对方陷入认识错误从而交付财物进而遭受财产损失的行为。而本案中甲并没有实施欺骗行为，行为人也没有陷入错误认识，因此，本案行为并不符合诈骗罪的构成要件。C项正确。

隐瞒犯罪所得罪的行为目的是防止犯罪所得的赃物、赃款被司法机关发现。而本案中甲隐瞒的对象为吴某，属于犯罪人内部之间的分赃问题，并不涉及刑事责任的追究问题，并不构成隐瞒犯罪所得罪。D项错误。

第七节　走私普通货物、物品罪

[答案] AD　　[难度] 易

[考点] 走私普通货物、物品罪

[命题和解题思路] 本题主要考查走私犯罪，虽然题干只提及走私普通货物、物品罪，但选项涉及的是其他类型的走私犯罪。考生需要了解其他类型的走私犯罪有哪些，其中还要关注这些走私犯罪对于走私的方向有无特殊要求，在此基础上掌握各走私犯罪之间的关系，尤其是其包容竞合关系，才能正确解决问题。

[选项分析] 由选项中的白银走私，考生即联想到走私贵重金属罪，但该罪只处罚走私出口的行为，走私进口贵重金属并不能构成该罪。此时即需要运用包容评价的原理，将贵重金属评价为普通物品，由此就可以认定为走私普通货物、物品罪。A项正确。

走私国家禁止进出口的旧机动车属于走私国家禁止进出口的货物、物品罪，考生只需要了解我国刑法中有该罪名，就可以直接得出答案。因此，该选项并不具备迷惑性。B项错误。

我国《刑法》规定了走私淫秽物品罪与走私淫秽物品牟利罪两罪名。无牟利目的的走私淫秽物品行为应当构成走私淫秽物品罪，而非走私普通货物、物品罪。C项错误。

由选项中的表述可知，由于是无法组装并无法使用，因此不构成走私武器、弹药罪，由此考生可以联想到走私废物罪，但选项中又明确指出不属于废物，因此，利用包容评价的思维，可以将其包容评价为普通物品，以走私普通货物、物品罪论处。D项正确。

第八节　非法吸收公众存款罪

[答案] D　　[难度] 易

[考点] 走私假币罪、强迫交易罪、非法经营罪、非法吸收公众存款罪

[命题和解题思路] 经济犯罪一章罪名众多，并且实践中有着千丝万缕的关系，考生极易混淆。因此，考生在复习该章时，需要对各罪名都有基本的了解，做到能从考题中联想到罪名，此外，在解题时，考生仍需从主客观两个方面认定行为人的性质，仔细分析才能做对题目。

[选项分析] 走私假币罪规定在我国《刑法》第151条中，其中并没有对进出口进行限制，因此只要走私假币，无论是进口还是出口，均构成本罪。而采用运输方式将大量假币运到国外，同时还构成运输假币罪，此时一行为同时构成数罪，形成想象竞合，择一重罪论处，因此以走私假币罪定罪处罚。A项正确。

借贷属于经济商事事务，因此当然属于“交易”。部分考生容易望文生义，认为只有货物买卖才是交易行为，但实际上只要是能产生经济利益的民商事活动，均属于交易活动，行为人构成强迫交易罪。B项正确。

C项描述的未经批准，擅自发行、销售彩票行为是司法解释明确规定的非法经营活动类型。《关于办理赌博刑事案件具体应用法律若干问题的解释》第6条规定，未经国家批准擅自发行、销售彩票，构成犯罪的，以非法经营罪定罪处罚。C项正确。

非法吸收公众存款罪的认定必须同时具备四个要素，即“非法性”“公开性”“利诱性”“社会性”。“社会性”要求行为人必须向不特定对象吸收资金，本项中的行为人是向亲戚吸收资金，不具备“社会性”的要素。因此不构成非法吸收公众存款罪。D项错误。

第九节　保险诈骗罪、集资诈骗罪

1. [答案] B　　[难度] 中

[考点] 票据诈骗罪、金融凭证诈骗罪、贷款诈骗罪、保险诈骗罪、合同诈骗罪

[命题和解题思路] 本题主要考查金融诈骗罪一节中的票据诈骗罪、保险诈骗罪、贷款诈骗罪等罪名。并且从选项的设置上可以看出，该题还

考查各罪名之间的竞合关系，考生需要正确了解“想象竞合”的定义，其内涵为一行为同时触犯两罪名，构成两罪，但最终的处理结果是只能择一重罪处理，而并非只构成一罪。考生只有对竞合关系熟悉掌握和处理，尤其需要掌握“想象竞合”和“法条竞合”的区分，才能做对此题。

［选项分析］金融凭证诈骗罪，是指使用伪造、变造的委托收款凭证、汇款凭证、银行存单等其他银行结算凭证，骗取财物的行为。本项表述明显符合金融凭证诈骗罪的犯罪构成，构成金融凭证诈骗罪。本选项的难度在于该罪名规定在《刑法》第 194 条的第 2 款，比较难找，如果考生没有事先熟悉，就有可能浪费过多时间。A 项错误。

贷款诈骗罪并不是单位犯罪，这只意味着单位无法构成本罪，并不代表行为人无法构成本罪，单位中相应组织、策划、实施该行为的个人当然可以被追究刑事责任。B 项正确。

C 项迷惑性较大。购买意外伤害保险，制造自己意外受重伤假象，骗取保险公司巨额保险金的，当然构成保险诈骗罪。考生容易分析到这里即认为“行为人只有一个行为，只能定一罪”，因此认为构成保险诈骗罪就不构成合同诈骗罪，这其实是对想象竞合关系的误读。想象竞合是指一行为同时触犯两罪名，构成两罪，但最终的处理结果是只能择一重罪处理。本项中行为人的行为同时符合保险诈骗罪和合同诈骗罪的构成要件，当然也构成合同诈骗罪，不能因为最后不定该罪就认为本身就不构成该罪。C 项错误。

根据《刑法》第 224 条的规定，合同诈骗罪是指以非法占有为目的，在签订、履行合同过程中，骗取对方当事人财物，数额较大的行为。由此可以看出，合同诈骗罪中的非法占有目的，既可以存在于签订合同时，也可以存在于履行合同过程中，只要“以非法占有为目的”存在于诈骗行为时便可。考生只要熟悉法条便可以轻松排除该项。D 项错误。

2. ［答案］AD　　［难度］易

［考点］保险诈骗罪

［命题和解题思路］本题案情复杂，行为人触犯多个罪名，但从选项的设置中可以看出本题主要考查保险诈骗罪，因此本题难度大大降低。考生需要掌握保险诈骗罪的体系地位以及犯罪构成，此外对于诈骗罪中“本法另有规定的，依照规定”的条文需要掌握，并正确处理保险诈骗罪与诈骗罪之间的竞合关系。

［选项分析］甲编造了保险事故的发生原因以骗取保险金，完全符合保险诈骗罪的犯罪构成，因此其成立保险诈骗罪。A 项正确。

甲的行为确实同时触犯了两罪，但诈骗罪的条文中明确规定“本法另有规定的，依照规定”。因此，只能依据保险诈骗罪定罪处罚。此外，行为人一行为触犯两罪名，也不可能构成数罪并罚。B 项错误。

以非法占有为目的，不仅包括为自己非法占有，也包括为第三人非法占有。陈某虽未将保险金据为己有，但属于为他人非法占有，同样具有非法占有目的。C 项错误。

陈某与甲具有骗取保险金的共同故意，并且在客观上共同实施了保险诈骗罪的行为，两人构成保险诈骗罪的共犯。D 项正确。

第十节　强迫交易罪

［答案］D　　［难度］易

［考点］强迫交易罪、串通投标罪

［命题和解题思路］本题考查了诈骗罪、强迫交易罪、敲诈勒索罪以及串通投标罪之间的辨析界分。考生只要对这几个罪名有所了解，并认真结合题干分析行为人的主客观方面，即可较为简单地得出答案。

［选项分析］诈骗罪不属于单位犯罪，因此甲公司不是合格的犯罪主体，不可能构成诈骗罪。A 项错误。

强迫的核心在于违背他人意志，但本案中，甲公司并未违背其他竞买者意志，其他竞买者属于自愿而非被迫，因此甲公司不成立强迫交易罪。B 项错误。

敲诈勒索是指采用威胁或者要挟的方法使他人产生精神恐惧而被迫交付财物。甲公司并未使用威胁或要挟的方法，其他竞买者也并没有陷入精神恐惧，因此甲公司的行为不成立敲诈勒索罪。C 项错误。

甲公司与其他竞买者互相串通，损害招标人的利益，符合串通投标罪的构成要件，成立串通投标罪。D 项正确。

第十一节　洗钱罪

［答案］C　　［难度］难

［考点］盗窃罪、信用卡诈骗罪、洗钱罪、罪数

［命题和解题思路］本题考查盗窃罪、信用卡诈骗罪、洗钱罪。本题的难度主要在于洗钱罪。考生需要注意的是，在认定洗钱罪时要先辨别其上游犯罪是否符合洗钱罪对上游犯罪的要求，此外，考生还需注意的是根据《刑法修正案（十一）》的规定，自洗钱行为已经入罪。

［选项分析］我国《刑法》第196条第3款明确规定，盗窃信用卡并使用的，依照盗窃罪的规定定罪处罚。因此，虽然选项承认自洗钱入刑不再属于不可罚的事后行为，成立洗钱罪的教唆犯，但以信用卡诈骗罪定性是错误的。A项错误。

如果认为乙构成洗钱罪的正犯，则必须认定甲成立信用卡诈骗罪，而甲的行为只构成盗窃罪，不构成信用卡诈骗罪。B项错误。

虽然盗窃信用卡并使用的，依照盗窃罪的规定定罪处罚，但甲的行为包含了信用卡诈骗，上游犯罪的认定不应当以罪名论，而应当以行为论，因此甲也同时构成洗钱罪，应数罪并罚。C项正确。

根据《刑法修正案（十一）》的规定，自洗钱行为已经入罪，由于有法律的明文规定，不可罚的事后行为理论并不适用于该罪。D项错误。

第十二节　侵犯商业秘密罪

［答案］ABD　　［难度］中

［考点］侵犯商业秘密罪

［命题和解题思路］本题主要考查侵犯商业秘密罪、非国家工作人员受贿罪。对于侵犯商业秘密罪，考生需要重点关注。在判断“先帮忙、后受贿”的问题上，考生需要掌握只要存在利用职务便利与受贿的对应关系，就可以认定构成非国家工作人员受贿罪。

［选项分析］根据《刑法》第219条的规定，侵犯商业秘密罪的手段包括以盗窃、贿赂、欺诈、电子侵入或者其他不正当手段获取权利人的商业秘密的行为。甲厂以胁迫和贿赂两种方式获取商业秘密，符合该罪的犯罪构成。A项正确。

间接正犯，是指行为人以自己的犯罪意图，利用无责任能力的人或无犯罪意思的人实施犯罪行为，以达到自己的犯罪目的。王某并不属于无责任能力的人或无犯罪意思的人，其与甲厂之间不存在支配关系，因此甲厂不属于间接正犯。B项正确。

刑法之所以规定胁从犯，是因为胁从犯主观上不完全自愿参加犯罪，特别预防的必要性较小，客观上在共同犯罪中起较小作用。田某虽然是被甲厂和王某胁迫，但是后期田某接受了王某的30万元贿赂，且没有主动报警，其在共同犯罪中的作用并不小，因此田某并不构成侵犯商业秘密的胁从犯，其构成侵犯商业秘密罪的正犯。C项错误。

田某在事后收受了贿赂款30万元，并选择了不报警，其行为构成“先帮忙、后受贿”类型的受贿，再结合其非国家工作人员的身份，构成非国家工作人员受贿罪。田某的行为既构成侵犯商业秘密罪又构成非国家工作人员受贿罪，属于想象竞合犯，择一重罪处理。D项正确。

第十六章　侵犯公民人身权利、民主权利罪

试　题

第一节　故意杀人罪

1. 翟某与彭某在农贸市场内嬉戏打闹，翟某手持尖刀挥舞以阻挡彭某靠近，且笑着告诉彭某“别过来”。结果不慎将尖刀刺入彭某腹部，致使彭某腹壁小动脉及肠系膜小动脉破裂（重伤）。关于翟某的行为性质，下列哪一说法是正确的？（2019年回忆版）

A. 翟某构成故意伤害（致人重伤）罪

B. 翟某构成过失致人重伤罪

C. 属于意外事件

D. 翟某构成故意杀人罪未遂

2. 甲以伤害故意砍乙两刀，随即心生杀意又砍两刀，但四刀中只有一刀砍中乙并致其死亡，且无法查明由前后四刀中的哪一刀造成死亡。关于本案，下列哪一选项是正确的？（2015-2-16）

A. 不管是哪一刀造成致命伤，都应认定为一个故意杀人罪既遂

B. 不管是哪一刀造成致命伤，只能分别认定为故意伤害罪既遂与故意杀人罪未遂

C. 根据日常生活经验，应推定是后两刀中的一刀造成致命伤，故应认定为故意伤害罪未遂与故意杀人罪既遂

D. 根据存疑时有利于被告人的原则，虽可分别认定为故意伤害罪未遂与故意杀人罪未遂，但杀人与伤害不是对立关系，故可按故意伤害（致死）罪处理本案

3. 关于故意杀人罪、故意伤害罪的判断，下列哪一选项是正确的？（2014-2-15）

A. 甲的父亲乙身患绝症，痛苦不堪。甲根据乙的请求，给乙注射过量镇定剂致乙死亡。乙的同意是真实的，对甲的行为不应以故意杀人罪论处

B. 甲因口角，捅乙数刀，乙死亡。如甲不顾乙的死伤，则应按实际造成的死亡结果认定甲构成故意杀人罪，因为死亡与伤害结果都在甲的犯意之内

C. 甲谎称乙的女儿丙需要移植肾脏，让乙捐肾给丙。乙同意，但甲将乙的肾脏摘出后移植给丁。因乙同意捐献肾脏，甲的行为不成立故意伤害罪

D. 甲征得乙（17 周岁）的同意，将乙的左肾摘出，移植给乙崇拜的歌星。乙的同意有效，甲的行为不成立故意伤害罪

第二节　非法拘禁罪

1. 关于侵犯公民人身权利罪的认定，下列哪些选项是正确的？（2016-2-58）

A. 甲征得 17 周岁的夏某同意，摘其一个肾脏后卖给他人，所获 3 万元全部交给夏某。甲的行为构成故意伤害罪

B. 乙将自己 1 岁的女儿出卖，获利 6 万元用于赌博。对乙出卖女儿的行为，应以遗弃罪追究刑事责任

C. 丙为索债将吴某绑于地下室。吴某挣脱后，驾车离开途中发生交通事故死亡。丙的行为不属于非法拘禁致人死亡

D. 丁和朋友为寻求刺激，在大街上追逐、拦截两位女生。丁的行为构成强制侮辱罪

2. 甲为要回 30 万元赌债，将乙扣押，但 2 天后乙仍无还款意思。甲等 5 人将乙押到一处山崖上，对乙说："3 天内让你家人送钱来，如今天不答应，就摔死你。"乙勉强说只有能力还 5 万元。甲刚说完"一分都不能少"，乙便跳崖。众人慌忙下山找乙，发现乙已坠亡。关于甲的行为定性，下列哪些选项是错误的？（2014-2-59）

A. 属于绑架致使被绑架人死亡

B. 属于抢劫致人死亡

C. 属于不作为的故意杀人

D. 成立非法拘禁，但不属于非法拘禁致人死亡

第三节　绑架罪

1. 甲为勒索财物，打算绑架富商之子吴某（5 岁）。甲欺骗乙、丙说："富商欠我 100 万元不还，你们帮我扣押其子，成功后给你们每人 10 万元。"乙、丙将吴某扣押，但甲无法联系上富商，未能进行勒索。三天后，甲让乙、丙将吴某释放。吴某一人在回家路上溺水身亡。关于本案，下列哪一选项是正确的？（2016-2-15）

A. 甲、乙、丙构成绑架罪的共同犯罪，但对乙、丙只能适用非法拘禁罪的法定刑

B. 甲未能实施勒索行为，属绑架未遂；甲主动让乙、丙放人，属绑架中止

C. 吴某的死亡结果应归责于甲的行为，甲成立绑架致人死亡的结果加重犯

D. 不管甲是绑架未遂、绑架中止还是绑架既遂，乙、丙均成立犯罪既遂

2. 甲男（15 周岁）与乙女（16 周岁）因缺钱，共同绑架富商之子丙，成功索得 50 万元赎金。甲担心丙将来可能认出他们，提议杀丙，乙同意。乙给甲一根绳子，甲用绳子勒死丙。关于本案的分析，下列哪一选项是错误的？（2014-2-16）

A. 甲、乙均触犯故意杀人罪，因而对故意杀人罪成立共同犯罪

B. 甲、乙均触犯故意杀人罪，对甲以故意杀人罪论处，但对乙应以绑架罪论处

C. 丙系死于甲之手，乙未杀害丙，故对乙虽以绑架罪定罪，但对乙不能适用“杀害被绑架人”的规定

D. 对甲以故意杀人罪论处，对乙以绑架罪论处，与二人成立故意杀人罪的共同犯罪并不矛盾

第四节　遗弃罪

甲与乙（女）2012 年开始同居，生有一子丙。甲、乙虽未办理结婚登记，但以夫妻名义自居，周围群众公认二人是夫妻。对甲的行为，下列哪些分析是正确的？（2015-2-62）

A. 甲长期虐待乙的，构成虐待罪

B. 甲伤害丙（致丙轻伤）时，乙不阻止的，乙构成不作为的故意伤害罪

C. 甲如与丁（女）领取结婚证后，不再与乙同居，也不抚养丙的，可能构成遗弃罪

D. 甲如与丁领取结婚证后，不再与乙同居，某日采用暴力强行与乙性交的，构成强奸罪

第五节　拐卖妇女、儿童罪

1. 关于拐卖妇女、儿童犯罪，下列哪些说法是正确的？（2021 年回忆版）

A. 一农家女不想在农村生活，在街上大喊卖身救母，甲出价 50 万元买下。甲构成拐卖妇女罪

B. 乙以出卖为目的将妇女李某骗至外地，后卖不出去，无奈将李某放回。乙构成拐卖妇女罪

C. 丙以出卖为目的将妇女张某带往外地，后打消出卖念头与之共同生活。丙构成拐卖妇女罪

D. 陈某系 15 岁少女，丁误以为陈某是 14 岁男童而带至外地出卖。由于主客观不一致，丁不成立犯罪。

2. 关于侵犯公民人身权利的犯罪，下列哪一选项是正确的？（2017-2-15）

A. 甲对家庭成员负有扶养义务而拒绝扶养，故意造成家庭成员死亡。甲不构成遗弃罪，成立不作为的故意杀人罪

B. 乙闯入银行营业厅挟持客户王某，以杀害王某相要挟，迫使银行职员交给自己 20 万元。乙不构成抢劫罪，仅成立绑架罪

C. 丙为报复周某，花 5000 元路费将周某 12 岁的孩子带至外地，以 2000 元的价格卖给他人。丙虽无获利目的，也构成拐卖儿童罪

D. 丁明知工厂主熊某强迫工人劳动，仍招募苏某等人前往熊某工厂做工。丁未亲自强迫苏某等人劳动，不构成强迫劳动罪

第六节　强奸罪

甲男为强奸乙女对其实施暴力行为，练过散打的乙女将甲制服后欲将其扭送至公安机关，甲男为逃跑掏出弹簧刀将乙女捅成重伤。关于本案，下列哪些说法是正确的？（2023 年回忆版）

A. 甲男带着奸淫目的实施了暴力行为，虽然致其重伤，导致了加重结果，由于结果加重犯没有未遂，因此对甲应认定为强奸既遂

B. 虽然犯盗窃罪为抗拒抓捕而当场使用暴力致人重伤，应以抢劫罪致人重伤论处，但对甲不能定强奸罪致人重伤

C. 根据刑法理论通说，在强奸罪的实行行为中致人重伤的，应当以强奸罪致人重伤论处，因此对甲应以强奸罪致人重伤论处

D. 甲带着奸淫目的实施暴力行为，但是因意志以外的原因未能得逞，以未遂论处，与故意伤害罪数罪并罚

第七节　侵犯公民个人信息罪

1. 甲以从事科学研究为名，非法收购他人信用卡账号和密码，并将其出售牟取利益。关于甲的行为定性，下列哪一选项是正确的？（2020 年回忆版）

A. 构成侵犯公民个人信息罪

B. 构成信用卡诈骗罪

C. 构成妨害信用卡管理罪

D. 构成收买、非法提供信用卡信息罪

2. 下列哪些行为构成侵犯公民个人信息罪（不考虑情节）？（2017-2-59）

A. 甲长期用高倍望远镜偷窥邻居的日常生活

B. 乙将单位数据库中病人的姓名、血型、DNA 等资料，卖给某生物制药公司

C. 丙将捡到的几本通讯簿在网上卖给他人，通讯簿被他人用于电信诈骗犯罪

D. 丁将收藏的多封 50 年代的信封（上有收件人姓名、单位或住址等信息）高价转让他人

详　解

第一节　故意杀人罪

1. ［答案］B　　［难度］易

［考点］故意杀人罪、故意伤害罪、过失致人死亡罪、寻衅滋事罪、意外事件

［命题和解题思路］本题旨在考查考生对于故意和过失界限的把握。命题者为了迷惑考生，设置了一些陷阱，如“嬉戏打闹”“笑着告诉”，就是想让考生误以为是意外事件。但对于意外和犯罪过失的区别要结合案件的事实来看，需要考虑行为人对结果是否具有预见可能性和回避可能性。掌握这两点，得出本题正确答案并不难。

［选项分析］题干明确说翟某与彭某在农贸市场内嬉戏打闹，还笑着告诉彭某“别过来”，意味着两人均没有伤害的故意，缺乏故意犯罪的意志。因此，不能认定翟某成立故意伤害罪。A 项错误。

要回答翟某主观上是否存在疏忽大意的过失或者过于自信的过失，就必须要审查翟某对于结果有没有预见可能性和回避可能性。如果没有预见可能性，则不构成疏忽大意的过失和过于自信的过失；如果虽然有预见可能性，但不存在结果回避可能性，则不构成过于自信的过失。事实上，作为一般人应该都能够预见到手持利器对着人挥舞可能会出事，翟某作为精神正常的成年人对此应该有预见可能性，并且本应也有回避的可能性即不开这种玩笑，翟某未履行适当的注意义务导致人重伤的后果发生，成立过失致人重伤罪。B 项正确。

意外事件，是指行为虽然在客观上造成了损害结果，但并非出于故意或者过失，而是由于不能预见的原因所引起的情形。如前所述，在嬉闹过程中手持利器非常可能导致人受伤，显然是有预见可能性的，因此，不应认定为意外事件。C 项错误。

由于二人是嬉戏打闹，从题干的表述也无法看出翟某临时起意故意杀人，因此，翟某不可能成立故意杀人罪。D 项错误。

2. ［答案］D　　［难度］中

［考点］故意伤害罪、故意杀人罪、狭义的包括一罪

［命题和解题思路］故意杀人罪与故意伤害致死的界限是实务中面临的突出和疑难问题。本题中，命题人为了增加难度，加入了事实存疑时有利于被告这一情节以及伤害与杀人行为之间的关系的考查。实际上，本案中的伤害与杀人之间并不是对立的，不能评价为数罪并罚，题干中的杀人和伤害具有紧密的联系，且法益之间具有包容性。这样一来，便可以肯定甲至少构成故意伤害（致死）罪。

［选项分析］根据案情描述，可能存在以下两种可能性：第一，前面两刀中的一刀导致乙死亡，即构成故意伤害罪（致人死亡）既遂和故意杀人罪未遂。第二，后面两刀中的一刀导致乙死亡，即构成故意伤害罪既遂和故意杀人罪既遂。但由于查不清事实，因此，只能依据事实存疑时有利于被告人的原则，认定为第一种情况。AC 项错误。又因为，甲先砍的两刀和后砍的两刀之间具有紧密的关联性，都是侵害同一个对象，所侵害的法益之间具有包含和被包含关系，即生命法益包含了健康法益，而将杀人评价为伤害、杀人故意评价为伤害故意也不存在客观上的障碍，且较之数罪并罚的结果，并没有不利于犯罪嫌疑人。因此，此时应该从一重来认定，即认定为故意伤害罪（致人死亡）一罪。D 项正确，B 项错误。

3. ［答案］B　　［难度］易

［考点］故意杀人罪、故意伤害罪、被害人承诺

［命题和解题思路］本题结合刑法总则中的被害人承诺（同意）理论考查故意杀人罪与故意伤害罪的理解与适用。对于被害人承诺，学界通说的观点认为，造成轻伤的可以承诺，而对造成重伤的法益或生命法益则不能承诺放弃。换言之，得到被害人承诺的杀害或者重伤害行为均不成立有效的被害人承诺，不排除犯罪的成立。掌握了这一点，处理类似问题时便不会犯错。

［选项分析］A 项中，涉及个人生命的放弃，而学界的通说认为，生命法益不能承诺放弃，因此，不能阻却甲故意杀人罪的罪责。当然，对这种安乐死的情况，在量刑时一般会考虑从轻处罚。本选项中的甲实际上是杀人的实行犯，而学界对于教唆自杀、帮助自杀则存在很大的争议，预测法考不会涉及此类问题。A 项错误。

B 项中，其实题干清楚交代，甲不顾乙的死伤捅了乙数刀，也就是说甲对乙造成的无论是死亡结果或伤害结果都持一种放任的心态。因此，当最后发生乙死亡的结果时，便应以故意杀人罪追究其刑事责任。B 项正确。

成立有效的被害人承诺最重要的前提条件之一是被害人是基于真实的自由、自主意志放弃自己的法益。判断承诺是否有效时，需要判断欺骗行为对被害人做出承诺的影响程度，如果欺骗行为事实上使被害人不可能行使自己的决定权，因而不可避免地陷入错误时，应该认定承诺无效，不能阻却犯罪的成立。C 项中的乙是由于担心女儿的安危才同意甲摘取自己的器官，在当时的情境下，乙的意志可以说是受到了压迫（不得不这么做），或者说并不是自由地作出选择。因此，乙的承诺是无效的，甲仍然构成故意伤害罪。C 项错误。

《刑法》第 234 条之一第 2 款明确规定，摘取不满 18 周岁的人的器官，依照故意伤害罪、故意杀人罪定罪处罚。所以未满 18 周岁的乙即便真诚地同意摘取其器官，甲也构成故意伤害罪。D 项错误。

第二节　非法拘禁罪

1. ［答案］AC　　［难度］易

［考点］故意伤害罪、遗弃罪、非法拘禁罪、强制侮辱罪

［命题和解题思路］本题较简单，主要考查了“侵犯公民人身权利、民主权利罪”中几个常见罪名的一般知识点，应该说，难度不大，所考查的知识点属于常考的点。A 项中，加入了被害人承诺理论；C 项中，加入了介入的因果关系的考查。当然，即使不考虑这些总则的考点，单看分则的罪名，也是可以得出正确答案的。

［选项分析］《刑法》第 234 条之一第 2 款规定，未经本人同意摘取其器官，或者摘取不满 18 周岁的人的器官，或者强迫、欺骗他人捐献器官的，依照故意伤害罪、故意杀人罪的规定定罪处罚。从被害人承诺理论来看，未成年人对所承诺的事项的意义、范围等难以理解，因此，不具有承诺的能力，其承诺无效。因此，即便得到未成年人的承诺，仍然成立故意伤害罪。A 项正确。

乙将自己 1 岁的女儿出卖获利 6 万元，构成拐卖儿童罪。由于乙出卖的是自己负有抚养义务的女儿，因而将女儿出卖形同拒绝履行抚养义务，另行构成遗弃罪。乙属于一行为触犯数罪名的想象竞合，从一重罪处罚。另外，由于乙侵犯了其女儿的人身不可买卖的权利，这一点是遗弃罪无法评价的。因此，从这两个角度考虑，应以拐卖儿童罪定罪处罚。需要注意的是，B 项中用的是“应以遗弃罪追究刑事责任”，而不是“成立遗弃罪”，这两个表述是有区别的。B 项错误。

根据《刑法》第 238 条第 3 款的规定，为索取债务非法扣押、拘禁他人的，以非法拘禁罪定罪处罚。丙为索债将吴某绑于地下室，成立非法拘禁罪。但吴某的死亡结果并不是丙的拘禁行为导致的，而是归属于被害人的异常、重要的介入行为。因而，吴某的死亡结果和丙的拘禁行为不存在相当因果关系，因而丙不成立非法拘禁罪的结果加重犯。C 项正确。

强制侮辱罪的保护法益是被害人（包括男性）的性自主决定权，如果侮辱行为不带有性意涵，当然不成立强制侮辱罪。显然，在大街上追逐、拦截两位女生并没有侵害妇女的性羞耻心，不构成本罪，当然，还是有可能成立寻衅滋事罪的。D 项错误。

2. ［答案］ABC　　［难度］难

［考点］非法拘禁罪、绑架罪、刑法上因果关系的认定

［命题和解题思路］为索取债务（包括赌债）而扣押债务人是法考经常涉及的考点，对此行为的定性，《刑法》第 238 条第 3 款以及最高人民法院《关于对为索取法律不予保护的债务非法拘禁他人行为如何定罪问题的解释》都明确规定以非法拘禁罪论处。考生在这个问题上不能犯错。本题的另一个考点也是每年必考的刑法上因果关系的认定，即在介入被害人自身的因素（如自杀）导致死亡结果发生时，该死亡结果能否归责于行为人的拘禁行为。对此，需要判断介入因素对于结果的发生而言是否属于异常、重要的因素。

［选项分析］A 项是重点干扰项。《刑法》第 238 条第 3 款规定，为索取债务非法扣押、拘禁他人的，以非法拘禁罪定罪处罚。这里的债务不仅包括合法债务，也包括非法债务。这是根据最高

人民法院《关于对为索取法律不予保护的债务非法拘禁他人行为如何定罪问题的解释》而得出的，该司法解释规定，行为人为索取高利贷、赌债等法律不予保护的债务，非法扣押、拘禁他人的，依照《刑法》第 238 条的规定定罪处罚。据此，甲为索要 30 万元赌债将乙扣押，并且实际上也未向乙的家人索要超过债务数额的金钱，应构成非法拘禁罪而非绑架罪。据此，不能认为甲构成绑架罪。A 项错误。

甲并没有超出这 30 万元，向乙本人以摔下山崖来威胁、索取财物，为索要 30 万元赌债将乙扣押，事出有因，和抢劫犯罪使用暴力取得他人财物并不相同，不能认为甲构成抢劫罪。B 项错误。

成立不作为犯，需要考虑有无履行作为义务的可能性。因此，认定甲成立不作为杀人的前提是甲有救助的义务并且实际上有履行该救助义务的可能性。在乙跳下山崖被发现后已经死亡，因此，这里不存在履行救助义务的可能性。所以甲不成立不作为的故意杀人。C 项错误。

D 项中，涉及非法拘禁致人死亡的认定，《刑法》第 238 条第 2 款规定："犯前款罪，致人重伤的，处三年以上十年以下有期徒刑；致人死亡的，处十年以上有期徒刑。使用暴力致人伤残、死亡的，依照本法第二百三十四条、第二百三十二条的规定定罪处罚。"就前半段看，致人重伤、死亡，是拘禁行为本身所过失导致的结果，才能成立该半段所规定的结果加重犯。此时，需要进一步考虑乙的跳崖行为对于其死亡结果的发生是否属于重要的异常行为。从题干表述看，乙当时只是被拘禁，而并没有说马上就要被扔下去。换言之，此时对于乙的生命法益而言，还并不那么紧迫，"不存在自己跳下去免得遭受更多的侮辱、折磨"的可能。因此，甲并没有对乙的生命产生现实的、迫在眉睫的危险，所以乙在此情况下选择跳崖应该说是异常的介入因素，不能把乙的死亡结果归于甲的拘禁行为。据此，甲不成立非法拘禁致人死亡。当然，从命题清晰的角度说，命题人所设计的这个带到山崖上的情节，某种意义上说，对于知识点的考查并不是太合适，因为，从悬崖上摔下去，即使是 3 天后才可能发生的，对一般人的精神强制也是很大的（不能猜想甲是说假话吓唬乙）。D 项正确。

难点解析

在以往考试中曾出现过的非法拘禁致人死亡的另一让人迷惑之处是，如果是警方在解救的过程中造成被拘禁人死亡的，能不能认为是行为人非法拘禁致人死亡。对此，一般认为，正常的解救行动过程引起伤亡后果是正常的情况，并非异常的介入因素，所以非法拘禁的行为人需要对被害人死亡后果负责。但是，如果警方的解救行动发生了严重的失误进而导致被拘禁人死亡的，此时可以说是异常的介入因素，则拘禁者不成立非法拘禁致人死亡。

第三节　绑架罪

1. ［答案］D　　［难度］中

［考点］绑架罪、共同犯罪的成立条件

［命题和解题思路］本题主要考查的是《刑法》第 238 条第 3 款，该款规定："为索取债务非法扣押、拘禁他人的，依照前两款的规定处罚"。另外，还考查了绑架罪的既遂标准和共同犯罪的成立条件。需要指出的是，2015 年 11 月 1 日施行的《刑法修正案（九）》已经将绑架致人死亡这一结果加重犯的规定予以删除，本题的 C 项即考查了这一立法调整。总体而言，本题考查的知识点相对直接，难度较低。

［选项分析］A 项的观点属于完全犯罪共同说的观点，该观点现已无人主张。共同犯罪是不法层面的共同，责任要素要个别判断，因此，所谓的共同故意，并不要求故意的内容完全相同，而只要求各共犯人基于一起实施某违法的事的意思联络即可，如果二人以上持不同的故意实施了某种行为，只能就他们所实施的性质相同的部分成立共同犯罪。本题中的甲持有绑架故意，但被甲利用的乙与丙并无绑架的故意，而只有以索取债务为动机的非法拘禁的故意，因此，不能说甲、乙、丙三人成立绑架罪的共犯，而只能在非法拘禁的范围内成立共同犯罪。实际上，不管是持部分犯罪共同说还是行为共同说，都不会认为三人成立绑架罪的共犯。A 项错误，不当选。

绑架罪被规定在"侵犯公民人身权利、民主权利罪"章中，因此其保护的法益主要是人身法益，对于绑架罪既遂的认定也应以是否控制了被害人的人身自由为标准。据此，绑架罪不应以行为人是否取得财物为判准。在乙与丙成功扣押被害人时已经既遂，既然既遂，便不存在犯罪中止的问题。B项错误，不当选。

《刑法修正案（九）》将第239条第2款“犯前款罪，致使被绑架人死亡或者杀害被绑架人的，处死刑，并处没收财产”修改为：“犯前款罪，杀害被绑架人的，或者故意伤害被绑架人，致人重伤、死亡的，处无期徒刑或者死刑，并处没收财产”。据此，绑架过程中致人死亡的不再存在结果加重犯。吴某是在被释放途中溺水而亡，其死亡并非甲杀害或故意伤害所致。当然，吴某（只有5岁）的死亡结果与甲的绑架行为之间具有条件说的因果关系，也不排除具有相当因果关系甚至认为甲对此有过失，但这与本选项无关。C项错误，不当选。

由于乙与丙已经以实力控制被害人的人身自由，成立非法拘禁罪既遂，至于甲的犯罪形态如何，不影响乙、丙二人的既遂判断。D项正确，当选。

2. [答案] C　　[难度] 中

[考点] 共同犯罪与犯罪构成的关系、绑架罪、故意杀人罪

[命题和解题思路] 命题人在本题中主要考查以下两个重要知识点：第一，完全刑事责任年龄者与未达刑事责任年龄的未成年人共同犯罪该如何处理；第二，对于未达相对刑事责任年龄者绑架他人后杀害被绑架者的定性问题。对于前一知识点来说，共同犯罪是指具备犯罪构成的客体与客观要件意义上的共同犯罪，而年龄因素则属于责任阶层，需要个别判断，因此，完全刑事责任年龄者与未达刑事责任年龄的未成年人共同犯罪可以成立共犯。而对于后一点，考生首先必须牢记相对刑事责任年龄要负刑事责任的几种特定情形；其次还必须掌握14至16周岁的未成年人绑架后杀人的只能定故意杀人罪。另外，需要提醒的是，《刑法修正案（九）》已经将第239条第2款“犯前款罪，致使被绑架人死亡或者杀害被绑架人的，处死刑，并处没收财产”修改为：“犯前款罪，杀害被绑架人的，或者故意伤害被绑架人，致人重伤、死亡的，处无期徒刑或者死刑，并处没收财产”。新规定将被绑架人死亡限定为故意杀人的才论以绑架罪，因此，对于绑架行为本身过失导致被害人死亡的，便不能再如修法前那样适用第239条第2款的规定，认定为绑架罪的结果加重犯了，而应构成绑架罪与非法拘禁致人重伤、死亡的结果加重犯、过失致人死亡罪的想象竞合，从一重罪论处。

[选项分析] 尽管甲只有15周岁，根据《刑法》第17条第3款的规定，甲不对绑架罪负责，但是对于杀害被害人丙，甲、乙二人均具备共同的认知与意欲，因此在故意杀人罪的范围内二人成立共同犯罪。A项正确，不当选。

如上所述，甲、乙在故意杀人罪的范围内成立共犯，在分别判断责任阶段，甲由于不符合绑架罪的刑事责任年龄要求，因此不能以绑架罪论处。对乙来说，由于绑架罪的加重犯中已经包括了杀害被绑架人，因此应当以绑架罪的结果加重犯论处。需要注意的是，真题中经常出现“触犯某罪”“构成某罪”“应以某罪论处”，一般来说，前两种表述并非最终认定的罪名（构成某罪有时会有例外），而应以某罪论处，则是考虑到了罪数、竞合等情况后的最终定性罪名。所以B项中，既说甲、乙触犯故意杀人罪，又说对乙应以绑架罪论处，其实并不存在矛盾之处。B项正确，不当选。

如A项分析所述，甲与乙在故意杀人的范围内成立共同犯罪，姑且不论乙是故意杀人的共同正犯或者是帮助犯，都要对丙死亡的结果负责。C项错误，当选。

成立共同犯罪，并非要求共犯人的罪名必须相同。对甲论以故意杀人罪，对乙则论以绑架罪，与共同犯罪的理论并不矛盾。D项正确，不当选。

第四节 遗弃罪

[答案] ABCD　　[难度] 易

[考点] 虐待罪、故意伤害罪、遗弃罪、强奸罪

[命题和解题思路] 本题考查的内容较细，主要考查虐待罪、遗弃罪、强奸罪的构成要件以及家庭成员间的作为义务。应该说，考生如果复习不到位，将会误认为虐待罪中的“家庭成员”必须是亲属法规定的近亲属。实际上，虐待罪中的“家庭成员”包括事实婚姻中的家庭成员。

[选项分析]《刑法》第260条将虐待罪的对象限定为家庭成员。按照题干的交代，甲、乙对

外以夫妻名义同居，形成了客观上的事实婚姻关系，刑法上认可这种事实、现状，进一步说，如果能将长期生活在一起的保姆认定为家庭成员，那么，对该保姆的虐待，也可以成立虐待罪。A 项正确。

乙作为丙的母亲，对于丙负有基于近亲属关系产生的保证人义务，因此，乙具有救助、保护的义务，能够履行而不履行，当然成立不作为的故意伤害罪。B 项正确。

遗弃罪是指对于年老、年幼、患病或者其他没有独立生活能力的人，负有扶养义务而拒绝扶养的行为。甲作为未成年人丙的父亲，对没有独立生活能力的丙负有抚养义务，但其拒绝抚养，构成遗弃罪。C 项正确。

无论是否承认婚内强奸，甲强行与乙性交都构成强奸罪。即便不承认婚内强奸，甲由于已经与丁结婚，其与乙的事实婚姻关系已经解除，二人之间不存在夫妻配偶关系，强行性交当然构成强奸罪。D 项正确。

第五节　拐卖妇女、儿童罪

1. ［答案］BC　　［难度］难

［考点］拐卖妇女、儿童罪，事实认识错误，被害人承诺

［命题和解题思路］本题考查了拐卖妇女、儿童罪，其中考查的难点在于命题者融入了事实认识错误中的对象错误的特殊情况。需要考生注意的是，在对象认识错误中，并不意味着在任何对象错误的场合具体符合说和法定符合说的结论都相同，具体参见 D 项的解析。

［选项分析］A 项具有较高的迷惑度。农家女作为精神正常的成年人，可以放弃自己的人身法益，因此，甲的行为没有侵犯该妇女的法益，甲的行为不能称之为“拐卖”，不构成拐卖妇女罪。A 项错误。

拐卖妇女、儿童罪的既遂以具有出卖的目的并实力控制他人为标准（除出卖自己的亲生或收养的孩子以外）。虽然乙未成功卖出被害人，但拐卖妇女罪只要行为人以出卖为目的，实施拐骗、绑架、收买、贩卖、接送、中转妇女的行为，就构成犯罪。B 项正确。

虽然丙基于出卖目的拐骗妇女至外地后放弃了出卖目的，但依然成立拐卖妇女罪，理由同上。C 项正确。

我国刑法中只有拐卖妇女、儿童罪，而不存在拐卖两人的共同上位概念—“拐卖人口罪”，因此，按照具体符合说，陈某对拐卖儿童成立未遂犯或者不能犯（按照客观的未遂犯，这里不可能侵犯一个不存在的男童的法益），而对于拐卖妇女则属于过失，我国刑法中不存在过失拐卖妇女罪，因此，只能无罪。但这样的观点显然不利于保护法益。而如果根据法定符合说，行为人所认识的事实与实际发生的事实，只要在构成要件的范围内是一致的，或者说二者在构成要件内是等价的，就成立故意的既遂犯。对于拐卖妇女、儿童罪来说，从构成要件的角度看，妇女和儿童在价值上是等同的，此时，应该依据其实际拐卖的对象的性别来定，因此，根据法定符合说，成立拐卖妇女罪的既遂。综上，对丁应以拐卖妇女罪的既遂来认定。D 项错误。

2. ［答案］C　　［难度］难

［考点］遗弃罪、故意杀人罪、绑架罪、抢劫罪、拐卖儿童罪、强迫劳动罪

［命题和解题思路］本题主要考查对侵犯公民人身权利相关的几个重点罪名犯罪构成的理解。需要注意的是，本题中对于 B 项的判断可能存在一些问题，应该说，抢劫罪和绑架罪并不是排斥关系，如果甲将刀架在乙的孩子丙的脖子上，向不远处的乙要 10 万元，否则就杀了丙，那么，很显然，甲怀着勒索财物的目的，以实力控制了丙，构成了绑架罪。同时，其以非法占有为目的，以胁迫的方法使得乙产生了恐惧心理，压制住了乙的反抗，因而也成立抢劫罪。两个罪形成想象竞合的关系。进一步扩展来说，绑架罪的绑架对象只要是行为人主观上认为能够使被勒索者产生安危忧虑的意思的人就可以了。而抢劫罪，根据法考的观点，则需要客观的关联性，即只有压制了被害人反抗而取得财物时，才能将财产损失的结果同时归于暴力或胁迫行为，从而使暴力、胁迫与取得财物产生机能性的关联。因此，如果作为胁迫工具的人质与被胁迫对象之间根本不存在任何利益关联，那么，将不构成抢劫罪（可能成立抢劫罪的预备，因为对财产法益没有造成紧迫的危险，不能认为胁迫该人质就已经形成抢劫罪的着手）。本题中，B 项中的客户与银行工作人员之

间到底存不存在利益关联，我们暂且认为存在，因为一般来说银行需要对客户在银行内的安全负责。

［选项分析］遗弃罪是指对于年老、年幼、患病或者其他没有独立生活能力的人，负有扶养义务而拒绝扶养，情节恶劣的行为。遗弃罪的保护法益是人的生命和身体健康，而故意杀人罪保护的法益是人的生命，因此，二者并非对立、互斥的关系。如果行为人对于他人的生命具有救助（作为）义务，却拒不救助的，则可能同时构成遗弃罪与故意杀人罪（不作为）。甲对家庭成员负有扶养义务而拒绝扶养，由此造成家庭成员死亡，当然成立遗弃罪。A 项错误。

如上所述，抢劫罪和绑架罪之间并非排斥关系，B 项的行为完全可能同时符合两罪的构成要件，成立想象竞合犯。B 项错误。

拐卖儿童罪，是指以出卖为目的，拐骗、绑架、收买、贩卖、接送、中转儿童的行为。拐卖儿童罪是侵犯人身权利罪，只要行为人控制了被拐卖者的人身即构成本罪既遂，至于其出卖的目的并不要求实际实现。本罪并非财产性犯罪，因此不要求行为人主观上具有营利目的，更不要求实现营利目的。因此，丙即便做了“亏本”买卖，但其是将儿童出卖，构成拐卖儿童罪。C 项正确。从答题技巧看，C 项最容易得出，因此，可以采用排除法来答本题。

《刑法》第 244 条第 2 款明文规定，明知他人实施强迫劳动行为，为其招募、运送人员或者有其他协助强迫他人劳动行为的，依照强迫劳动罪定罪处罚。丁明知工厂主熊某强迫工人劳动，仍招募苏某等人前往熊某工厂做工，成立强迫劳动罪。D 项错误。

第六节　强奸罪

［答案］BD　　［难度］难

［考点］强奸罪、犯罪未完成形态、结果加重犯

［命题和解题思路］本题中，甲的强奸行为系欲达目的而不能的未遂形态，而强奸罪中“致使被害人重伤、死亡或者造成其他严重后果”的结果加重犯，必须是暴力、胁迫或其他手段造成的重伤、死亡或者奸淫行为造成的重伤、死亡，不包括在未遂后为了逃脱抓捕而造成重伤结果的情况。本题中甲构成强奸罪未遂与故意伤害罪既遂。本题中的选项均具有一定的迷惑性，具有一定难度。

［选项分析］甲并未实施完毕奸淫行为，因此，不成立强奸罪的既遂（结合说）。甲造成的该重伤结果也非强奸的手段或作为目的的奸淫行为所致，不存在成不成立结果加重犯的问题。A 项错误。

《刑法》第 269 条规定，犯盗窃、诈骗、抢夺罪，为窝藏赃物、抗拒抓捕或者毁灭罪证而当场使用暴力或者以暴力相威胁的，依照《刑法》第 263 条的规定定罪处罚。该款是法律拟制，而本题中，甲并未犯盗窃、诈骗和抢夺罪，因此不能比照《刑法》第 269 条认定甲成立强奸罪的结果加重犯。B 项正确。

甲捅伤乙的行为，是在逃跑过程中进行的，并不是为了强奸而实施暴力之时，不能认为是强奸罪的实行行为，因此，不成立强奸致人重伤。C 项错误。

如上所述，甲的行为系强奸罪的未遂，在成立未遂后又因抗拒抓捕故意造成乙重伤，成立故意伤害罪既遂，应与强奸罪数罪并罚。D 项正确。

第七节　侵犯公民个人信息罪

1. ［答案］D　　［难度］中

［考点］侵犯公民个人信息罪、妨害信用卡管理罪

［命题和解题思路］本题考查的是妨害信用卡管理行为可能涉及的多个罪名及其罪数关系。两卡（信用卡和电信卡）犯罪是电信诈骗等犯罪的上游犯罪和关联犯罪，考生需要熟悉破坏信用卡管理秩序行为的罪名体系，运用罪数理论，根据题干信息分析确定行为人的罪名。

［选项分析］他人信用卡账号和密码属于公民个人信息，甲的非法收购并出售的行为符合侵犯公民个人信息罪的非法提供或者出售的行为方式，但是，该罪与窃取、收买、非法提供信用卡信息罪具有法条竞合关系，应依特别法的后罪处理。A 项错误。

如果要认定甲的行为与信用卡诈骗罪犯罪嫌疑人成立共同犯罪，需要有证据证明甲与出售对象之间的信用卡诈骗的共同故意（犯意联络），而题干中并未提供此信息。B 项错误。

妨害信用卡管理罪包括四种行为方式，考生可能会误认为系非法持有他人信用卡，但本题中，甲收买他人信用卡是为了加价转售牟利而非非法持有，且持有行为会被具体罪行所吸收。C 项错误。

他人信用卡账号和密码属于他人信用卡信息，甲收买的目的在于为他人非法提供以牟取利益。较之公民个人信息，信用卡信息属于特殊法条；较之持有行为，收买、非法提供属于实行行为。D 项正确。

2. ［答案］BC　［难度］易

［考点］侵犯公民个人信息罪

［命题和解题思路］本题考查的是刑法中的侵犯公民个人信息罪中的个人信息的认定。本题难度不大，命题人以此命题也凸显了命题紧密结合实务热点以及最新立法的趋向。考生只要熟练掌握侵犯公民个人信息罪的犯罪构成，选出正确答案很容易。

［选项分析］侵犯公民个人信息罪，是指违反国家有关规定，向他人出售或者提供公民个人信息，或者将在履行职责或提供服务过程之中获得的公民个人信息，出售或提供给他人，以及以窃取或其他方式非法获取公民个人信息，情节严重的行为。公民个人信息指的是姓名、年龄等能够识别个人身份或涉及个人隐私的信息以及数据资料。用高倍望远镜偷窥邻居的日常生活显然并不属于个人信息的范畴，而是属于个人隐私，不成立本罪。A 项不当选。

向他人出售公民个人信息是侵犯公民个人信息罪的典型行为表现，乙将单位数据库中病人的姓名、血型、DNA 等资料卖给某生物制药公司，构成侵犯公民个人信息罪。B 项当选。

通讯簿记载的姓名以及联系方式属于公民个人信息，丙将捡到的几本通讯簿在网上卖给他人，属于向他人出售公民个人信息，成立侵犯公民个人信息罪。C 项当选。

丁将收藏的多封 50 年代的信封（上有收件人姓名、单位或住址等信息）高价转让他人，该行为显然不可能导致信封收件人的个人信息安全受到侵害，否则售卖老信件的店铺老板都触犯侵犯公民个人信息罪了，这显然违背常理。D 项不当选。

第十七章　侵犯财产罪

试　题

第一节　抢劫罪

1. 关于财产犯罪，下列哪些说法是正确的？（2023 年回忆版）

A. 甲在肉摊小贩身后偷走小贩的剔骨刀，后甲趁乙不备，用剔骨刀割开乙的挎包背带，夺走挎包后逃走。甲构成抢夺罪

B. 甲潜入乙的家中偷窃珠宝，看到乙家桌子上的现金不为所动，继续翻找珠宝，后乙回家与甲照面，甲为逃脱抓捕，将乙打倒后逃脱（未及轻伤）。甲构成抢劫未遂

C. 甲在洗车过程中看到乙车副驾驶上及烟灰缸处有两张彩票，遂偷走两张彩票拿去兑奖，其中有一张彩票中奖 1 万元。无论是哪张彩票中奖，甲均构成盗窃既遂

D. 甲发现乙将电脑放置在商场一层维修部维修，便趁天黑商场关门后前往商场门口，对门内的清洁工丙说维修部的电脑是自己的，丙将电脑交给甲。甲对丙构成诈骗罪

2. 甲基于报复故意伤害乙，其在下列哪些情形下不成立抢劫罪？（2021 年回忆版）

A. 乙主动提出给甲 5000 元让其放过自己，甲要 10000 元，乙答应

B. 甲致乙昏迷后，乙身上的钱包掉落下来，甲拿走了乙的钱包

C. 甲致乙昏迷后，乙左手搭在口袋处，甲认为乙护着钱包，挪开了乙的手拿走了钱包

D. 甲致乙重伤后，乙怕死，提出支付甲 5000 元送自己去医院，甲要 10000 元，乙同意

3. 歹徒甲在公交车上看中乘客乙价值 5000 元的手包，甲在公交车到站开门时迅速夺过手包便跑下车，乘客乙紧追不放，好心的乘客丙也下车

追赶甲。在跑出200米后，甲顺手拿起路边水果摊的水果刀威胁丙："再过来我就不客气了。"丙毫不示弱，拼死抢回手包。关于甲的行为，下列哪一说法是正确的？（2018年回忆版）

A. 甲的行为构成《刑法》第269条规定的转化型抢劫罪，但不适用"在公共交通工具上抢劫"这一加重量刑情节

B. 甲的行为仅构成抢夺罪

C. 甲的行为构成抢劫罪，属于"在公共交通工具上抢劫"

D. 甲的行为仅构成抢夺罪，因为后续的暴力行为并没有造成被害人轻伤以上的后果，不能转化为抢劫罪

4. 关于抢劫罪的认定，下列哪些选项是正确的？（2017-2-60）

A. 甲欲进王某家盗窃，正撬门时，路人李某经过。甲误以为李某是王某，会阻止自己盗窃，将李某打昏，再从王某家窃走财物。甲不构成抢劫既遂

B. 乙潜入周某家盗窃，正欲离开时，周某回家，进屋将乙堵在卧室内。乙掏出凶器对周某进行恐吓，迫使周某让其携带财物离开。乙构成入户抢劫

C. 丙窃取刘某汽车时被发现，驾驶刘某的汽车逃跑，刘某乘出租车追赶。途遇路人陈某过马路，丙也未减速，将陈某撞成重伤。丙构成抢劫致人重伤

D. 丁抢夺张某财物后逃跑，为阻止张某追赶，出于杀害故意向张某开枪射击。子弹未击中张某，但击中路人汪某，致其死亡。丁构成抢劫致人死亡

5. 贾某在路边将马某打倒在地，劫取其财物。离开时贾某为报复马某之前的反抗，往其胸口轻踢了一脚，不料造成马某心脏骤停死亡。设定贾某对马某的死亡具有过失，下列哪一分析是正确的？（2016-2-16）

A. 贾某踢马某一脚，是抢劫行为的延续，构成抢劫致人死亡

B. 贾某踢马某一脚，成立事后抢劫，构成抢劫致人死亡

C. 贾某构成抢劫罪的基本犯，应与过失致人死亡罪数罪并罚

D. 贾某构成抢劫罪的基本犯与故意伤害（致死）罪的想象竞合犯

6. 李某乘正在遛狗的老妇人王某不备，抢下王某装有4000元现金的手包就跑。王某让名贵的宠物狗追咬李某。李某见状在距王某50米处转身将狗踢死后逃离。王某眼见一切，因激愤致心脏病发作而亡。关于本案，下列哪一选项是正确的？（2015-2-17）

A. 李某将狗踢死，属事后抢劫中的暴力行为

B. 李某将狗踢死，属对王某以暴力相威胁

C. 李某的行为满足事后抢劫的当场性要件

D. 对李某的行为应整体上评价为抢劫罪

7. 甲深夜进入小超市，持枪胁迫正在椅子上睡觉的店员乙交出现金，乙说"钱在收款机里，只有购买商品才能打开收款机"。甲掏出100元钱给乙说"给你，随便买什么"。乙打开收款机，交出所有现金，甲一把抓跑。事实上，乙给甲的现金只有88元，甲"亏了"12元。关于本案，下列哪一说法是正确的？（2013-2-8）

A. 甲进入的虽是小超市，但乙已在椅子上睡觉，甲属于入户抢劫

B. 只要持枪抢劫，即使分文未取，也构成抢劫既遂

C. 对于持枪抢劫，不需要区分既遂与未遂，直接依照分则条文规定的法定刑量刑即可

D. 甲虽"亏了"12元，未能获利，但不属于因意志以外的原因未得逞，构成抢劫罪既遂

8. 甲潜入他人房间欲盗窃，忽见床上坐起一老妪，哀求其不要拿她的东西。甲不理睬而继续翻找，拿走一条银项链（价值400元）。关于本案的分析，下列哪些选项是正确的？（2013-2-60）

A. 甲并未采取足以压制老妪反抗的方法取得财物，不构成抢劫罪

B. 如认为区分盗窃罪与抢夺罪的关键在于是秘密取得财物还是公然取得财物，则甲的行为属于抢夺行为；如甲作案时携带了凶器，则对甲应以抢劫罪论处

C. 如采取B选项的观点，因甲作案时未携带凶器，也未秘密窃取财物，又不符合抢夺罪"数额较大"的要件，无法以侵犯财产罪追究甲的刑事责任

D. 如认为盗窃行为并不限于秘密窃取，则甲

的行为属于入户盗窃，可按盗窃罪追究甲的刑事责任

第二节　抢夺罪

乙女在路上被铁丝绊倒，受伤不能动，手中钱包（内有现金 5000 元）摔出七八米外。路过的甲捡起钱包时，乙大喊“我的钱包不要拿”，甲说“你不要喊，我拿给你”，乙信以为真没有再喊。甲捡起钱包后立即逃走。关于本案，下列哪一选项是正确的？（2016-2-18）

A. 甲以其他方法抢劫他人财物，成立抢劫罪

B. 甲以欺骗方法使乙信以为真，成立诈骗罪

C. 甲将乙的遗忘物据为己有，成立侵占罪

D. 只能在盗窃罪或者抢夺罪中，择一定性甲的行为

第三节　盗窃罪

1. 乘客甲乘坐出租车，手机落在车上，司机乙看着甲下车却未提醒。随后其解锁甲的手机，从甲的银行卡中转账 3 万元到自己的微信中，并用微信付款的方式从网上购买了 3 万元的货品。关于本案，下列哪些说法是正确的？（2023 年回忆版）

A. 甲离开之际，乙知情但基于占为己有的意图，而未告知甲手机落在车上。乙构成不作为的盗窃罪

B. 若甲打电话，乙接到电话后谎称是路人捡到的手机，然后挂断电话，则乙构成诈骗罪

C. 如果乙待甲走了才发现并拿走手机占为己有，可能构成侵占罪

D. 乙破解手机密码后将银行卡里的钱转到微信，构成信用卡诈骗罪

2. 甲经常驾驶车辆在高速路收费站紧跟前车快速通过 ETC，其采用这种方式偷逃高速通行费共计 1 万余元。关于甲的行为定性，下列哪一说法是正确的？（2021 年回忆版）

A. 盗窃罪　　B. 诈骗罪

C. 抢夺罪　　D. 侵占罪

3. 甲乘坐公交车时，趁邻座乙睡觉之机，打开乙的手机，将其微信零钱扫码转走，后担心乙醒来后发现，又拿走乙的手机准备销毁。翌日，甲觉得销毁手机不划算，转而将手机卖与他人。关于甲的行为定性（不考虑数额），下列哪一选项是正确的？（2020 年回忆版）

A. 盗窃罪

B. 掩饰犯罪所得罪

C. 故意毁坏财物罪

D. 侵占罪

4. 周某在某民营银行办理了银行卡与 U 盾，银行大厅经理郑某在假意指导周某如何使用 U 盾时偷换了周某的 U 盾并骗周某说：“只能在一周之后使用 U 盾。”周某信以为真。后郑某利用周某的 U 盾，将周某卡内的 3 万元转入自己的银行卡。关于郑某的行为定性，下列哪一说法是正确的？（2019 年回忆版）

A. 职务侵占罪

B. 盗窃罪

C. 诈骗罪

D. 信用卡诈骗罪

5. 下列哪些行为构成盗窃罪（不考虑数额）？（2019 年回忆版）

A. 甲将共享单车的车锁砸坏，放到家里仅供自己使用

B. 乙正常使用单车，但为了骑行便利而将共享单车停放在自己家门口

C. 丙看到没上锁的共享单车，便将其推到自己家里仅供自己使用

D. 丁将共享单车推回村里，让村民扫码使用共享单车

6. 甲骑摩托车载着乙，因路面崎岖泥泞，甲便下车推着摩托车前行。此时乙提出帮忙将车骑过泥泞路段，甲同意并且紧跟其后，双眼一直注视乙。不料过了泥泞路段后，乙骑着摩托车扬长而去。关于乙的行为，下列哪一说法是正确的？（2018 年回忆版）

A. 盗窃罪　　B. 侵占罪

C. 抢夺罪　　D. 抢劫罪

7. 郑某冒充银行客服发送短信，称张某手机银行即将失效，需重新验证。张某信以为真，按短信提示输入银行卡号、密码等信息后，又将收到的编号为 135423 的“验证码”输入手机页面。后张某发现，其实是将 135423 元汇入了郑某账户。关于本案的分析，下列哪一选项是正确的？

(2017-2-17)

A. 郑某将张某作为工具加以利用，实现转移张某财产的目的，应以盗窃罪论处

B. 郑某虚构事实，对张某实施欺骗并导致张某处分财产，应以诈骗罪论处

C. 郑某骗取张某的银行卡号、密码等个人信息，应以侵犯公民个人信息罪论处

D. 郑某利用电信网络，为实施诈骗而发布信息，应以非法利用信息网络罪论处

8. 某小区五楼刘某家的抽油烟机发生故障，王某与李某上门检测后，决定拆下搬回维修站修理。刘某同意。王某与李某搬运抽油烟机至四楼时，王某发现其中藏有一包金饰，遂暗自将之塞入衣兜。(事实一)

关于事实一的分析，下列选项正确的是：(2017-2-86)

A. 王某从抽油烟机中窃走金饰，破除刘某对金饰的占有，构成盗窃罪

B. 王某未经李某同意，窃取李某与其共同占有的金饰，应构成盗窃罪

C. 刘某客观上已将抽油烟机及机内金饰交给王某代为保管，王某取走金饰的行为构成侵占罪

D. 刘某将金饰遗忘在抽油烟机内，王某将其据为己有，是非法侵占他人遗忘物，构成侵占罪

9. 下列哪些行为构成盗窃罪（不考虑数额）？(2016-2-59)

A. 酒店服务员甲在帮客人拎包时，将包中的手机放入自己的口袋据为己有

B. 客人在小饭馆吃饭时，将手机放在收银台边上充电，请服务员乙帮忙照看。乙假意答应，却将手机据为己有

C. 旅客将行李放在托运柜台旁，到相距20余米的另一柜台问事时，机场清洁工丙将该行李拿走据为己有

D. 顾客购物时将车钥匙遗忘在收银台，收银员问是谁的，丁谎称是自己的，然后持该钥匙将顾客的车开走

10. 菜贩刘某将蔬菜装入袋中，放在居民小区路旁长条桌上，写明“每袋20元，请将钱放在铁盒内”。然后，刘某去3公里外的市场卖菜。小区理发店的店员经常好奇地出来看看是否有人偷菜。甲数次公开拿走蔬菜时假装往铁盒里放钱。关于甲的行为定性（不考虑数额），下列哪一选项是正确的？(2015-2-19)

A. 甲乘人不备，公然拿走刘某所有的蔬菜，构成抢夺罪

B. 蔬菜为经常出来查看的店员占有，甲构成盗窃罪

C. 甲假装放钱而实际未放钱，属诈骗行为，构成诈骗罪

D. 刘某虽距现场3公里，但仍占有蔬菜，甲构成盗窃罪

11. 甲的下列哪些行为属于盗窃（不考虑数额）？(2014-2-60)

A. 某大学的学生进食堂吃饭时习惯于用手机、钱包等物占座后，再去购买饭菜。甲将学生乙用于占座的钱包拿走

B. 乙进入面馆，将手机放在大厅6号桌的空位上，表示占座，然后到靠近窗户的地方看看有没有更合适的座位。在7号桌吃面的甲将手机拿走

C. 乙将手提箱忘在出租车的后备箱。后甲搭乘该出租车时，将自己的手提箱也放进后备箱，并在下车时将乙的手提箱一并拿走

D. 乙全家外出打工，委托邻居甲照看房屋。有人来村里购树，甲将乙家山头上的树谎称为自家的树，卖给购树人，得款3万元

12. 甲在强制戒毒所戒毒时，无法抗拒毒瘾，设法逃出戒毒所。甲径直到毒贩陈某家，以赊账方式买了少量毒品过瘾。后甲逃往乡下，告知朋友乙详情，请乙收留。乙让甲住下。(事实一)甲对陈某的毒品动起了歪脑筋，探知陈某将毒品藏在厨房灶膛内。某夜，甲先用毒包子毒死陈某的2条看门狗（价值6000元），然后翻进陈某院墙，从厨房灶膛拿走陈某50克纯冰毒。(事实二)

关于事实二的判断，下列选项正确的是：(2014-2-90)

A. 甲翻墙入院从厨房取走毒品的行为，属于入户盗窃

B. 甲进入陈某厨房的行为触犯非法侵入住宅罪

C. 甲毒死陈某看门狗的行为是盗窃预备与故意毁坏财物罪的想象竞合

D. 对甲盗窃50克冰毒的行为，应以盗窃罪

论处，根据盗窃情节轻重量刑

13. 乙驾车带甲去海边游玩。到达后，乙欲游泳。甲骗乙说：“我在车里休息，把车钥匙给我。”趁乙游泳，甲将该车开往外地卖给他人。甲构成何罪？（2013-2-17）

A. 侵占罪

B. 盗窃罪

C. 诈骗罪

D. 盗窃罪与诈骗罪的竞合

第四节　侵占罪与职务侵占罪

1. 国家公职人员兰某让私有企业经理赵某利用职务便利报销其旅游费 6 万元，赵某考虑到以后还需要兰某审批企业补助款的发放，便以兰某为企业办业务产生了费用为由，为兰某报销了旅游费。关于兰某的行为，下列哪些说法是正确的？（2023 年回忆版）

A. 构成贪污罪

B. 构成职务侵占罪

C. 构成受贿罪

D. 不构成犯罪

2. 王某利用担任民营公司法定代表人的便利，伪造公司股份转让协议，将冯某名下股份转让至自己弟弟名下，加盖公司公章后，到主管部门备案登记。之后，王某隐瞒其他股东非法清算公司财产，将数额特别巨大的公司财产据为己有。对此，下列哪一说法是正确的？（2023 年回忆版）

A. 涉案股权既属于冯某个人所有又属于公司财产，王某构成职务侵占罪

B. 王某利用职务之便，非法占有冯某所有的公司股份，构成职务侵占罪

C. 王某利用职务之便，非法清算并占有本单位的财产，构成职务侵占罪

D. 王某利用职务之便，非法占有公司管理的他人财产，构成职务侵占罪

3. 快餐店标价 100 元的套餐盒饭卖给员工是 40 元的优惠价，员工甲购买后，又以 70 元每盒的价格售出。关于甲的行为性质（不考虑数额），下列哪一说法是正确的？（2023 年回忆版）

A. 构成职务侵占罪

B. 构成盗窃罪

C. 构成诈骗罪

D. 不构成犯罪

4. 下列哪一行为成立侵占罪？（2017-2-18）

A. 张某欲向县长钱某行贿，委托甲代为将 5 万元贿赂款转交钱某。甲假意答应，拿到钱后据为己有

B. 乙将自己的房屋出售给赵某，虽收取房款却未进行所有权转移登记，后又将房屋出售给李某

C. 丙发现洪灾灾区的居民已全部转移，遂进入居民房屋，取走居民来不及带走的贵重财物

D. 丁分期付款购买汽车，约定车款付清前汽车由丁使用，所有权归卖方。丁在车款付清前将车另售他人

5. 乙全家外出数月，邻居甲主动帮乙照看房屋。某日，甲谎称乙家门口的一对石狮为自家所有，将石狮卖给外地人，得款 1 万元据为己有。关于甲的行为定性，下列哪一选项是错误的？（2015-2-18）

A. 甲同时触犯侵占罪与诈骗罪

B. 如认为购买者无财产损失，则甲仅触犯盗窃罪

C. 如认为购买者有财产损失，则甲同时触犯盗窃罪与诈骗罪

D. 不管购买者是否存在财产损失，甲都触犯盗窃罪

6. 公司保安甲在休假期内，以“第二天晚上要去医院看望病人”为由，欺骗保安乙，成功和乙换岗。当晚，甲将其看管的公司仓库内价值 5 万元的财物运走变卖。甲的行为构成下列哪一犯罪？（2014-2-17）

A. 盗窃罪　　B. 诈骗罪

C. 职务侵占罪　　D. 侵占罪

7. 乙（16 周岁）进城打工，用人单位要求乙提供银行卡号以便发放工资。乙忘带身份证，借用老乡甲的身份证以甲的名义办理了银行卡。乙将银行卡号提供给用人单位后，请甲保管银行卡。数月后，甲持该卡到银行柜台办理密码挂失，取出 1 万余元现金，拒不退还。甲的行为构成下列哪一犯罪？（2014-2-18）

A. 信用卡诈骗罪

B. 诈骗罪

C. 盗窃罪（间接正犯）

D. 侵占罪

第五节　诈骗罪

1. 下列哪些情形不成立诈骗罪?(2021 年回忆版)

A. 甲在超市里把矿泉水倒掉，然后往矿泉水空瓶里装上白酒冒充矿泉水去结账

B. 乙在餐厅吃完饭后，告知收银员送完朋友后回来结账，收银员未吭声，乙一去不回

C. 丙使用电费 5000 元，通过技术手段使电表显示为 1000 元，电力公司收取丙 1000 元电费

D. 丁见邻居房子无人居住，便擅自将房子出租给李某，收取李某租金 5 万元并占为己有

2. 甲网购了一部手机，在快递点直接拿走快递后，联系商家谎称未收到货。商家向甲全额退款，要求快递公司赔偿所有损失。关于甲的行为，下列哪一说法是正确的?（2021 年回忆版）

A. 甲仅对手机构成盗窃

B. 甲仅对退款构成诈骗

C. 甲对手机构成盗窃，对退款构成诈骗

D. 不论对手机或是退款，甲的行为整体构成诈骗

3. 甲捡到乙的手机后猜出了手机中的支付宝密码，遂用乙的蚂蚁花呗购买了价值 3 万元的商品。关于甲的行为性质，下列哪些说法是正确的?（2019 年回忆版）

A. 甲冒充乙向第三方支付平台借款并使用，因此甲对乙构成诈骗罪

B. 乙虽然是遭受财产损失的被害人，但甲并未欺骗乙，因此甲对乙不构成诈骗罪

C. 商户并没有遭受财产损失，也未受骗，因此甲对商户不构成诈骗罪

D. 即使蚂蚁花呗类似于信用卡，甲也不构成信用卡诈骗罪

4. 套路贷是对以非法占有为目的，假借民间借贷之名，诱使或迫使被害人签订“借贷”或变相“借贷”“抵押”“担保”等相关协议，通过虚增借贷金额、恶意制造违约、肆意认定违约、毁匿还款证据等方式形成虚假债权债务，并借助诉讼、仲裁、公证或者采用暴力、威胁以及其他手段非法占有被害人财物的相关违法犯罪活动的概括性称谓。关于套路贷，下列哪些选项的说法是正确的?（2019 年回忆版）

A. “套路贷”既可能构成诈骗罪，也可能构成敲诈勒索罪，还有可能构成非法拘禁罪、虚假诉讼罪、寻衅滋事罪、绑架罪等

B. 平等主体之间基于真实的自由意志形成的民间借贷关系，出借人要求借款人按照协议约定内容还本付息的，不属于“套路贷”

C. 明知他人实施“套路贷”而组织发送贷款广告信息吸引、介绍被害人“借款”，成立相应犯罪的共犯

D. 因“套路贷”产生的利息、保险金、中介费、服务费、违约金等名目被非法占有的财物，应计入“套路贷”的犯罪数额

5. 某小区五楼刘某家的抽油烟机发生故障，王某与李某上门检测后，决定拆下搬回维修站修理。刘某同意。王某与李某搬运抽油烟机至四楼时，王某发现其中藏有一包金饰，遂暗自将之塞入衣兜。（事实一）王某与李某将抽油烟机搬走后，刘某想起自己此前曾将金饰藏于其中，追赶前来，见王某神情可疑，便要其返还金饰。王某为洗清嫌疑，乘乱将金饰转交李某，李某心领神会，接过金饰藏于裤兜中。刘某确定王某身上没有金饰后，转身再找李某索要。李某突然一拳击倒刘某，致其倒地重伤。李某与王某随即逃走。（事实二）后王某建议李某将金饰出售，得款二人平分，李某同意。李某明知金饰价值 1 万元，却向亲戚郭某谎称金饰为朋友委托其出售的限量版，售价 5 万元。郭某信以为真，花 5 万元买下金饰。拿到钱后，李某心生贪念，对王某称金饰仅卖得 1 万元，分给王某 5000 元。(事实三)

关于事实三的分析，下列选项正确的是:(2017-2-88)

A. 李某对郭某进行欺骗，导致郭某以高价购买赃物，构成诈骗罪

B. 李某明知金饰是犯罪所得而出售，构成掩饰、隐瞒犯罪所得罪

C. 李某欺骗王某放弃对剩余 2 万元销赃款的返还请求，构成诈骗罪

D. 李某虽将金饰卖得 5 万元，但王某所犯财产犯罪的数额为 1 万元

6. 关于诈骗罪的认定，下列哪一选项是正确的（不考虑数额）?（2016-2-17）

A. 甲利用信息网络，诱骗他人点击虚假链接，通过预先植入的木马程序取得他人财物。即使他人不知点击链接会转移财产，甲也成立诈骗罪

B. 乙虚构可供交易的商品，欺骗他人点击付款链接，取得他人财物的，由于他人知道自己付款，故乙触犯诈骗罪

C. 丙将钱某门前停放的摩托车谎称是自己的，卖给孙某，让其骑走。丙就钱某的摩托车成立诈骗罪

D. 丁侵入银行计算机信息系统，将刘某存折中的 5 万元存款转入自己的账户。对丁应以诈骗罪论处

7. 下列哪些行为触犯诈骗罪（不考虑数额）？（2015-2-63）

A. 甲对李某家的保姆说："李某现在使用的手提电脑是我的，你还给我吧。"保姆信以为真，将电脑交给甲

B. 甲对持有外币的乙说："你手上拿的是假币，得扔掉，否则要坐牢。"乙将外币扔掉，甲乘机将外币捡走

C. 甲为灾民募捐，一般人捐款几百元。富商经过募捐地点时，甲称："不少人都捐一、二万元，您多捐点吧。"富商信以为真，捐款 2 万元

D. 乙窃取摩托车，准备骑走。甲觉其可疑，装成摩托车主人的样子说："你想把我的车骑走啊？"乙弃车逃走，甲将摩托车据为己有

8. 关于诈骗罪的理解和认定，下列哪些选项是错误的？（2013-2-61）

A. 甲曾借给好友乙 1 万元。乙还款时未要回借条。一年后，甲故意拿借条要乙还款。乙明知但碍于情面，又给甲 1 万元。甲虽获得 1 万元，但不能认定为诈骗既遂

B. 甲发现乙出国后其房屋无人居住，便伪造房产证，将该房租给丙住了一年，收取租金 2 万元。甲的行为构成诈骗罪

C. 甲请客（餐费 1 万元）后，发现未带钱，便向餐厅经理谎称送走客人后再付款。经理信以为真，甲趁机逃走。不管怎样理解处分意识，对甲的行为都应以诈骗罪论处

D. 乙花 2 万元向甲购买假币，后发现是一堆白纸。由于购买假币的行为是违法的，乙不是诈骗罪的受害人，甲不成立诈骗罪

第六节　敲诈勒索罪

1. 甲男以嫖娼为名网约乙女，甲男携带电棍，以印有警察字样的钱包冒充警察工作证，以乙女从事卖淫违法行为为由，责令乙女缴纳 2000 元罚款。关于甲男的行为性质，下列哪些说法是正确的？（2020 年回忆版）

A. 用印有警察字样的钱包冒充警察工作证，甲男构成招摇撞骗罪

B. 电棍通常是暴力或者暴力威胁的工具，甲男构成抢劫罪

C. 乙女交付财物是基于恐惧、害怕的心理，甲男构成敲诈勒索罪

D. 乙女交付财物是对甲男警察身份产生错误认识，甲男构成诈骗罪

2. 乙购物后，将购物小票随手扔在超市门口。甲捡到小票，立即拦住乙说："你怎么把我购买的东西拿走？"乙莫名其妙，甲便向乙出示小票，两人发生争执。适逢交警丙路过，乙请丙判断是非，丙让乙将商品还给甲，有口难辩的乙只好照办。关于本案的分析（不考虑数额），下列哪一选项是错误的？（2014-2-19）

A. 如认为交警丙没有处分权限，则甲的行为不成立诈骗罪

B. 如认为盗窃必须表现为秘密窃取，则甲的行为不成立盗窃罪

C. 如认为抢夺必须表现为乘人不备公然夺取，则甲的行为不成立抢夺罪

D. 甲虽未实施恐吓行为，但如乙心生恐惧而交出商品的，甲的行为构成敲诈勒索罪

第七节　故意毁坏财物罪

甲送给国有收费站站长吴某 3 万元，与其约定：甲在高速公路另开出口帮货车司机逃费，吴某想办法让人对此不予查处，所得由二人分成。后甲组织数十人，锯断高速公路一侧隔离栏、填平隔离沟（恢复原状需 3 万元），形成一条出口。路过的很多货车司机知道经过收费站要收 300 元，而给甲 100 元即可绕过收费站继续前行。甲以此方式共得款 30 万元，但骗吴某仅得 20 万元，并按此数额分成。关于甲锯断高速公路隔离栏的定性，下列分析正确的是：（2015-2-86）

A. 任意损毁公私财物，情节严重，应以寻衅滋事罪论处

B. 聚众锯断高速公路隔离栏，成立聚众扰乱交通秩序罪

C. 锯断隔离栏的行为，即使得到吴某的同意，也构成故意毁坏财物罪

D. 锯断隔离栏属破坏交通设施，在危及交通安全时，还触犯破坏交通设施罪

详　解

第一节　抢劫罪

1.［答案］ABC　　［难度］难

［考点］抢夺罪、抢劫罪、盗窃罪、诈骗罪

［命题和解题思路］本题命题者通过四个独立的案件，考查了抢夺罪、抢劫罪、盗窃罪和诈骗罪四个最常考的财产犯罪罪名。应当说，BC 项具有一定难度，B 项中穿插了转化型抢劫的构成和既遂标准问题；C 项中设置了将彩票放到烟灰缸中的情节，可能会让考生误解是遗弃物，进而对哪张彩票中奖查不清时适用事实存疑时有利于被告人原则。但在生活观念中，把小件物品放到车内的凹槽处即便是烟灰缸处也很正常，并不意味着就要丢掉，且在私人汽车之内，所以仍是由车主占有，而非遗弃物。

［选项分析］甲偷走小贩的剔骨刀，由于财产价值不高，一般达不到盗窃罪的起刑点，且与夺走挎包的行为形成包括的一罪。而甲趁乙不备，用剔骨刀割开乙挎包背带，夺走挎包的行为，由于只是对物暴力，对人身无法形成危险。因此，甲成立抢夺罪，而非抢劫罪。A 项正确。

甲在乙家中搜寻翻找珠宝的行为，已经成立盗窃罪的着手，后为了逃脱抓捕而将乙打倒的行为，已经足以压制被害人的反抗，成立转化型抢劫罪（前罪只需达到值得处罚的程度即可，即要求着手），但由于既没有非法获得财物，也没有导致被害人轻伤以上程度，因此成立转化型抢劫的未遂。B 项正确。

不论彩票在车内什么位置，对于私家车而言，都不能推定是遗弃物。因此，无论是哪张彩票中奖，对于彩票而言，其属于不记名、不挂失的有价证券，价值包括两个方面：一是交易价值，一般表现为票面数额；二是期待价值，即中奖奖金。根据“两高”《关于办理盗窃刑事案件适用法律若干问题的解释》第 5 条第 1 项的规定，盗窃不记名、不挂失的有价支付凭证，应当按票面数额和盗窃时应得的孳息、奖金或者奖品等可得收益一并计算盗窃数额。C 项正确。

丙并非电脑的占有人即丙是无权处分人，因此无法对丙成立诈骗罪。清洁工丙只是客观上帮助甲排除了盗窃乙电脑的妨害。可以说，甲是盗窃罪的间接正犯。因此，D 项错误。

2.［答案］BCD　　［难度］中

［考点］抢劫罪

［命题和解题思路］本题考查了抢劫罪的构成要件，需要提醒考生的是，不能机械地理解抢劫罪的行为构造。一般来说，抢劫罪是基于非法占有的目的而使用暴力、胁迫或者其他方法→压制对方反抗→强取财物，即使用暴力、胁迫或其他方法是出于非法占有的目的，但如果是出于其他目的实施暴力、胁迫，使被害人丧失反抗能力后，产生非法占有财物的意图，进而取走财物的，则较为复杂。此时，要看取走财物是否仰赖了暴力或者胁迫，如果是暴力、胁迫并没有持续时，被害人主动提出给钱，但行为人却提出数额要求，可以评价为新的胁迫行为，成立抢劫罪。而在暴力、胁迫已经压制反抗后产生取得财物的意思，在被害人没有意识到的情况下，取走了被害人的财物，因为没有任何暴力、胁迫的行为，所以不能成立抢劫罪。①

［选项分析］A 项中，提出数额要求，可以评价为新的胁迫行为，不然难以解释为什么乙要自愿给这么多钱。故 A 项不当选。

B 项中，甲使用的暴力并非基于非法占有目的，而获取财物则是利用了乙不知情的状态，应成立盗窃。故 B 项当选。

C 项中，客观上甲实施的是取走昏迷的乙的钱包的盗窃行为，主观上具有抢劫故意；主客观相统一，构成盗窃罪。故 C 项当选。

D 项中，甲使用暴力并非基于非法占有目的，且乙同意支付 10000 元并非反抗意思之下的处分行为，不成立抢劫。故 D 项当选。

---

① 参见张明楷：《刑法学》（第六版），法律出版社 2021 年版，第 1273 页；《侵犯人身罪与侵犯财产罪》，北京大学出版社 2021 年版，第 245—253 页。

3. [答案] A　　[难度] 中

[考点] 抢劫罪

[命题和解题思路] 命题者在本题中主要想考查在公共交通工具上抢劫和转化型抢劫的认定。对于前者，需要把握的是暴力必须发生在公共交通工具上，才有可能成立在公共交通工具上抢劫。对于后者，需要注意的是暴力和以暴力相威胁的对象不限于财产占有人，还包括客观妨碍行为人窝藏赃物、抗拒抓捕或者毁灭罪证的人。

[选项分析] 最高人民法院《关于审理抢劫刑事案件适用法律若干问题的指导意见》明确规定，入户或者在公共交通工具上盗窃、诈骗、抢夺后，为了窝藏赃物、抗拒抓捕或者毁灭罪证，在户内或者公共交通工具上当场使用暴力或者以暴力相威胁的，构成“入户抢劫”或者“在公共交通工具上抢劫”。换言之，在公共交通工具上抢劫必须是在公共交通工具上使用暴力或者以暴力相威胁。在公共交通工具上抢劫进行从重处罚的目的在于保护相应场所内生活的安宁，便可以推导出暴力、胁迫行为必须发生在户内和公共交通工具上。而转化型抢劫的暴力或以暴力相威胁的对象如前所述，可以是客观妨碍行为人窝藏赃物、抗拒抓捕或者毁灭罪证的人，诸如本题中的好心乘客。因此，A 项正确，C 项错误。

转化型抢劫要求“当场使用暴力或以暴力相威胁”，当场是指在盗窃、诈骗、抢夺犯罪的现场以及行为人刚离开现场就被他人发现并抓捕的全过程。甲抢夺后被他人当场发现并抓捕，甲以暴力相威胁，据此，甲的行为属于转化型抢劫罪，而非仅仅成立抢夺罪。B 项错误。

成立转化型抢劫并不要求后续的暴力、胁迫行为必须造成轻伤以上后果，事实上，成立抢劫罪也不是必须要求暴力等行为造成轻伤以上后果。D 项错误。

4. [答案] ABD　　[难度] 中

[考点] 抢劫罪

[命题和解题思路] 本题考查的是转化型抢劫的认定，其中四个选项考查了考生对事后抢劫的暴力对象、入户抢劫的认定、抢劫致人死亡的理解与适用。在解答本题时，需要紧紧围绕成立事后抢劫的三个要件分析是否成立事后抢劫。在肯定成立事后抢劫的基础上，如果暴力行为和死伤结果之间也存在因果关系，则能够认定成立抢劫致人重伤、死亡。

[选项分析] 司法实践中，由于对盗窃、诈骗、抢夺罪的预备刑法不可能予以处罚，因此，成立事后抢劫，只有着手实施盗窃、诈骗、抢夺行为者才能构成。而对于入户盗窃来说，其着手是以入户后开始物色财物为标准，甲正撬门时，只能认定为在实施预备行为。另外，李某根本不是房主，其对甲的盗窃也并不知情，对于此类与窝藏赃物、抗拒抓捕或者毁灭罪证不存在客观阻碍的对象，不能成为转化型抢劫的暴力或以暴力相威胁的对象，因此甲不构成事后抢劫。进而，即便最后甲顺利取得王某的财物，也不构成抢劫罪既遂。A 项正确。

最高人民法院《关于审理抢劫案件具体应用法律若干问题的解释》规定，对于入户盗窃，因被发现而当场使用暴力或者以暴力相威胁的行为，应当认定为入户抢劫。B 项正确。

丙虽然将陈某撞成重伤，但丙并非出于窝藏赃物、抗拒抓捕或者毁灭罪证的目的，故丙对陈某不成立（事后）抢劫罪，当然也就不构成抢劫致人重伤。C 项错误。

丁抢夺张某财物后逃跑，为阻止张某追赶出于杀害故意向张某开枪射击，很明显属于事后抢劫行为。由于开枪击中路人汪某，汪某的死亡结果与丁的暴力行为显然存在因果关系，而抢劫致人死亡包括过失致人死亡，因此，丁成立抢劫致人死亡。D 项正确。

易混淆点解析

需要提醒考生的是 C 项不成立抢劫致人重伤与暴力的对象不是被害人无关。应当认为，事后抢劫罪的暴力或暴力威胁的对象包含了被害人以外的第三人。毕竟《刑法》第 269 条并未将暴力、胁迫的对象限定为被害人。并且，只要为了窝藏赃物等目的而当场使用暴力或以暴力相威胁，无论是对被害人自己还是对被害人以外的第三人，从社会危害性（不法与责任）上看并没有本质的不同。

5. [答案] C　　[难度] 易

[考点] 抢劫罪的既遂、故意伤害罪

[命题和解题思路] 本题主要考查对抢劫罪既

遂标准、事后抢劫、抢劫致人死亡的理解。尽管选项涉及的知识点包括事后抢劫、抢劫致人死亡等，考生其实只要把握住贾某的抢劫已经既遂，便能够做对本题。

［选项分析］在贾某将马某打倒在地劫取其财物后，已经排除了马某对于财物的占有，建立了自己的占有，因此，成立抢劫罪既遂。此时朝胸口踢的一脚，已经不能评价为抢劫罪的暴力，因而，该死亡结果不可能归责于抢劫中的暴力行为，不能成立抢劫致人死亡。A 项错误。

《刑法》第 269 条规定，犯盗窃、诈骗、抢夺罪，为窝藏赃物、抗拒抓捕或者毁灭罪证而当场使用暴力或者以暴力相威胁的，以抢劫罪定罪处罚。显然，事后抢劫以前行为性质上属于盗窃、抢夺和诈骗为限，而贾某已然成立抢劫既遂，明显无法认定为事后抢劫。B 项错误。

贾某在抢劫既遂后，基于报复他人的目的过失致人死亡，应当以抢劫罪与过失致人死亡罪数罪并罚。C 项正确。

贾某只是轻踢了一脚，一般来说，不会造成轻伤及以上的结果，证明其主观上不存在伤害的故意。就马某的死亡而言，题干中已经交代是过失所致，所以贾某成立过失致人死亡罪，而不成立故意伤害（致死）罪。D 项错误。

6. ［答案］C　　［难度］中

［考点］抢劫罪

［命题和解题思路］本题主要考查对事后抢劫中的“当场使用暴力或者以暴力相威胁”的理解。最高人民法院《关于审理抢劫刑事案件适用法律若干问题的指导意见》中指出，对于以摆脱的方式逃脱抓捕，暴力强度较小，未造成轻伤以上后果的，可不认定为“使用暴力”，不以抢劫罪论处。正确解答本题，只需要紧扣住“事后抢劫同样也是抢劫”，因此暴力的程度也需达到普通抢劫罪的压制被害人反抗的程度。明白这一点，便可以很快排除 ABD 项。

［选项分析］需要提醒考生的是，事后抢劫中的暴力与以暴力相威胁必须与普通抢劫罪中的暴力和以暴力相威胁作同等理解，即事后抢劫中的暴力和以暴力相威胁也必须达到足以压制他人反抗、威胁他人人身安全的程度（对人的暴力而非对物暴力）。本案中的王某被李某抢夺后只是放狗追咬李某，李某将狗踢死并未达到压制被害人王某本人反抗的效果，客观上也未威胁到王某的人身安全。A 项错误。

李某为了顺利逃跑，将追咬自己的狗踢死，主观上并非为了以暴力威胁王某。B 项错误。

转化型抢劫罪中的“当场”，是指实施盗窃等罪的犯罪现场或者在犯罪现场被发现后一直不间断地被追捕过程中，与之前实施的盗窃、抢夺、诈骗行为没有明显的时空间隔。王某发现李某抢夺财物后便放狗追咬李某，并且仅在离被抢夺的现场 50 米处，应当认为属于“当场”。C 项正确。

由于不符合事后抢劫中的“当场使用暴力或者以暴力相威胁”，不能成立事后抢劫。D 项错误。

7. ［答案］D　　［难度］中

［考点］抢劫罪

［命题和解题思路］本题主要考查考生对于抢劫罪中“入户抢劫”中“户”的理解，以及抢劫罪的既未遂标准。第一，“户”具有两个主要特征，即场所特征与功能特征。根据《关于审理抢劫刑事案件适用法律若干问题的指导意见》的规定，对于部分时间从事经营、部分时间用于生活起居的场所，行为人在非营业时间强行入内抢劫或者以购物等为名骗开房门入内抢劫的，应认定为“入户抢劫”。对于部分用于经营、部分用于生活且之间有明确隔离的场所，行为人进入生活场所实施抢劫的，应认定为“入户抢劫”；如场所之间没有明确隔离，行为人在营业时间入内实施抢劫的，不认定为“入户抢劫”，但在非营业时间入内实施抢劫的，应认定为“入户抢劫”。本题中的小超市还在营业期间，也不属于具有明确隔离的情况，因此，不能认定为“入户抢劫”。第二，抢劫罪规定在“侵犯财产罪”章，其保护的法益为财产，因此，理论上认为其既遂标准仍然应当坚持“取得说”，如果没有获得财产，便不可能构成抢劫既遂。

［选项分析］A 项为重点干扰项。如上所述，题干没有明确提及有确定的生活与经营隔离区，但确定无疑的是甲在经营时间段内在经营场所抢劫，因此，不属于“入户抢劫”。A 项错误。

最高人民法院《关于审理抢劫、抢夺刑事案件适用法律若干问题的意见》中指出，抢劫罪侵犯的是复杂客体，既侵犯财产权利又侵犯人身权利，具备劫取财物或者造成他人轻伤以上后果两者之一的，均属抢劫既遂；既未劫取财物，又未造成他人人身伤害后果的，属抢劫未遂。对这个司法解释，学界有不同意见，多数学者认为，抢劫罪既然规定在“侵犯财产罪”章，那么，应当以是否劫取到了财物为既遂标准。本案中，表述的是“只要持枪抢劫，即使分文未取，也构成抢劫既遂”，其并没有说持枪造成轻伤后果，因此，即使按照该司法解释，也不可能构成抢劫罪的既遂。此时，成立基本犯未遂+加重犯既遂，即未遂的结果加重犯，对此可以在加重犯的法定刑幅度内，适用总则中关于未遂犯的规定。B 项错误。

持枪抢劫仅仅是抢劫罪的情节加重情形之一，对于基本犯（抢劫行为）还是应当清晰认定其构成既遂还是未遂，因为一旦认定为未遂，便需要结合总则关于未遂犯的规定量刑。对此，最高人民法院《关于审理抢劫、抢夺刑事案件适用法律若干问题的意见》也明确指出，《刑法》第 263 条规定的 8 种处罚情节中除“抢劫致人重伤、死亡的”这一结果加重情节之外，其余 7 种处罚情节同样存在既遂、未遂问题，其中属抢劫未遂的，应当根据刑法关于加重情节的法定刑规定，结合未遂犯的处理原则量刑。认为持枪抢劫不论取财与否都直接以分则的规定量刑，实质上也是偏离了抢劫罪的保护法益形式化地认定抢劫罪，是一种错误的做法。C 项错误。

这里的 100 元，可以说是作案成本，作案成本不能影响既遂的成立，因此，只要行为人采用暴力、胁迫手段违背被害人意志获取了被害人的财产，即便行为人最后亏本，也不影响犯罪既遂的认定。D 项正确。

8. [答案] ABCD　　[难度] 中

[考点] 盗窃罪、抢劫罪、抢夺罪

[命题和解题思路] 本题涉及刑法学界一个非常具有争议的问题，即是否应当承认公然盗窃。当然，命题人并不会直接让考生作出选择，而是通过假设前提的方式予以考查。

[选项分析] 按“秘密窃取说”，物主知情，不属于盗窃行为；因未对人实施暴力，属抢夺行为，不属抢劫行为。A 项正确。

如果行为人携带凶器，则属携带凶器抢夺，可认定为抢劫罪。B 项正确。

因抢夺行为构成抢夺罪需数额较大的要素，价值 400 元不属数额较大，则不构成抢夺罪；因不属“入户盗窃”，不构成盗窃罪；充其量只能认定为非法侵入住宅罪。C 项正确。

按“平和转移占有说”，行为人的行为属入户盗窃行为，构成盗窃罪。D 项正确。

第二节　抢夺罪

[答案] D　　[难度] 中

[考点] 盗窃罪、抢夺罪、抢劫罪、诈骗罪、侵占罪

[命题和解题思路] 本题主要涉及盗窃罪与抢夺罪的区分问题，虽然触碰到是否承认公然盗窃这一争议点，但命题人仍没有直接采纳某种立场，而是通过设置前提，考查考生对于知识点的掌握情况。

[选项分析] 甲未对人实施暴力、威胁或者其他压制人反抗的手段，不构成抢劫罪。A 项错误。

甲取得财物并不是因为乙被骗后所作出的处分行为，因而甲不成立诈骗罪。B 项错误。

物主就在旁边，一般认为，该钱包仍归物主所控制和占有，不属于脱离占有物，行为人不构成侵占罪。C 项错误。

按通说观点，盗窃罪必须以秘密窃取的方式实施，据此甲可构成抢夺罪；按少数观点，认为盗窃罪不必是秘密窃取，甲即是以平和手段变财物的他人占有为自己占有，成立盗窃罪，即只能在这两罪中择一认定。D 项正确。

第三节　盗窃罪

1. [答案] AC　　[难度] 难

[考点] 盗窃罪、信用卡诈骗罪、侵占罪

[命题和解题思路] 本题将乘坐出租车落下财物的案例和将他人银行卡的钱转到微信进而使用的案例结合到一起。考查了盗窃罪、信用卡诈骗罪和侵占罪的知识点。

[选项分析] 出租车司机对乘客财产安全负有监管义务，如果对乘客落下了手机知情但未履行提醒义务，而是在非法占有的意图的支配下建立新的占有，则司机成立不作为的盗窃罪。A 选项正确。

司机谎称路人捡到手机，并未使乘客在陷入认识错误的基础上处分该手机。因此，司机不成

立诈骗罪。B 项错误。

在出租车上落下的手机，可以认为已经转移由司机占有，此时将手机占为己有，在拒不归还的情况下，构成侵占罪。C 项正确。

将乘客银行卡里的钱转到微信，并未改变乘客占有该笔钱的事实，不成立信用卡诈骗罪。后用微信付款购物的行为，由于输入的是微信支付密码而非信用卡信息资料，因此，也不构成无磁交易型的信用卡诈骗罪。D 项错误。

2. ［答案］B　　［难度］难

［考点］侵犯财产罪

［命题和解题思路］本题考查了侵犯财产罪中的几个常见罪名的界分，跟车逃费是近年比较常见的一种违法犯罪行为。考生需了解盗窃罪、诈骗罪、抢夺罪和侵占罪的犯罪构成要件。

［选项分析］区分诈骗罪与盗窃罪的关键是 ETC 及其管理者是否基于认识错误处分财产。ETC 及其管理者系基于认识错误处分财产，故排斥盗窃罪的成立。A 项错误，不当选。

抢夺罪，是指对物实施有形力，夺取被害人紧密占有的财物，尚未达到抑制占有人自由意思程度的行为。甲“抢夺”的是无体物，不具有致人伤亡可能性，且抢夺罪与盗窃罪相同，是一种直接非法转移财物占有的侵财犯罪。抢夺罪主要表现形式为“公然夺取”，这就决定了财产性利益不能成为抢夺罪的对象，故排斥抢夺罪的成立。甲实现占有并非利用有形力排除他人紧密占有之财物。C 项错误，不当选。

甲跟车逃费获利，其所占有的利自始至终并未形成合法持有状态，不符合侵占罪之本质，即变合法持有为非法占有。D 项错误，不当选。

本案中，甲通过紧跟前车的方式，利用 ETC 收费规则的特点，即车辆通过 ETC 出口时由机器识别放行，该识别功能是按照“当两车小于 3.2 米时无法识别出两辆车通行，只对前车进行收费”预设程序操作的。甲通过紧跟前车的方式，使机器误认为两车为一车而放行，应当评价为 ETC 基于认识错误而处分财产。使 ETC 及其管理者基于错误认识处分了财产性利益，并造成了实际财产损失的后果。B 项正确，当选。

3. ［答案］A　　［难度］中

［考点］盗窃罪与相似罪名的界分

［命题和解题思路］本题是借盗窃罪、侵占罪、掩饰犯罪所得罪、故意毁坏财物罪来考查犯意转化与另起犯意、不可罚的事后行为等多个总论的知识点。另外，A 项还考到了窃取微信零钱的性质。对于多阶段行为，考生需要根据行为自然进程逐步分析：第一个行为，甲偷偷将乙手机中的微信零钱扫码转走的行为，属于排除手机主人的占有，甲建立了新的占有，故甲盗窃微信零钱属于盗窃他人财物。第二个行为，甲是基于毁坏的目的转移占有乙的手机，但在实现占有之后产生了销售获利的故意，出现了犯意转化，该占有行为与销售的处分行为应整体上认定为基于非法占有目的的盗窃行为。第三个行为，占有他人财物之后的销赃行为，该行为属于不可罚的事后行为，不单独评价。基于逐段分析，考生比较容易得出答案。

［选项分析］甲在非法占有目的支配之下实施了盗转微信零钱的盗窃行为，随后又转化犯意，由于毁坏行为还未着手实行，就又产生了非法占有的目的，即从毁坏目的转化为占有目的，并实施了销售行为，因此，甲的全案行为应该整体上认定为盗窃罪一罪。A 项正确。

如 A 项所言，甲的行为已经被认定为盗窃罪了，那么，掩饰犯罪所得的行为就属于不可罚的事后行为，因此，不再另行成立掩饰犯罪所得罪。B 项错误。

甲拿走乙的手机最初是基于毁坏目的，其排除了乙的占有，建立了自己的占有，但开始时不具有利用的意思，这时如果一直将手机放在家里不使用或者将其毁坏，确实是成立故意毁坏财物罪，但由于第二天甲产生了犯意转化，还未等毁坏就将其出卖，因此，就构成了盗窃罪，而不能认定为故意毁坏财物罪。C 项错误。

无论是乙的微信零钱抑或是乙的手机，即使其处于睡眠状态，都符合财物观念上的占有，不属于脱离占有之物，而基于毁坏目的转移占有之后，因甲自始并无合法持有之前提，亦应排除侵占，因此，不成立侵占罪。D 项错误。

4. ［答案］D　　［难度］难

［考点］职务侵占罪、盗窃罪、诈骗罪、信用卡诈骗罪

［命题和解题思路］本题考查考生对于与银行

卡有关的四个常见财产犯罪罪名的理解。选项采用了直接列罪名的方式，这种出题方式主要是让考生对题干中的案例作出判断，近年来已经不多见了。就题目来说，可能有个别考生对储户和银行之间的法律关系以及U盾的性质不太熟悉，这可能会影响答题，从这个角度说，本题还是具有一定难度的。

［选项分析］A项为重点干扰项。职务侵占罪要求侵占的是本单位的财物，而该银行卡中的钱其实仍是周某所有，周某可以随时使用这笔钱。换言之，储户与银行之间的法律关系是债权债务关系。银行是债务人，储户是债权人。不能说郑某侵占了银行对客户的债务，只能说郑某非法占有了周某针对银行的财产性利益。因此，郑某的行为不成立职务侵占罪。A项错误。

BCD项中涉及的陷阱比较多。郑某偷换的U盾，并非基于欺骗而使得周某陷入认识错误进而处分的财物，而是基于盗窃所获得，这是较为容易判断的。C项错误。但是郑某并不是想获得该U盾本身，而是想获得银行卡中的钱。那么就涉及接下来的判断，若认为U盾属于信用卡，根据《刑法》第196条第3款的规定，盗窃信用卡并使用的，以盗窃罪定罪处罚，则郑某的行为构成盗窃罪；若认为U盾属于信用卡信息资料，根据《关于办理妨害信用卡管理刑事案件具体应用法律若干问题的解释》第5条第2款的规定，窃取、收买、骗取或者以其他非法方式获取他人信用卡信息资料，并通过互联网、通讯终端等使用的，属于冒用他人信用卡，构成信用卡诈骗罪，则郑某的行为构成信用卡诈骗罪。U盾是用于网上银行电子签名和数字认证的工具。在登录个人网上银行之后，如需办理转账、汇款等业务，需将U盾插入电脑的USB接口，输入U盾密码，并经银行系统验证无误，即可完成支付业务。因此，郑某其实是窃取了周某的银行卡资料，并在互联网上使用，这属于冒用他人信用卡型的信用卡诈骗罪。B项错误，D项正确。

5. ［答案］AC　　［难度］易

［考点］盗窃罪

［命题和解题思路］本题命题较为简单，主要借共享单车的使用方式考查盗窃罪的成立。进一步说，本题主要考查考生对于盗窃罪中非法占有目的的理解。非法占有目的包括了排除意思与利用意思，排除意思可以将盗用与盗窃相区别，而之所以需要具备利用意思，是为了将盗窃、抢劫等取财行为和毁坏财物的毁财行为相区别。把握上述两点，正确解答本题不难。BD两项凭日常生活经验就可以判断。

［选项分析］甲将共享单车的锁故意毁坏后将其放在家里供自己使用，反映出其主观上有排除共享单车公司对于共享单车的支配意思，且同时明显具有利用的意思，因而成立盗窃罪。A项当选。

乙把共享单车放在自己家门口，并没有排除其他人对共享单车的使用，共享单车所有者仍然对共享单车享有支配权，因此无法认定乙具有非法占有目的，乙不成立盗窃罪。B项不当选。

丙看到未上锁的共享单车便私自占为己有使用，显然有排除意思和利用意思，该共享单车只是忘了上锁，共享单车公司还是可以找到的，并非遗失物。丙破坏他人的占有从而建立自己的占有，成立盗窃罪。C项当选。

丁将共享单车推回村里，让村民扫码使用共享单车，意味着此时共享单车所有者并未丧失对其的占有，也没有遭受财产损失。因此，丁不成立盗窃罪。D项不当选。

6. ［答案］C　　［难度］难

［考点］盗窃罪、抢夺罪、抢劫罪、侵占罪

［命题和解题思路］本题考查了一个非常具有争议的考点，即是否承认公然盗窃，命题者也并没有采用假设前提的方式考查，而是直接考罪名。这需要考生在考试前查看法考教材上所持的观点。由于教材上基本是肯定盗窃罪需要秘密窃取要件的，因此本题不倾向于肯定公然盗窃。

［选项分析］如果承认公然盗窃，即盗窃罪不需要秘密进行这一构成要件要素，那么，盗窃罪就是指以非法占有为目的采用平和的手段破坏他人对财物的占有，进而建立自己的占有。其与抢夺罪的区别就不再依赖“秘密窃取”这一点，而是是否会对财物占有人的人身带来危险。

如果根据上述观点判断，尽管摩托车由乙骑着，但是车主甲就在边上，应该认为摩托车仍应由甲占有，乙至多是占有辅助者。换言之，甲并没有将车交给乙管理，进而也就不存在成立侵占的可能。B 项错误。

甲已经放手，只是在后面跟着，因此，如果不承认公然盗窃的话，由于本题中乙知道甲在后面看着他，进而不存在秘密窃取，就不构成盗窃罪。A 项错误。

抢劫罪要求以暴力等手段压制他人反抗后取财，乙的行为显然不属于压制反抗后取财。D 项错误。

当然，如果不承认公然盗窃，仍恪守盗窃需要秘密窃取，抢夺是乘人不备，那么，本题由于甲一直盯着乙，不可能有秘密窃取的空间，那么，将只能成立乘甲不备的抢夺罪。C 项正确。

7. [答案] A　　[难度] 易

[考点] 盗窃罪、诈骗罪

[命题和解题思路] 本题案例属于典型的骗盗兼具型案例，命题人正是借此题考查考生对于盗窃罪与诈骗罪犯罪构成的理解。应该说，只要抓住了诈骗罪和盗窃罪关键构成要件，就不会掉入命题者设置的陷阱。解决本题的关键在于，盗窃罪和诈骗罪的关键区别为前者直接违背财产占有者意志取得占有，后者则是基于财产占有者的意志（出于认识错误处分财产）而取得占有。

[选项分析] AB 项是命题人所着重考查的点，其中涉及的知识点是张某究竟有无处分意识。应该说，张某根本没有意识到自己在处分财物，因此，不能认为系基于诈骗行为而陷入了错误认识，并在该错误认识的基础上处分了有权处分的财物。B 项错误。郑某其实是以非法占有为目的窃取了他人财产，即排除了张某对该 135423 元的占有，建立了自己对该财物的占有，成立盗窃罪。A 项正确。

成立非法侵犯公民个人信息罪，要求情节严重。根据最高人民法院、最高人民检察院《关于办理侵犯公民个人信息刑事案件适用法律若干问题的解释》第 5 条第 1 款的规定，非法获取、出售或者提供行踪轨迹信息、通信内容、征信信息、财产信息 50 条以上的应认定为“情节严重”。本题中的郑某显然未达到“情节严重”的入罪标准。C 项错误。

《刑法》第 287 条之一第 3 款明确规定：“有前两款行为，同时构成其他犯罪的，依照处罚较重的规定定罪处罚。”非法利用信息网络罪的法定最高刑仅为 3 年有期徒刑，显然低于郑某被判处盗窃罪（数额巨大）的刑罚。D 项错误。

易混淆点解析

类似带有欺骗的形式实施的盗窃犯罪在考试中时常考查，如 2013 年卷二第 17 题就考了类似的案例。对此考点，需要提醒考生的是，并非任何带有骗的性质的行为都是诈骗，关键看被害人是否基于被骗而处分财产，只有基于欺骗处分财产的才是诈骗。

8. [答案] A　　[难度] 中

[考点] 盗窃罪、侵占罪

[命题和解题思路] 本题命题人考查的考点是盗窃罪和侵占罪的区别。本题中的关键是金饰有没有转移占有，如果认为该金饰已经转移给王某和李某占有了，那么，就不存在针对刘某成立盗窃罪的问题了。而对于占有的判断，不能仅仅从事实角度来考察，还必须结合社会一般观念来予以分析。

[选项分析] 刘某只是同意王某与李某将自己的抽油烟机搬回维修站修理，但刘某并没有转移该抽油烟机给王某和李某占有，此时两人充其量只是抽油烟机的占有辅助者，根据社会的一般观念，藏于抽油烟机中的金饰仍然由主人占有，而非王某与李某共同占有，所以王某的行为成立盗窃罪。A 项正确，B 项错误。

由于一般社会观念认为在事实上能够支配的仍然是占有，而金饰主人刘某将金饰藏于抽油烟机中，实际上意味着刘某相当于用抽油烟机对金饰进行“加锁与包装”，有点类似于包装物内的物品，因此社会一般观念仍然认为包装物内的物品由财物所有人占有，不能将金饰视为委托保管之物。C 项错误。

侵占罪中的遗忘物，应是指非基于占有人抛弃的意思偶然地丧失占有而又无人占有之物。遗忘物的一个典型特征是非隐藏之物，如果是财物所有人刻意隐藏之物，即便其一时未想起隐藏之物，也不能认为属于遗忘物从而丧失了占有。D 项错误。

9. [答案] ABCD　　[难度] 易

[考点] 盗窃罪

[命题和解题思路] 本题考查的仍然是盗窃罪

和诈骗罪中的财物占有。对于盗窃罪与侵占罪，需要认真考虑一般社会观念下财物究竟由谁占有，如果是变他人占有为自己占有属于盗窃；如果是由自己占有（委托物）变为自己所有则是侵占。而对于盗窃罪与诈骗罪，需要仔细考虑行为人的欺骗行为和处分者产生认识错误后处分财产的因果关系问题。把握上述两点，本题可轻易得分。

［选项分析］酒店服务员甲帮客人拎包，并不意味着包内的财物此时就已经转移给了甲占有，相反，客人并未委托甲保管财物，社会一般观念也会认为此时的财物仍然应当由客人占有，甲属于以平和手段将他人占有的财物变为自己占有，构成盗窃罪。A 项当选。

B 项是重点干扰项。客人在小饭馆吃饭时，将手机放在收银台边上充电，客人不可能将该手机转移给收银员占有，此时收银员顶多算是占有辅助人，因此，服务员乙成立盗窃罪。B 项当选。

旅客将行李放在托运柜台旁，到相距 20 余米的另一柜台问事，此时的行李明显仍然属于旅客占有，丙将他人占有的财物变为自己占有，成立盗窃罪。C 项当选。

盗窃罪和诈骗罪的一个关键区别在于，被骗者有无处分该财物的权限，收银员很显然并没有处分他人汽车的权限（换言之，其并没有对该汽车进行占有），而只是对车钥匙本身具有处分权限，丁对车钥匙成立诈骗罪，但数额没有达到较大的标准。此时的丁成立将收银员作为工具予以利用的盗窃罪的间接正犯。D 项当选。

10. ［答案］D　　［难度］易

［考点］诈骗罪、盗窃罪、抢夺罪

［命题和解题思路］本题主要考查对诈骗罪、抢夺罪以及盗窃罪的构成要件的理解。本题的核心考点仍是对盗窃罪中占有要素的判断。在判断由谁占有财物时，必须要考虑社会的一般观念，当社会一般观念认为财物属于他人占有时，也就意味着任何人不得破坏他人的占有以建立自己的占有。表面上虽然不在他人支配领域，但是如果一般社会观念推知由他人事实上支配的状态，便属于他人的财物，典型的如放在店门口的车以及在图书馆或咖啡厅里的电脑或手机。

［选项分析］抢夺罪是暴力犯罪，其特点是对他人紧密贴身占有的财物使用暴力，即所谓的“对物暴力”。本案中，甲并未实施任何暴力行为，不符合抢夺罪的构成要件。A 项错误。

刘某虽然去 3 公里外的市场卖菜，但其放置在小区路旁长条桌上的蔬菜依然归其所有。小区理发店的店员虽然经常出来看看是否有人偷菜，但并未占有该蔬菜。因此，B 项的结论虽正确，但分析的过程错误。B 项错误。

成立诈骗罪，必须要有虚构事实、隐瞒真相的诈骗行为，而且被害人必须要基于错误认识而处分财物，甲的行为不符合诈骗罪的构成要件。C 项错误。

盗窃罪是变他人占有为自己所有。这里的“占有”，是指事实上的支配，不仅包括物理范围内的支配，而且包括社会一般观念上可以推知财物的支配人的状态。本案中，刘某虽然距离现场 3 公里，但仍占有该蔬菜，甲明知是他人的财物而将其占为己有，符合盗窃罪的构成要件，应认定为盗窃罪。D 项正确。

11. ［答案］ABCD　　［难度］中

［考点］盗窃罪

［命题和解题思路］本题考查的仍是占有问题。盗窃罪，是指以非法占有为目的，窃取公私财物数额较大，或者多次盗窃、入户盗窃、携带凶器盗窃、扒窃的行为。盗窃罪的对象必须是他人占有的财物。从客观上说，占有是指事实上的支配，不仅包括物理支配范围内的支配，而且包括社会一般观念上可以推知财物的支配人的状态。首先，只要是在他人事实支配领域内的财物，即使他人没有现实地握有或监视，也属于他人占有。其次，虽然处于他人支配领域之外，但存在可以推知由他人事实上支配的状态时，也属于他人占有的财物。最后，即使原占有者丧失了占有，但当该财物转移为建筑物的管理者或者第三者占有时，也应认定为他人占有的财物。

［选项分析］学生进食堂吃饭时用手机、钱包等物占座，虽然手机、钱包与物主存在一段距离，但存在可以推知由他人事实上支配之状态，仍认为在其占有下，因此甲将乙的钱包拿走的行为，成立盗窃罪。A 项当选。

乙将手机放在面馆大厅餐桌的空位上占座，手机仍在乙实际控制范围内，仍认为在其占有下，甲将手机拿走的行为，成立盗窃罪。B 项当选。

乙将手提箱忘在出租车的后备箱，此时乙丧失了对手提箱的占有，而改由司机占有。因此甲将手提箱拿走的行为，成立盗窃罪。C项当选。

乙家外出打工，委托邻居甲照看房屋，而对于山头上的树，根据社会一般观念，可以推知乙占有树，而不是甲在占有这些树，甲谎称这些树为自己所有而将其卖出的行为，成立盗窃罪。D项当选。

12. ［答案］ABCD　［难度］易

［考点］盗窃罪、想象竞合犯

［命题和解题思路］命题人主要想考查的知识点其实就是盗窃违禁品的刑法保护问题。对于盗窃罪、抢劫罪等财产犯罪，其保护法益不仅仅是所有权，还包括占有权。对于枪支、弹药、毒品等违禁品，任何个人都不能享有所有权，但这并不意味着任何人都可以私自改变他人对这些违禁品的占有状态，这是为了确保国家对于违禁品追缴的顺利实现，也是为了防止违禁品私自不受限制地流转造成公众安全的风险。

［选项分析］毒品也是盗窃罪保护的对象，而厨房当然属于刑法意义上“户”的一部分，所以进入他人厨房偷盗毒品的，当然成立入户盗窃。A项正确。

甲未得到陈某的许可而进入陈某的住宅，成立非法侵入住宅罪。B项正确。

毒死看门狗是为顺利进行盗窃制造条件，属于盗窃罪的预备行为；同时，由于被毒死的狗价值较高，甲成立故意毁坏财物罪。由于是一行为，故而成立盗窃罪（预备）与故意毁坏财物罪的想象竞合犯。C项正确。

由于毒品不能在市场上合法流通，故而盗窃毒品在量刑时不计算数额，而是以其情节轻重进行量刑。D项正确。

13. ［答案］B　［难度］易

［考点］侵占罪、盗窃罪、诈骗罪

［命题和解题思路］本题考查的关键点仍然是财物到底归谁占有。变他人占有为自己占有是盗窃，变自己占有为自己所有是侵占。如果是他人占有，则接着需要判断他人是否有处分财产给自己的处分意思。如果没有处分意思是盗窃，如果有处分意思则是诈骗。

［选项分析］虽然乙游泳，甲在车上休息，表面上处于乙的支配领域之外，但是存在可以推知由他人事实上支配的状态，即汽车仍然是乙占有的财物。甲以非法占有为目的，实施的窃取行为使乙丧失了财物的所有权，符合盗窃罪的犯罪构成。B项正确，A项错误。

成立诈骗罪要求被害人基于行为人的欺诈行为产生认识错误，并且基于认识错误处分自己的财产，进而造成财产损失。因此，被害人是否基于受骗处分自己的财产便成为区分盗窃与诈骗的关键。本案中的乙显然并没有将自己的汽车处分给甲的意思，因此，甲不成立诈骗罪。需要重点提醒考生的是，并非任何带有骗的性质的行为都是诈骗，关键看被害人是否基于被骗而处分财产，只有基于欺骗处分财产的才是诈骗。C项错误。

甲不成立诈骗罪，当然不能认为成立盗窃罪与诈骗罪的想象竞合。D项错误。

第四节 侵占罪与职务侵占罪

1. ［答案］BC　［难度］难

［考点］贪污罪、职务侵占罪、受贿罪

［命题和解题思路］本题命题者借一个司法实践中经常发生的案例，考查了贪污罪、职务侵占罪和受贿罪的知识点。本题需要注意，贿赂款与兰某的职务行为之间具有对价性，否则难以理解为什么私企会给国家公职人员报销旅游费用。同时，兰某也是利用了赵某的职务便利。其实，本题还存在一处争议，即司法实践中，有观点认为职务侵占罪必须是非法占为“己”有限制，不包括让第三人占有。但这一点张明楷教授在《侵犯人身罪与侵犯财产罪》中作出了澄清，认为也包括使第三人占有。我们暂且持后一观点。

［选项分析］兰某并未非法占有其本单位的财物，其所获得的6万元是来源于私企。因此，兰某不能成立贪污罪。A项错误。

兰某利用赵某担任私企经理的职务便利，与赵某共谋占有私企财物。需要注意的是，职务侵占罪必须要利用职务上的便利将本单位财物非法占为己有。其中，“己有”既包括让自己占有，也包括让第三人占有。B项正确。

兰某的行为同时还成立受贿罪，即索贿型的受贿罪，其报销的6万元与其职务行为即审批企业补助款的权限相关，具有对价关系，否则难以理解凭什么能让一个私企经理报销自己的旅游费用。C 项正确。

综上所述，兰某的行为侵害了《刑法》所保护的法益，成立受贿罪和职务侵占罪的想象竞合犯，而非不构成犯罪。D 项错误。

2. [答案] C　　[难度] 中

[考点] 职务侵占罪

[命题和解题思路] 命题者借助公司股东名下股份的性质、非法清算过程中占有公司财物的性质等问题，考查了职务侵占罪的认定问题。本题难度不大，但如果有考生没有意识到股东个人股份的性质，可能会错选。

[选项分析] 冯某名下所有的股份并非公司财产，而是股东个人的财产。王某虽然利用了职务便利，但侵犯的对象并非公司财产，不能成立职务侵占罪，而是盗窃罪。且备案登记后，已经实际占有了该股份，成立既遂。AB 项错误。

王某隐瞒其他股东非法清算公司财产，将数额特别巨大的公司财产据为己有的行为，系利用职务之便将本单位财物非法占为己有的行为，成立职务侵占罪。C 项正确，D 项错误。

当然，有人可能会注意到《刑法》第 162 条“妨害清算罪”规定，公司、企业进行清算时，隐匿财产，对资产负债表或者财产清单作虚伪记载或者在未清偿债务前分配公司、企业财产，严重损害债权人或者其他人利益的，对其直接负责的主管人员和其他直接责任人员，处 5 年以下有期徒刑或者拘役，并处或者单处 2 万元以上 20 万元以下罚金。第 162 条之二“虚假破产罪”规定，公司、企业通过隐匿财产、承担虚构的债务或者以其他方法转移、处分财产，实施虚假破产，严重损害债权人或者其他人利益的，对其直接负责的主管人员和其他直接责任人员，处 5 年以下有期徒刑或者拘役，并处或者单处 2 万元以上 20 万元以下罚金。但妨害清算罪发生在公司、企业正常的解散或破产清算过程中，而不是非法破产清算；虚假破产罪的主体是公司、企业，不符合本案情况。

3. [答案] D　　[难度] 难

[考点] 职务侵占罪、盗窃罪、诈骗罪

[命题和解题思路] 本题考查了法无明文规定不为罪的情况。需要注意的是，法考曾经考过几次无罪的选项，这其实是想告诉考生，要摒弃有罪思维，在无法用选项中的罪名予以规制时，大胆选择无罪选项。

[选项分析] 甲的行为并没有非法占有本单位财物，其获得盒饭已经支付了相应对价，转卖所得的 30 元不应属于快餐店所有。A 项错误。

甲并非违反被害人意志，排除快餐店对该盒饭的占有，建立自己的占有，而是支付了对价。因此，不能认为构成盗窃罪。需要注意的是，盗窃罪中的违反被害人意志是与盗窃罪保护法益相关的，即使我们假设快餐店贴出告示，即“仅供员工使用”，在该员工支付对价的情况下，是不能认为快餐店的财产遭受了损失的。因此，员工甲的行为并不构成盗窃罪。B 项错误。

甲获得该套餐盒饭并非基于欺骗快餐店，使快餐店陷入认识错误，进而处分财物，而是基于支付对价获得。因此，也不构成诈骗罪。C 项错误。

综上所述，甲的行为没有侵犯他人的法益，不符合现有犯罪的构成要件，只能无罪处理。D 项正确。

4. [答案] D　　[难度] 中

[考点] 侵占罪

[命题和解题思路] 本题涉及财产到底由谁占有的判断问题，这一考点已经多次考过，需要引起考生的关注。简单而言，盗窃罪是将他人占有的财物转移为自己占有，侵占罪是将他人所有、自己占有的财物变为自己所有。快速区分盗窃罪与侵占罪，主要看谁占有财物，如果所有人占有财物，行为人就是盗窃；如果行为人占有财物，则是侵占。另外，A 项中，表面上看，涉及不法委托物能否成为侵占罪对象这一重大理论争议，但是命题人通过“假意答应”四个字实质上回避了这一争议。

[选项分析] 张某委托甲代为转交 5 万元贿赂款时，甲是假意答应的，这说明甲在收取张某 5 万元贿赂款的时候内心已经产生了非法占有的目的。而成立侵占罪，要求行为人在刚开始占有他人财物之时必须没有非法占有目的，即存在真实的受托状态。甲不是在答应保管 5 万元贿赂款之后才产生非法占有目的的，而是以非法占有为目的假意答应帮助张某转交贿赂款，以致张某陷入错误认识，从而自愿将 5 万元交给甲，甲的行为

应构成诈骗罪。A 项错误，不当选。

乙将房屋出售给赵某，虽然收取了房款但是未进行所有权转移登记。根据《民法典》的规定，房屋所有权的转移必须进行登记，否则不发生物权效力，故房屋的所有权人在法律上仍然是乙。乙又将房屋出售给李某，是自己处分自己的财产，不构成任何犯罪，这种情况属于民法上典型的一房多卖。B 项错误，不当选。

洪灾区的居民虽然已经全部转移，但根据日常观念，居民还会回来重整家园，故灾区房屋内居民来不及带走的贵重财物并没有完全脱离居民的控制，仍为居民所占有，不属于遗忘物或者埋藏物。故丙非法进入居民房屋取走这些财物，构成盗窃罪。C 项错误，不当选。

丁分期付款购买汽车，约定车款付清前汽车由丁使用，所有权归卖方，即汽车由卖方所有，由丁占有。丁将卖方所有、自己占有的车另售他人，属于以非法占有为目的，对代为保管的他人财物由占有变为所有，构成侵占罪。D 项正确，当选。

5. [答案] A　　[难度] 易

[考点] 侵占罪、盗窃罪、诈骗罪

[命题和解题思路] 本题主要考查盗窃罪与侵占罪的界限问题。盗窃罪与侵占罪的界限问题是考试的常见考点。对于盗窃罪与侵占罪的界限可以大致理解为：将他人占有的财物变为自己所有为盗窃；将自己占有变为自己所有为侵占。而对于财产处置行为是否构成不可罚的事后行为，则需要看财产处分行为是否侵犯了新的法益，如果是，则必须数罪并罚。对于后一问题，命题人设置了开放式的逻辑推理选项，无论是否支持盗窃财物后转手以自己所有的财物名义卖给他人对于买受者会不会造成财产损失，都可以依据相应的理论前提推导出各自的答案。

[选项分析] 侵占罪中的“代为保管”要求所有人将财物转移给行为人占有。虽然甲主动帮乙照看房子，但是乙并未将房子及其中财物转移给甲占有，乙仍然占有自己的房屋及其中财物。甲不占有这对石狮子，仍为所有权人乙占有。故甲将乙占有的石狮子偷偷卖掉，构成盗窃罪。A 项错误，当选。

如果认为购买者无财产损失，即其可以依据民法中的善意取得制度取得石狮子的所有权，则相对于甲出卖石狮子这一行为来说，并没有受害人基于认识错误处分财产后继而遭受财产损失，不成立诈骗罪。但是甲私自将乙所有的财产以所有人自居并处分乙的财产，实质上是将乙所有和占有的财产变为自己占有，构成盗窃罪。B 项正确。

如果认为购买者有财产损失，毕竟甲卖给购买者的石狮子存在权利瑕疵，甲属于无权处分他人的财产，则购买者属于基于认识错误处分财产后遭受财产损失，成立诈骗罪。而盗窃（对乙的财产造成法益侵害）后的赃物处置行为由于侵犯了新的财产法益（对购买者的财产造成法益侵害），不属于不可罚的事后行为，应当以盗窃罪和诈骗罪数罪并罚。C 项正确。

甲后阶段的财产处分行为，并不影响前阶段将乙所有的石狮子变为自己所有的性质，所以不管购买者是否存在财产损失，甲都触犯盗窃罪。D 项正确。

6. [答案] C　　[难度] 中

[考点] 盗窃罪、侵占罪、职务侵占罪

[命题和解题思路] 本题解题的关键在于如何理解职务侵占罪和盗窃罪的关系。过去，我们的刑法学理论在分析分则罪名时习惯于将定性模糊的罪名之间定位为非此即彼的互斥关系，而不是用竞合论或者罪数论的思维解决。当然，理解为互斥关系避免了将罪名理解为法条竞合或是想象竞合后的竞合论分析，但是，非此即彼的互斥关系早已被证明在很多时候不正确。不过，本题不论是将盗窃罪与职务侵占罪理解为互斥关系，还是理解为法条竞合关系，均不影响最后的结论。

[选项分析] A 项是重点干扰项。如果将盗窃罪与职务侵占罪理解为非此即彼的互斥关系，则二者的界分关键在于是否利用了职务上的便利。如果利用职务便利窃取单位财物的，应认定为职务侵占罪，否则即是盗窃罪。仓库的管理员对于仓库内的货物尽管没有所有权，不具有处置的权限，但毋庸置疑的是具有管理的权限，如此，则甲构成职务侵占罪。而如果将盗窃罪与职务侵占罪理解为竞合关系，则职务侵占罪是一种利用特殊身份实施的盗窃，此时职务侵占罪与盗窃罪成立法条竞合关系，由于职务侵占罪是特别法条，

按照特别法优于普通法适用的基本原理，理应认定甲构成职务侵占罪。综上，无论将职务侵占罪和盗窃罪理解为互斥关系还是法条竞合关系，最后的适用结论都是构成职务侵占罪，而非盗窃罪。A 项错误。

甲表面上以“第二天晚上要去医院看望病人”为由欺骗了保安乙，从而使得自己顺利取财，似乎构成诈骗罪。这不仅是学生容易犯的错误，也是司法实务中常犯的错误，即只要行为人有欺骗行为，就不假思索地认定构成诈骗罪。在此需要铭记一点，即欺骗行为后必须伴随有被害人基于受骗而处分财物，才有可能成立诈骗罪。本案中并没有任何人将财物处分给甲，所以不可能认定其构成诈骗罪。B 项错误。

甲作为仓库管理员，对于仓库内的货物具有管理权限，由此构成职务侵占罪。本项的干扰性在于甲当晚的值班机会是欺骗其他保安获得的。但是，是否对他人有欺骗，不影响甲在实施犯罪行为当时实际所拥有的对单位财物的管控权限，故其属于利用职务便利侵占本单位财物。C 项正确。

仓库保安是否属于代为保管公司财物或有争议，不过不论肯定或是否定的结论，结局都是构成职务侵占罪。如果否定仓库保安属于代为保管公司财物，则根本不构成侵占罪。如果肯定仓库保安属于代为保管公司财物，则仓库保安将同时构成侵占罪和职务侵占罪，而侵占罪和职务侵占罪属于法条竞合关系，到最后依然应当认定构成职务侵占罪。D 项错误。

7. ［答案］D　　［难度］易

［考点］盗窃罪、侵占罪

［命题和解题思路］本题的考点是盗窃罪与侵占罪的关系。本题命题人在题干中设置了很多陷阱，干扰考生的判断，对于盗窃罪与侵占罪的界限需要考生掌握的是，将“他人占有”变为“自己占有”为盗窃；将“自己占有”变为“自己所有”则是侵占。应该说，这一考点并不复杂，且已经多次考到，考生不能在这些简单题目上丢分。

［选项分析］根据《刑法》第 196 条的规定，信用卡诈骗罪的行为方式包括：（1）使用伪造的信用卡，或者使用以虚假身份证明骗领的信用卡的；（2）使用作废的信用卡的；（3）冒用他人信用卡的；（4）恶意透支的。本题中甲是卡的名义持有人，不属于“冒用他人信用卡”，也不属于以另外三种方式使用信用卡的情况。因此，不构成信用卡诈骗罪。A 项不当选。

成立诈骗罪，要求行为人以非法占有为目的实施欺诈行为，使对方产生或继续维持错误认识，并基于该错误认识而处分了财产，从而行为人取得了财物、被害人遭受财产损失。本题中，是乙主动将信用卡交给甲保管的，对于乙来讲，甲不存在欺诈。另外，该信用卡是以甲的名义开设的，银行柜台向甲交付钱款的行为完全符合相关业务规则，也不存在受骗的因素。因此，甲不构成诈骗罪。B 项不当选。

窃取是指行为人违反被害人的意志，通过平和方式将他人占有的财物转移为自己或第三者（包括单位）占有。本题中，该银行卡一直由甲保管，并未侵害乙的占有，不构成盗窃罪。C 项不当选。

《刑法》第 270 条第 1 款规定，将代为保管的他人财物非法占为己有，数额较大，拒不退还的，处 2 年以下有期徒刑、拘役或者罚金；数额巨大或者有其他严重情节的，处 2 年以上 5 年以下有期徒刑，并处罚金。本题中，乙将信用卡交给甲保管后，信用卡以及信用卡中的财产都在甲的保管之下，甲将信用卡中的钱财据为己有，完全符合侵占罪的构成要件。因此，甲的行为构成侵占罪。D 项当选。

第五节　诈骗罪

1. ［答案］ABCD　　［难度］难

［考点］诈骗罪、盗窃罪

［命题和解题思路］本题考查盗骗交织行为的定性问题，其中每个选项考查的点都有所不同，考生必须对诈骗罪的知识点都非常熟悉。考生需要分析具体行为中行为人非法占有财物的手段，准确确定被害人，并在此基础上判断被害人是否对财物作出了处分以及是否基于错误认识而作出处分，考生须牢记诈骗罪是被害人在错误认识支配下对财物作出处分行为从而产生损失，否则，容易做错。

［选项分析］收银员并未意识到自己处分了白酒，因此，甲的行为属于掉包式的盗窃行为。A 项当选。

收银员并未对乙的消费款作出处分行为，其只是默许待会回来付钱，并没有免除债务，乙之获利系利用了收银员不知情的方式，属于盗窃行为。B 项当选。

丙系先用电后交费，对于丙隐瞒的 4000 元电力使用，并非电力公司在认识错误支配之下的处分行为，丙并非诈骗行为，而应定性为盗窃。C 项当选。

李某虽然因丁隐瞒自己并非业主的身份而产生了错误认识，但李某支付对价获得了房屋的使用权，并未产生损失。对于房屋业主，丁并没有对其实施诈骗行为，业主也未对财物作出处分，丁并非基于受害人处分而获益，不成立诈骗罪。D 项当选。

2. ［答案］C　　［难度］中

［考点］盗窃罪、诈骗罪

［命题和解题思路］本题考查盗骗交织行为的定性问题，主要涉及盗窃罪与诈骗罪的区分问题。考生需要分析题干案例中行为的发展过程，特别是对被害人及其被害原因作出准确判断，并在此基础上判断被害人是否对财物作出了处分以及是否基于错误认识而作出处分。

［选项分析］甲以秘密窃取的手段从快递点处盗窃其订购后正在派送的商品，构成盗窃罪。网络平台商家把商品交给物流公司承运、派送，物流公司具有保管商品，承担商品灭失、毁坏的风险责任。若物品被盗、遗失、损坏、灭失，物流公司必须承担赔偿责任。因此，尽管手机系甲向网络平台商家购买，但仍属于物流公司管理、运输、派送过程中的财物，是快递点合法占有的财物，物流公司依法对物品的被盗、毁损、灭失负有赔偿责任。甲秘密窃取物流公司管理、运输、派送过程中的财物，其行为构成盗窃罪。

甲向网络平台商家申请退款，骗取手机货款的行为成立诈骗罪。甲隐瞒自己已经实际占有货物的真相，故意制造快递丢失或未收到的假象，属于虚构事实，并以此为由向网络平台商家申请退款，使网络平台商家陷入甲没有收到货物的错误认识，进而自愿退还和处分货款的行为，符合诈骗罪的实质特征，成立诈骗罪。

需要指出的是，由于这两个行为最终只侵害了一个法益，最终成不成立牵连犯抑或数罪并罚，虽然还有争议，但本题并没有问究竟应该以何罪来认定刑事责任，而是问各个行为构成什么罪。因此，C 项正确，ABD 项错误。

3. ［答案］BCD　　［难度］难

［考点］诈骗罪、信用卡诈骗罪

［命题和解题思路］本题考查了司法实践中经常出现的捡到他人手机后利用密码盗用他人支付宝或者微信钱包中钱的案例，应该说本题的难度不大，AB 项具有关联性，本题主要想借此考查考生对于诈骗罪及信用卡诈骗罪构成要件的理解。解答本题需要紧紧围绕诈骗犯罪的基本构造进行思考，否则还是有可能做错的。

［选项分析］甲并未对乙实施虚构事实、隐瞒真相的诈骗行为，因此甲对乙不成立诈骗罪。A 项错误，B 项正确。

对于商户而言，也并没有遭受财产损失。因此甲对商户同样不成立诈骗罪。C 项正确。

全国人民代表大会常务委员会《关于〈中华人民共和国刑法〉有关信用卡规定的解释》规定，信用卡是指由商业银行或者其他金融机构发行的具有消费支付、信用贷款、转账结算、存取现金等全部功能或者部分功能的电子支付卡。蚂蚁花呗是支付宝接入的一种先消费后还款的类信用卡业务，但是并非商业银行等金融机构发行的，因此，甲的行为不宜认定为信用卡诈骗罪。D 项正确。

4. ［答案］ABCD　　［难度］中

［考点］诈骗罪、寻衅滋事罪、共同犯罪、敲诈勒索罪

［命题和解题思路］本题主要考查《关于办理“套路贷”刑事案件若干问题的意见》。“套路贷”其实并非一个单一概念，实际上是一类犯罪的事实概括，并非法定的构成要件，因此在司法适用时仍然需要将行为人的行为与刑法分则各个罪名的构成要件进行具体涵摄，方能得出正确的适用结论。

［选项分析］“套路贷”涉及的罪名较多，较为常见的有虚构事实使得他人基于受骗处分财物的诈骗罪，在被害人贷款后对被害人进行敲诈勒索，在索要贷款时对被害人进行非法拘禁，甚至进行绑架，以及伪造证据事实进行虚假诉讼，等等。A 项正确。

如果是平等主体相互基于真实的自由意思而缔结借款合同，不应认定为“套路贷”，不应作为刑事案件予以打击。对此，《关于办理“套路贷”刑事案件若干问题的意见》明确指出，“套路贷”与平等主体之间基于意思自治而形成的民事借贷关系存在本质区别，民间借贷的出借人是为了到期按照协议约定的内容收回本金并获取利息，不具有非法占有他人财物的目的，也不会在签订、履行借贷协议过程中实施虚增借贷金额、制造虚假给付痕迹、恶意制造违约、肆意认定违约、毁匿还款证据等行为。B项正确。

如果明知他人实施“套路贷”，而仍然提供诸如APP技术服务支持、客户个人信息推送、贷款广告推送等行为，当然成立相应“套路贷”犯罪的共犯。《关于办理“套路贷”刑事案件若干问题的意见》对此也作了明确规定，即明知他人实施“套路贷”犯罪，组织发送“贷款”信息、广告，吸引、介绍被害人“借款”的，以相关犯罪的共犯论处。C项正确。

《关于办理“套路贷”刑事案件若干问题的意见》规定，在认定“套路贷”犯罪数额时，应当与民间借贷相区别，从整体上予以否定性评价，“虚高债务”和以“利息”“保证金”“中介费”“服务费”“违约金”等名目被犯罪嫌疑人、被告人非法占有的财物，均应计入犯罪数额。犯罪嫌疑人、被告人实际给付被害人的本金数额，不计入犯罪数额。D项正确。

5. [答案] AD　　[难度] 中

[考点] 诈骗罪

[命题和解题思路] 命题人主要的考查点有两个：第一，对于赃物的占有问题，即行为人是否能否对赃物形成占有。第二，在共同犯诈骗罪的场合，诈骗数额的认定问题。对于第一点，考生要意识到欺骗他人高价出售存在权利瑕疵的物品，相关交易即便不受法律保护，但被害人对其财产的占有本身值得刑法保护，其因为被骗产生了财产损失。对于第二点，则需要认识到财产犯罪者只能就共同故意认识范围内的数额负责。

[选项分析] 该金饰虽然属于赃物，但李某已经建立了对其事实上的支配，购买者郭某对于该金饰的性质并不知情，否则就不存在被诈骗的空间了，而是掩饰、隐瞒犯罪所得的行为。李某明知金饰仅仅值1万元，但却谎称是价值5万元的限量版金饰，因此郭某基于受骗而产生的实际财产损失也很明显。A项正确。

财产犯罪所得后的财产处分行为，除非侵害了另一种保护法益，否则原则上都属于不可罚的事后行为。B项错误。

C项是重点干扰项。《民法典》第153条第1款规定，违反法律、行政法规的强制性规定以及违背公序良俗的民事法律行为无效。所以王某与李某之间关于赃款平分的约定无效，不受法律保护，王某据此根本无权向李某索要剩余2万元销赃款，李某进而不构成对王某的诈骗罪。C项错误。

共犯人应当仅对自己认识范围内的犯罪数额承担责任。由于李某对王某称金饰仅卖得1万元，分给王某5000元，因此王某对于共同犯罪的数额认识应为1万元，仅需对这1万元的数额负责。D项正确。

6. [答案] B　　[难度] 易

[考点] 诈骗罪

[命题和解题思路] 本题考查考生对诈骗罪犯罪构成的理解与运用。实际上，这些案例也是司法实务中经常发生的案例，其中A项是最高人民法院的指导性案例“臧进泉等盗窃、诈骗案”。命题人在B项中反向设置了陷阱，让考生误认为这与A项类似，也成立盗窃罪。因此，考生必须仔细审题，否则可能会做错。实际上，考生只要牢记诈骗罪的规范构造：行为人实施欺诈行为→对方（受骗者）产生或者继续维持错误认识→对方基于错误认识处分财产→行为人取得财物→被害人遭受财产损害。便基本不会出错。

[选项分析] 如果点击者不知点击链接会转移财产，便很清楚其没有处分财产的意识，因而不符合诈骗罪的构成要件，不成立诈骗罪。A项错误。

乙虚构可供交易的商品，欺骗他人点击付款链接付款，被害人正是基于乙的欺骗行为产生认识错误后处分财产，进而遭受财产损失，完全符合诈骗罪的规范构成，成立诈骗罪。B项正确。

对于摩托车的主人钱某来说，其并没有产生认识错误，也没有基于认识错误将摩托车处分给丙的意思，所以，丙对于“钱某的摩托车”并不能成立诈骗罪。丙违背车主的意志，以平和手段将摩托车变为自己占有，成立盗窃罪。C项错误。

丁侵入银行计算机信息系统，将刘某存折中的5万元存款转入自己的账户。无论是银行还是刘某，均没有将5万元存款处分给丁的意思，因而不成立诈骗罪。D项错误。

7. [答案] ABD [难度] 中

[考点] 诈骗罪

[命题和解题思路] 本题考查了多个诈骗罪中的知识点，其中，A项涉三角诈骗，B项涉及财产损失问题，C项涉及诈骗罪中被害人的损失认定，D项涉及对赃物的占有和诈骗罪与敲诈勒索罪的关系。本题的A项中对于保姆是否有权处分业主的贵重财产，学界其实近年来存在争议，2015年司法部公布的本题答案采取的是肯定立场，即保姆具有处分财产的权限，这可能跟2015年争议还不算大有关。目前，法考可能不会再直接考这个点。

[选项分析] A项涉及三角诈骗问题。三角诈骗是指被骗人与被害人不是同一人的诈骗行为。在三角诈骗中，如果被骗人具有处分被害人财产的权限或地位，则成立诈骗罪的直接正犯，否则将成立盗窃罪的间接正犯。本案中，甲是犯罪人，保姆是被骗人，主人李某是被害人，保姆具有处分主人李某财产的权限或地位，对甲应认定为诈骗罪的直接正犯，即实行犯。A项正确。

诈骗罪的成立要求被害人基于认识错误处分财产。处分财产，不限于民法意义上的处分财产即不限于所有权权能之一的处分，而意味着将被害人的财产转移给行为人或者第三者占有，或者说使行为人或者第三者取得被害人的财产。处分财产表现为直接交付财产、承诺行为人取得财产、承诺转移财产性利益、承诺免除行为人的债务等。行为人实施欺骗行为，使他人放弃财物，行为人拾取该财物的，应认定为诈骗罪。据此，本案中甲的行为成立诈骗罪。B项正确。

根据命题人的观点，行为人实施欺骗行为，导致受骗者就所交付财产的用途、财产的接受者存在法益关系的认识错误时，即使受骗者没有期待相当给付，也应认为存在财产损失，行为人的行为成立诈骗罪。例如，声称将募捐的钱交给灾民，但实际上将募捐的钱占为己有的，成立诈骗罪。但本案不符合上述情形，故不构成诈骗罪。此外，从犯罪目的来看，诈骗罪的行为人必须具有非法占有他人财物的目的。本案中的甲并无非法占有目的，不构成诈骗罪。C项错误。

题干中指出乙窃取摩托车，准备骑走，说明该车已经被乙事实上占有。进而需要考察乙到底是基于恐惧还是被骗而处分财物。被害人基于何种原因而处分财物，是区分诈骗罪和敲诈勒索罪的一大关键。如果行为人仅仅实施欺骗行为，被害人陷入认识错误处分财产，但没有产生恐惧心理的，只能认定为诈骗罪。本案中的甲仅仅实施了欺骗行为，乙处分了摩托车系基于受骗而非基于恐惧心理，对甲应认定为诈骗罪。当然，也有人会认为，此处甲的话中包含了威胁，乙弃车而逃，也是基于恐惧，因而也成立敲诈勒索罪。需要注意的是，命题人在题干中用的是“触犯诈骗罪”，而非最终以何罪认定刑事责任。D项正确。

8. [答案] BCD [难度] 易

[考点] 诈骗罪

[命题和解题思路] 本题考查对于诈骗罪的理解。诈骗罪的客观行为构造表现为：行为人实施欺诈行为→对方（受骗者）产生或者继续维持错误认识→对方基于错误认识处分财产→行为人取得财物→被害人遭受财产损害。紧扣前述规范构造，便可以得出正确答案。

[选项分析] 成立诈骗罪既遂，必须是财产处分者基于行为人的欺骗产生认识错误后处分财产，而本例中的乙并没有产生认识错误，乙明知事实上已经不欠甲钱，其只是基于情面才给甲1万元，因此，甲不成立诈骗罪既遂。A项正确，不当选。

B项是重点干扰项。甲伪造房产证将乙所有的房屋未经乙同意租给丙居住。初看之下，甲确实实施了伪造这一“欺骗”的行为，不过，事实上的欺骗行为并不一定都是《刑法》上的欺骗，认定《刑法》上的诈骗罪必须回归到诈骗罪的规范构造。本例中，对丙来说，其事实上也居住了1年，并没有受到财产损失；而对房子主人乙来说，其并没有基于甲的行为产生认识错误并作出财产处分，因此，甲的行为不成立诈骗罪。B项错误，当选。

财产处分意识是指处分者认识到自己将财产或者财产性利益转移给行为人或者第三人占有。

本案中，餐厅经理同意甲离开只是误以为甲送朋友暂时离开，但是餐厅经理显然不是有意识地处分自己对甲的债权，其并没有同意免除甲的餐费。换句话说，餐厅经理同意甲离开并非在处分自己享有的对甲的债权，因此，甲的行为不成立诈骗罪。认为无论怎么理解处分意识，甲的行为都成立诈骗罪显然不正确。C 项错误，当选。

将白纸冒充假币卖给购买假币者，如同将面粉冒充白粉卖给毒品购买者，客观上完全符合诈骗罪的规范构造，至于意欲购买假币者的行为是否合法，与诈骗罪的成立与否无关。D 项错误，当选。

第六节　敲诈勒索罪

1. ［答案］ACD　　［难度］难

［考点］招摇撞骗罪及其与抢劫罪、敲诈勒索罪和诈骗罪的区分

［命题和解题思路］利用警察特定身份迫使违法行为者交付财物的行为定性，实务争议较大，本题主要考查考生对被害人交付财物的心理状态及其对行为定性尤其是近似罪名区分的掌握。考生应该在被害人较为复杂的心理状态下，准确定性被害人支付财物的心理以及判断该心理的生成机制，从而判断行为人所实施的行为的定性。

［选项分析］甲男冒充警察这一特定的国家机关工作人员，利用警察这一身份形成对被害人的心理压制，从而使其交付财物，触犯招摇撞骗罪。A 项正确。

电棍确实具有暴力或暴力威胁的可能，但题干中并未呈现甲男有使用电棍武力压制乙女的情形，不符合抢劫罪之两个当场，即当场施暴、当场取财。B 项错误。

警察这一特定身份确实对于从事违法行为的乙女具有心理强制力，被害人交付财物是基于恐惧、害怕心理，因此，甲男成立敲诈勒索罪。C 项正确。

乙女交付“罚款”显然也是基于被骗，甲男的行为成立诈骗罪。D 项正确。

2. ［答案］D　　［难度］易

［考点］盗窃罪、诈骗罪、抢夺罪、敲诈勒索罪

［命题和解题思路］本题案例来源于林东茂教授的《刑法综览》一书中列举的发生在德国的一个真实案例，对于原案例，林东茂教授认为构成盗窃罪（德国刑法中盗窃不需要秘密窃取）。命题人在这里设计了选项，一定程度上通过假设前提降低了难度。

［选项分析］认为甲的行为成立诈骗罪，唯一的可行性论证路径是三角诈骗。三角诈骗不同于普通诈骗的一点是财产处分者和财产受害者不是同一人。认定三角诈骗的重点在于财产处分者必须有处分财产的权限，否则便不应成立三角诈骗，而是有可能成立盗窃罪的间接正犯。据此，如果认为交警丙没有处分他人财产的权限，便不应成立诈骗罪。A 项正确，不当选。

甲当着乙的面，如果坚持盗窃罪需要秘密窃取这一构成要件要素，那么，显然甲是公开取得他人财物，当然不成立盗窃罪。B 项正确，不当选。事实上，如果承认公然盗窃的话，警察可以当作是排除盗窃进程中的妨害的工具。

甲显然没有采用乘乙不注意、不小心的时候公然夺取财物，所以如果认为抢夺罪表现为乘人不备公然夺取，则甲的行为不成立抢夺罪。C 项正确，不当选。

命题人已经假设甲没有实施恐吓行为，这样就缺乏敲诈勒索罪中的行为要件，当然不应当成立敲诈勒索罪。D 项错误，当选。

第七节　故意毁坏财物罪

［答案］CD　　［难度］易

［考点］寻衅滋事罪、故意毁坏财物罪、破坏交通设施罪

［命题和解题思路］本题较简单，主要涉及对于寻衅滋事罪、聚众扰乱交通秩序罪、故意毁坏财物罪以及破坏交通设施罪这四个罪名犯罪构成的理解。命题人其实是想重点考查 A 项寻衅滋事罪的认定。寻衅滋事罪的构成要件具有一定模糊性，在适用时应予以一定限制，避免滥用本罪名。

［选项分析］寻衅滋事罪的四种行为方式包括：随意殴打他人；追逐、拦截、辱骂、恐吓他人；强拿硬要或者任意损毁、占用公私财物；在公共场所起哄闹事，造成公共场所秩序严重混乱。A 项表述的“任意毁损公私财物”其实是命题人故意设置的干扰项，实际上，甲只是有意识地损毁了一段特定的护栏，并非恣意地、漫无目的地

毁损多处公路设施，很难认定其行为扰乱了公共秩序。据此，认为甲构成寻衅滋事罪是错误的。A 项错误。

聚众扰乱交通秩序罪是指聚众堵塞交通或者破坏交通秩序，抗拒、阻碍国家治安管理工作人员依法执行职务，情节严重的行为。甲并没有聚众堵塞交通或破坏交通秩序。B 项错误。

吴某尽管是收费站站长，但其对公共财物不具有同意处分的权力，因此，甲即便征得其同意，也仍然成立故意毁坏财物罪。C 项正确。

隔离栏的一个重要作用在于防止行人或动物私自闯入高速公路从而引发交通事故，甲私自破坏隔离栏危及交通安全，则成立破坏交通设施罪。D 项正确。

第十八章　妨害社会管理秩序罪

试　题

第一节　高空抛物罪

2021 年 2 月 28 日晚 11 点，甲从 3 楼往楼下扔了 4 袋垃圾，正好砸在自家车上。关于甲的行为性质，下列哪些说法是错误的？（2021 年回忆版）

A. 甲的行为发生在《刑法修正案（十一）》实施之前，不成立以危险方法危害公共安全罪，根据从旧兼从轻原则，甲不成立犯罪

B. 3 楼不属于高空，即使甲的行为发生在《刑法修正案（十一）》实施之后，甲也不成立高空抛物罪

C. 甲扔的垃圾砸在自家车上，没有危害公共安全，即使甲的行为发生在《刑法修正案（十一）》实施之后，甲也不构成高空抛物罪

D. 甲的行为发生在《刑法修正案（十一）》实施之前，成立以危险方法危害公共安全罪，根据从旧兼从轻原则，甲构成高空抛物罪

第二节　赌博罪

根据有关司法解释，关于利用互联网实施的犯罪行为，下列哪些说法是正确的？（2017-2-51）

A. 在网络上建立赌博网站的，属于开设赌场

B. 通过网络传播淫秽视频的，属于传播淫秽物品

C. 在网络上传播电子盗版书的，属于复制发行他人文字作品

D. 盗用他人网络账号、密码上网，造成他人电信资费损失的，属于盗窃他人财物

第三节　窝藏、包庇罪

1. 关于窝藏罪，下列哪些说法是正确的？（2023 年回忆版）

A. 陈某杀人后，甲说：“你安心逃跑，我帮你照顾你的妻子”。甲构成窝藏罪

B. 李某杀人后，乙让李某赶紧走。李某本无逃跑的打算。乙虽教唆李某逃跑，但不构成窝藏罪

C. 张某杀人逃跑后，其妻丙照顾张某的起居。丙不构成窝藏罪

D. 王某杀人后准备逃匿，其朋友丁为其提供管制刀具。丁不构成窝藏罪

2. 《刑法》第 310 条第 1 款规定了窝藏、包庇罪，第 2 款规定：“犯前款罪，事前通谋的，以共同犯罪论处。”《刑法》第 312 条规定了掩饰、隐瞒犯罪所得罪，但没有规定“事前通谋的，以共同犯罪论处。”关于上述规定，下列哪一说法是正确的？（2017-2-19）

A. 若事前通谋之罪的法定刑低于窝藏、包庇罪的法定刑，即使事前通谋的，也应以窝藏、包庇罪论处

B. 即使《刑法》第 310 条没有第 2 款的规定，对于事前通谋事后窝藏、包庇的，也应以共同犯罪论处

C. 因缺乏明文规定，事前通谋事后掩饰、隐瞒犯罪所得的，不能以共同犯罪论处

D. 事前通谋事后掩饰、隐瞒犯罪所得的，属于想象竞合，应从一重罪处罚

3. 甲将私家车借给无驾照的乙使用。乙夜间驾车与其叔丙出行，途中遇刘某过马路，不慎将

其撞成重伤，车辆亦受损。丙下车查看情况，对乙谎称自己留下打电话叫救护车，让乙赶紧将车开走。乙离去后，丙将刘某藏匿在草丛中离开。刘某因错过抢救时机身亡。（事实一）为逃避刑事责任，乙找到有驾照的丁，让丁去公安机关“自首”，谎称案发当晚是丁驾车。丁照办。公安机关找甲取证时，甲想到若说是乙造成事故，自己作为被保险人就无法从保险公司获得车损赔偿，便谎称当晚将车借给了丁。（事实二）

关于事实二的分析，下列选项错误的是：（2016-2-87）

A. 伪证罪与包庇罪是相互排斥的关系，甲不可能既构成伪证罪又构成包庇罪

B. 甲的主观目的在于骗取保险金，没有妨害司法的故意，不构成妨害司法罪

C. 乙唆使丁代替自己承担交通肇事的责任，就此构成教唆犯

D. 丁的“自首”行为干扰了司法机关的正常活动，触犯包庇罪

第四节　掩饰、隐瞒犯罪所得罪

某小区五楼刘某家的抽油烟机发生故障，王某与李某上门检测后，决定拆下搬回维修站修理。刘某同意。王某与李某搬运抽油烟机至四楼时，王某发现其中藏有一包金饰，遂暗自将之塞入衣兜。（事实一）王某与李某将抽油烟机搬走后，刘某想起自己此前曾将金饰藏于其中，追赶前来，见王某神情可疑，便要其返还金饰。王某为洗清嫌疑，乘乱将金饰转交李某，李某心领神会，接过金饰藏于裤兜中。刘某确定王某身上没有金饰后，转身再找李某索要。李某突然一拳击倒刘某，致其倒地重伤。李某与王某随即逃走。（事实二）

关于事实二的分析，下列选项正确的是：（2017-2-87）

A. 李某接过金饰，协助王某拒不返还他人财物，构成侵占罪的帮助犯

B. 李某帮助王某转移犯罪所得的金饰，构成掩饰、隐瞒犯罪所得罪

C. 李某为窝藏赃物将刘某打伤，属事后抢劫，构成抢劫（致人重伤）罪

D. 王某利用李某打伤刘某的行为顺利逃走，也属事后抢劫，构成抢劫罪

第五节　帮助毁灭、伪造证据罪

1. 甲杀丙后潜逃。为干扰侦查，甲打电话让乙将一把未留有指纹的斧头粘上丙的鲜血放到现场。乙照办后报案称，自己看到“凶手”杀害了丙，并描述了与甲相貌特征完全不同的“凶手”情况，导致公安机关长期未将甲列为嫌疑人。关于本案，下列哪一选项是错误的？（2016-2-20）

A. 乙将未留有指纹的斧头放到现场，成立帮助伪造证据罪

B. 对乙伪造证据的行为，甲不负刑事责任

C. 乙捏造事实诬告陷害他人，成立诬告陷害罪

D. 乙向公安机关虚假描述“凶手”的相貌特征，成立包庇罪

2. 甲杀人后将凶器忘在现场，打电话告诉乙真相，请乙帮助扔掉凶器。乙随即把凶器藏在自家地窖里。数月后，甲生活无着落准备投案自首时，乙向甲汇款2万元，使其继续在外生活。关于本案，下列哪一选项是正确的？（2015-2-20）

A. 乙藏匿凶器的行为不属毁灭证据，不成立帮助毁灭证据罪

B. 乙向甲汇款2万元不属帮助甲逃匿，不成立窝藏罪

C. 乙的行为既不成立帮助毁灭证据罪，也不成立窝藏罪

D. 甲虽唆使乙毁灭证据，但不能认定为帮助毁灭证据罪的教唆犯

3. 甲的下列哪些行为成立帮助毁灭证据罪（不考虑情节）？（2014-2-61）

A. 甲、乙共同盗窃了丙的财物。为防止公安人员提取指纹，甲在丙报案前擦掉了两人留在现场的指纹

B. 甲、乙是好友。乙的重大贪污罪行被丙发现。甲是丙的上司，为防止丙作证，将丙派往境外工作

C. 甲得知乙放火致人死亡后未清理现场痕迹，便劝说乙回到现场毁灭证据

D. 甲经过犯罪嫌疑人乙的同意，毁灭了对乙有利的无罪证据

第六节　盗伐林木罪

1. 王某身穿林业工作人员的衣服，假扮林业

工作人员采伐林木，引起路人围观，但路人均认为他是工作人员，故未制止。后王某将林木运走卖掉。关于王某的行为性质，下列哪一选项是正确的？（2023 年回忆版）

A. 盗窃罪

B. 盗伐林木罪

C. 滥伐林木罪

D. 诈骗罪

2. 关于盗伐林木罪，下列哪一选项是正确的？（2017-2-20）

A. 甲盗伐本村村民张某院落外面的零星树木，如果盗伐数量较大，构成盗伐林木罪

B. 乙在林区盗伐珍贵林木，数量较大，如同时触犯其他法条构成其他犯罪，应数罪并罚

C. 丙将邻县国有林区的珍贵树木移植到自己承包的林地精心养护使之成活的，不属于盗伐林木

D. 丁在林区偷扒数量不多的具有药用价值的树皮，致使数量较大的林木枯死的，构成盗伐林木罪

第七节　走私、贩卖、运输、制造毒品罪

1. 关于毒品犯罪，下列哪些选项是正确的？（2017-2-61）

A. 甲容留未成年人吸食、注射毒品，构成容留他人吸毒罪

B. 乙随身携带藏有毒品的行李入关，被现场查获，构成走私毒品罪既遂

C. 丙乘广州至北京的火车运输毒品，快到武汉时被查获，构成运输毒品罪既遂

D. 丁以牟利为目的容留刘某吸食毒品并向其出卖毒品，构成容留他人吸毒罪和贩卖毒品罪，应数罪并罚

2. 甲在强制戒毒所戒毒时，无法抗拒毒瘾，设法逃出戒毒所。甲径直到毒贩陈某家，以赊账方式买了少量毒品过瘾。后甲逃往乡下，告知朋友乙详情，请乙收留。乙让甲住下。（事实一）

关于事实一，下列选项正确的是：（2014-2-89）

A. 甲是依法被关押的人员，其逃出戒毒所的行为构成脱逃罪

B. 甲购买少量毒品是为了自吸，购买毒品的行为不构成犯罪

C. 陈某出卖毒品给甲，虽未收款，仍属于贩卖毒品既遂

D. 乙收留甲的行为构成窝藏罪

3. 甲在强制戒毒所戒毒时，无法抗拒毒瘾，设法逃出戒毒所。甲径直到毒贩陈某家，以赊账方式买了少量毒品过瘾。后甲逃往乡下，告知朋友乙详情，请乙收留。乙让甲住下。（事实一）甲对陈某的毒品动起了歪脑筋，探知陈某将毒品藏在厨房灶膛内。某夜，甲先用毒包子毒死陈某的 2 条看门狗（价值 6000 元），然后翻进陈某院墙，从厨房灶膛拿走陈某 50 克纯冰毒。（事实二）甲拿出 40 克冰毒，让乙将 40 克冰毒和 80 克其他物质混合，冒充 120 克纯冰毒卖出。（事实三）

关于事实三的判断，下列选项正确的是：（2014-2-91）

A. 甲让乙卖出冰毒应定性为甲事后处理所盗赃物，对此不应追究甲的刑事责任

B. 乙将 40 克冰毒掺杂冒充 120 克纯冰毒卖出的行为，符合诈骗罪的构成要件

C. 甲、乙既成立诈骗罪的共犯，又成立贩卖毒品罪的共犯

D. 乙在冰毒中掺杂使假，不构成制造毒品罪

第八节　非法持有毒品罪

1. 关于毒品犯罪，下列哪一说法是正确的？（2022 年回忆版）

A. 甲运送毒品去卖，但未交易成功。甲构成运输毒品罪

B. 乙为了自己吸食而在网上购买毒品（数量不够非法持有），卖家寄出后乙成功收货。乙构成运输毒品罪

C. 丙欲将毒品从 A 地运输到 B 地，但还未到目的地即被抓获。丙构成非法持有毒品罪

D. 丁去某地旅游，发现当地毒品很便宜，遂买了毒品带回家吸食。丁构成运输毒品罪

2. 关于毒品犯罪，下列哪些选项是正确的？（2016-2-61）

A. 甲无牟利目的，为江某代购仅用于吸食的毒品，达到非法持有毒品罪的数量标准。对甲应以非法持有毒品罪定罪

B. 乙为蒋某代购仅用于吸食的毒品，在交通

费等必要开销之外收取了若干"劳务费"。对乙应以贩卖毒品罪论处

C. 丙与曾某互不知情，受雇于同一雇主，各自运输海洛因 500 克。丙将海洛因从一地运往另一地后，按雇主吩咐交给曾某，曾某再运往第三地。丙应对运输 1000 克海洛因负责

D. 丁盗窃他人 200 克毒品后，将该毒品出卖。对丁应以盗窃罪和贩卖毒品罪实行数罪并罚

第九节　破坏计算机信息系统罪

甲购买乙公司的车，约定甲在支付全款后才能获得车辆所有权。乙公司为保障其权利，在车辆上安装了定位系统，甲支付购车首付款后不想继续支付余款，欲变卖该车辆，遂告知好友丙，请其利用信息网络干扰定位系统致使车辆定位系统崩溃，甲顺利变卖车辆。关于丙的行为性质，下列哪一说法是正确的？（2021 年回忆版）

A. 构成非法利用信息网络罪

B. 构成非法控制计算机信息系统罪

C. 构成非法侵入计算机信息系统罪

D. 构成破坏计算机信息系统罪

详　解

第一节　高空抛物罪

［答案］BCD　　［难度］中

［考点］高空抛物罪、时间效力

［命题和解题思路］本题考查对《刑法修正案（十一）》新增的高空抛物罪构成要件的理解与运用。同时通过高空抛物罪与 2019 年最高人民法院《关于依法妥善审理高空抛物、坠物案件的意见》的衔接适用考查对于该罪与以危险方法危害公共安全罪的区分与适用问题，以及刑法总则中关于时间效力的规则。

［选项分析］A 项与 D 项的内容相互排斥，判断的关键在于根据 2019 年最高人民法院《关于依法妥善审理高空抛物、坠物案件的意见》的规定，在行为方式为高空抛物的情况下，高空抛物罪与以危险方法危害公共安全罪的区分主要在于程度的区分，即是否足以危害公共安全。本题中甲的行为系深夜自 3 楼抛掷垃圾，砸在自家车上。从抛掷物品的时间、空间和造成的后果来看，并没有达到足以危害公共安全的程度。因此甲不成立以危险方法危害公共安全罪，故 A 项正确，不当选；D 项错误，当选。

B 项涉及对高空抛物中的高空的理解。高空的概念具有相对性，必须具体问题具体分析。该选项认为 3 楼不属于高空的判断过于绝对，如果甲的行为发生在《刑法修正案（十一）》实施之后，则认为甲的行为不成立高空抛物罪的原因不在于否定 3 楼的高空性，而是甲的行为并不符合情节严重的要求。故 B 项错误，当选。

高空抛物罪保护的法益重点主要在于社会管理秩序而非公共安全，不能以没有危害公共安全而否定高空抛物罪。C 项错误，当选。

第二节　赌博罪

［答案］ABCD　　［难度］易

［考点］赌博罪、传播淫秽物品罪、侵犯著作权罪、盗窃罪

［命题和解题思路］本题考查对于以网络犯罪形式呈现出来的相关妨害社会管理秩序罪的形态，要求考生透过现象看本质，理解并掌握相关犯罪的构成要件，熟悉并掌握最高人民法院、最高人民检察院等机关陆续出台多部有关网络犯罪的司法解释的有关规定。需要说明的是，2020 年出台的《刑法修正案（十一）》中对《刑法》第 217 条侵犯著作权罪作出了修改，将第 1 项修改为"未经著作权人许可，复制发行、通过信息网络向公众传播其文字作品、音乐、美术、视听作品、计算机软件及法律、行政法规规定的其他作品的"。由此，复制发行与通过信息网络向公众传播系不同的行为类型，即不能再将网络上传播电子盗版书解释成复制。

［选项分析］最高人民法院、最高人民检察院、公安部《关于办理网络赌博犯罪案件适用法律若干问题的意见》指出，利用互联网、移动通讯终端等传输赌博视频、数据，组织赌博活动，具有下列情形之一的，属于"开设赌场"行为：（1）建立赌博网站并接受投注的；（2）建立赌博网站并提供给他人组织赌博的；（3）为赌博网站担任代理并接受投注的；（4）参与赌博网站利润分成的。由此可见在网络上建立赌博网站属于开设赌场的行为方式之一。A 项正确。

最高人民法院、最高人民检察院《关于办理利用互联网、移动通讯终端、声讯台制作、复制、

出版、贩卖、传播淫秽电子信息刑事案件具体应用法律若干问题的解释》第3条规定，不以牟利为目的，利用互联网或者移动通讯终端传播淫秽电子信息，符合一定数量等标准的，以传播淫秽物品罪定罪处罚。由此可见通过网络传播淫秽视频属于传播淫秽物品的行为方式之一。B项正确。

根据《刑法》第217条的规定，未经著作权人许可，复制发行、通过信息网络向公众传播其文字作品的，构成侵犯著作权罪。根据最高人民法院、最高人民检察院、公安部印发的《关于办理侵犯知识产权刑事案件适用法律若干问题的意见》中“关于刑法第二百一十七条规定的‘发行’的认定及相关问题”，“发行”，包括总发行、批发、零售、通过信息网络传播以及出租、展销等活动。非法出版、复制、发行他人作品，侵犯著作权构成犯罪的，按照侵犯著作权罪定罪处罚，不认定为非法经营罪等其他犯罪。由此可见在网络上传播电子盗版书属于复制发行他人文字作品的行为方式之一。C项正确。

最高人民法院《关于审理扰乱电信市场管理秩序案件具体应用法律若干问题的解释》第8条规定，盗用他人公共信息网络上网账号、密码上网，造成他人电信资费损失数额较大的，依照《刑法》第264条的规定，以盗窃罪定罪处罚。D项正确。

第三节 窝藏、包庇罪

1. [答案] CD [难度] 难

[考点] 窝藏罪

[命题和解题思路] 本题考查了窝藏罪的认定。《刑法》第310条规定了窝藏罪，即明知是犯罪的人而为其提供隐藏处所、财物，帮助其逃匿或者作假证明包庇的行为。在判断窝藏罪的成立时，需要注意，两罪（包庇罪）保护的法益是公共法益，即犯罪侦查、刑事审判、刑罚执行的刑事司法作用，而并非任何意义上的帮助逃匿都是窝藏中的实行行为，只有直接的帮助逃匿行为才能成立窝藏罪。

[选项分析] 甲帮助陈某照顾其妻子，对陈某逃匿并没有起到直接的帮助作用，也没有为其提供隐藏的处所和财物。因此，不构成窝藏罪。A项错误。

“帮助其逃匿”中的帮助不是共犯中的帮助，即使犯罪人没有打算逃匿，也属于“帮助其逃匿”，乙的行为已经妨害到侦查的司法作用，构成窝藏罪。B项错误。

窝藏罪中的“帮助其逃匿”的行为应当限于直接使犯罪人的逃匿更为容易的行为，而不是漫无边际的帮助行为。C项中，配偶丙与张某一起生活，其并没有为张某提供隐藏处所与财物，不能认为对其逃匿起到了直接的帮助作用。因此，丙不构成窝藏罪。C项正确。

丁为王某提供管制刀具的行为，对其逃匿并无直接帮助。因此，丁不构成窝藏罪。D项正确。

2. [答案] B [难度] 易

[考点] 窝藏、包庇罪，掩饰、隐瞒犯罪所得罪，事前有通谋的共同犯罪

[命题和解题思路] 本题考查对于《刑法》第310条第2款的理解，该款是就事前通谋的共同犯罪的注意性规定。解题的关键并不在于机械地记忆法条，而在于对事前有通谋的共同犯罪的基础理论的理解与运用。

[选项分析] 窝藏、包庇罪的主观故意中的认识要素是明知是犯罪的人，行为对象是犯罪的人，因此窝藏、包庇行为应当是在犯罪人犯罪以后才实施的，故成立该罪要求窝藏、包庇者与被窝藏、包庇者事前并不存在通谋即存在实施相应犯罪的意思联络，否则应当认为构成相应犯罪的共同犯罪，这符合事前通谋的共同犯罪的基本逻辑。A项错误。

《刑法》第310条第2款的规定属于注意规定，因为即便没有本款规定，按照事前通谋的共同犯罪的基本逻辑与基础理论，与他人共谋实施犯罪的，应当成立正犯所犯之罪的共犯。B项正确。

在掩饰、隐瞒犯罪所得、犯罪所得收益罪的条文中虽然没有明确规定“事前通谋的，以共同犯罪论”，但这并不影响事前通谋事后掩饰、隐瞒犯罪所得成立事前通谋的共同犯罪。C项错误。

事前通谋事后掩饰、隐瞒犯罪所得，符合相应犯罪的共同犯罪的成立条件，因而应当直接论以相应犯罪的共同犯罪，不以掩饰、隐瞒犯罪所得、犯罪所得收益罪论处。D项错误。

3. [答案] ABC [难度] 易

[考点] 伪证罪、包庇罪

［命题和解题思路］本题考查伪证罪与包庇罪的构成要件以及罪与罪之间的区别与联系。值得注意的是，伪证罪与包庇罪之间不是互斥关系，不是非此即彼的，因此应当对行为的性质以及可能涉及的罪名进行全面评价，需要围绕每个罪名的犯罪构成逐个分析，最后通过罪数论（竞合论）的方法判断到底行为人构成一罪还是数罪，而不能遗漏评价。

［选项分析］伪证罪，是指在刑事诉讼中，证人、鉴定人、记录人、翻译人对与案件有重要关系的情节，故意作虚假证明、鉴定、记录、翻译，意图陷害他人或者隐匿罪证的行为。甲谎称将车借给了丁，属于故意作虚假证明为乙隐匿罪证，符合伪证罪的构成要件。包庇罪，是指明知是犯罪的人而向公安、司法机关提供虚假证明，使犯罪的人逃避刑事追诉的行为。此处的“犯罪”是指存在犯罪事实，而不要求已经被法院判定有罪的情况。甲明知乙存在交通肇事的犯罪事实，仍然向司法机关提供虚假证明，符合包庇罪的构成要件。甲只实施了一个行为，触犯数罪名，构成两罪的想象竞合，择一重罪论处。A 项错误，当选。

甲骗取保险金的直接目的不影响其对于向司法机关作虚假证明持明知的认识因素，应当成立相应的妨害司法类型的犯罪。B 项错误，当选。

乙通过指使丁冒充自己向公安机关投案的方式唆使他人包庇自己以逃避刑事追诉，由于不具有期待可能性而属于事后不可罚的行为，不构成包庇罪的教唆犯。C 项错误，当选。

丁故意向公安机关投案，谎称是自己交通肇事，掩盖了乙的犯罪事实，属于作假证明包庇乙，符合包庇罪的构成要件。D 项正确，不当选。

第四节　掩饰、隐瞒犯罪所得罪

［答案］B　　［难度］难

［考点］掩饰、隐瞒犯罪所得罪，抢劫罪

［命题和解题思路］本题考查掩饰、隐瞒犯罪所得罪与事后转化型抢劫罪的认定。本题还涉及对承继的共犯概念的理解。事后转化型抢劫罪要求前行为为盗窃、诈骗、抢夺，要成立事后转化型抢劫罪的承继的共犯，要求行为人认识到前行为人之前实施了盗窃、诈骗、抢夺的行为。

［选项分析］首先，王某实施的是盗窃行为而非抢劫行为，即便李某成立相应犯罪的帮助犯，也应是盗窃罪的帮助犯而非抢劫罪的帮助犯。其次，李某不构成王某侵占罪的帮助犯，即便认为王某成立侵占罪，因为王某与李某已经将金饰塞入衣兜，对财物已经实际占领、控制且离开了刘某家，侵占罪已经既遂，此时李某不再构成王某侵占罪的帮助犯。A 项错误。

掩饰、隐瞒犯罪所得罪，是指明知是犯罪所得而予以窝藏、转移、收购、代为销售或者以其他方法掩饰、隐瞒的行为。构成该罪不要求行为人对犯罪人所犯罪行的性质知情，也不要求其最终被法院定罪量刑。通过案情的描述，我们可以知道，即使李某对于王某所犯何罪并不明确，但可以推知金饰为王某违法犯罪所得，而帮助其窝藏，符合掩饰、隐瞒犯罪所得罪的构成要件。B 项正确。

根据《刑法》第 269 条的规定，犯盗窃、诈骗、抢夺罪，为窝藏赃物、抗拒抓捕或者毁灭罪证而当场使用暴力或者以暴力相威胁的，依照抢劫罪定罪处罚。这涉及对承继的共犯概念的理解。事后转化型抢劫罪要求前行为为盗窃、诈骗、抢夺，要成立事后转化型抢劫罪的承继的共犯，要求行为人认识到前行为人之前实施了盗窃、诈骗、抢夺的行为。本题中的李某尽管明知金饰是王某违法犯罪所得，但命题人刻意交代的“心领神会”并不意味着李某能够领会到王某是犯盗窃等罪，因此李某不构成事后转化型抢劫罪的承继的共犯，而只是具有帮助王某掩饰、隐瞒赃物的故意。C 项错误。

由于王某与李某之间没有就暴力产生犯意联络，王某对李某的暴力行为不用负责，故王某不能构成事后转化型抢劫罪。D 项错误。

第五节　帮助毁灭、伪造证据罪

1. ［答案］C　　［难度］易

［考点］帮助伪造证据罪、诬告陷害罪、包庇罪

［命题和解题思路］本题考查帮助毁灭、伪造证据罪的构成要件以及犯罪主体的期待可能性问题。帮助毁灭、伪造证据罪，是指帮助刑事诉讼活动中的当事人毁灭、伪造证据的行为，属于妨害司法类的犯罪。纵观历年考试的题目，该罪被考查的频率较高，考生应当引起足够重视。

[选项分析] 帮助毁灭、伪造证据罪，是指帮助刑事诉讼活动中的当事人毁灭、伪造证据的行为。乙明知甲杀了人，基于帮助甲逃避刑事追诉的故意，将一把未留有指纹的斧头粘上丙的鲜血放到现场并谎称自己看到“凶手”杀害了丙，导致公安机关长期未将甲列为嫌疑人，乙符合帮助伪造证据罪的构成要件。A 项正确，不当选。

帮助毁灭、伪造证据罪，是指帮助刑事诉讼活动中的当事人毁灭、伪造证据的行为。甲实施了杀人行为，为了掩盖自己的罪行，教唆他人帮助自己伪造证据，属于事后不可罚的行为，不具有期待可能性，因此，甲不构成乙帮助伪造证据罪的教唆犯。B 项正确，不当选。

诬告陷害罪，是指捏造事实诬告陷害他人，意图使他人受刑事追究，情节严重的行为。诬告陷害罪在刑法体系中被规定在“侵犯公民人身权利、民主权利罪”章，因此其保护的法益必须定位在个人的权利。故如果行为人伪造证据等行为并未指向特定的个人，那么不可能对个人的人身权利造成危险，也就不成立诬告陷害罪。乙报案称自己看到“凶手”杀害了丙，并描述了与甲相貌特征完全不同的“凶手”情况，但并未清楚将凶手指向特定的、现实的个人，因而并没有侵犯特定个人的人身法益，不成立诬告陷害罪。C 项错误，当选。

乙报案谎称自己看到“凶手”以误导侦查和追诉的行为属于作假证明包庇犯罪的人，符合包庇罪的构成要件，同时符合帮助伪造证据罪的构成要件，由于只有一个行为，故二者之间构成想象竞合，择一重罪论处。D 项正确，不当选。

2. [答案] D [难度] 易

[考点] 窝藏罪、帮助毁灭证据罪

[命题和解题思路] 本题考查帮助毁灭证据罪、窝藏罪的构成要件，具体而言考查对于帮助毁灭证据罪中的“毁灭”这一构成要件的理解以及该罪中涉及的期待可能性问题。要注意围绕各罪的保护法益解释罪名的构成要件以及期待可能性问题。类似题目在历年考题中反复考查，考生应当引起足够重视。

[选项分析] 帮助毁灭、伪造证据罪，是指帮助刑事诉讼活动中的当事人毁灭、伪造证据的行为，属于妨害司法活动的犯罪。本罪中的“毁灭证据”，是指妨碍证据显现、使得证据的证明价值减少或消失的行为，但不限于从物理上使得证据灭失，只要妨碍证据显现，就足以妨害刑事诉讼活动的顺利进行，侵犯了国家正常的司法秩序。因此藏匿凶器的行为属于本罪所指的毁灭证据的范畴，符合帮助毁灭证据罪的构成要件。A 项错误。

窝藏罪是指明知是犯罪的人而为其提供隐藏处所、财物，帮助其逃匿的行为。甲在生活无着落准备投案自首时，乙向甲汇款 2 万元帮助其逃匿，符合窝藏罪的构成要件。B 项错误。

乙既成立帮助毁灭证据罪，也成立窝藏罪。C 项错误。

基于事后不可罚以及期待可能性原理，帮助毁灭、伪造证据罪的犯罪主体必须是犯罪者本人之外的其他当事人。所以甲杀人后唆使乙毁灭自己犯罪的证据，不能认定为帮助毁灭证据罪的教唆犯。D 项正确。

3. [答案] CD [难度] 易

[考点] 帮助毁灭、伪造证据罪

[命题和解题思路] 本题考查对帮助毁灭、伪造证据罪中的主体、毁灭行为等构成要件要素的理解。帮助毁灭、伪造证据罪，是指帮助刑事诉讼活动中的当事人毁灭、伪造证据的行为，属于妨害司法活动的犯罪。

[选项分析] 基于事后不可罚以及期待可能性原理，帮助毁灭、伪造证据罪的犯罪主体必须是犯罪者本人之外的其他当事人。在共同犯罪的场合，行为人在毁灭自己犯罪证据的同时又涉及毁灭其他共犯人的证据时，一般认为，如果是专门为了其他共犯人毁灭证据的，构成帮助毁灭证据罪；如果专门为了本人或者既为本人也为其他共犯人毁灭证据的，则不构成帮助毁灭证据罪。因此，由于共犯人乙的指纹证据与甲自己的犯罪行为密切相关，甲擦掉共犯人乙留在现场的指纹是为了使自己逃避法律追究，因此该行为不构成帮助毁灭证据罪。A 项不当选。

帮助毁灭证据罪中的“毁灭证据”，是指妨碍证据显现、使得证据的证明价值减少或消失的行为，但不限于从物理上使得证据灭失，只要妨碍证据显现，就足以妨害刑事诉讼活动的顺利进行，侵犯了国家正常的司法秩序。甲在得知好友乙的重大贪污罪行被自己下属丙发现后，故意将丙派往境外工作，虽然对乙刑事追诉的顺利进行制造了一定的障碍，但是丙的证人证言并没有灭失也未使得证人证言的证明价值减少。所以，甲不构成帮助毁灭证据罪。B 项不当选。

基于事后不可罚以及期待可能性原理，对于犯罪的乙自己来说，其毁灭自己犯罪的证据的行为不构成犯罪，但是他人教唆或帮助乙毁灭其犯罪证据的，构成帮助毁灭证据罪。值得注意的是，此处的“帮助”并非仅指共同犯罪中狭义的帮助行为，而是包括教唆、实行与狭义的帮助，即泛指一切为他人毁灭犯罪证据提供条件意义原因力的广义帮助行为。唆使当事人毁灭证据当然为当事人顺利毁灭证据提供了条件意义的作用力，成立帮助毁灭证据罪。C 项当选。

帮助毁灭证据罪规定在“妨害司法罪”一节，因此对其解释必须和妨害司法秩序相关联。在刑事诉讼活动中，无论是对当事人有利的证据抑或是不利的证据，都是司法活动中必须依法查明的证据事实。所以甲经过乙的同意毁灭对乙有利的证据，同样妨害了司法活动的顺利进行，构成帮助毁灭证据罪。D 项当选。

第六节 盗伐林木罪

1. [答案] B　　[难度] 难

[考点] 盗伐林木罪

[命题和解题思路] 本题考查盗伐林木罪和滥伐林木罪的认定。这一知识点在 2020 年法考主观题中进行过考查。如果复习到位，本题不容易做错。需要注意的是，王某将林木运走卖掉，说明其具有利用的意思。因此，不能成立故意毁坏财物罪。

[选项分析] 根据相关司法解释的规定，盗伐林木罪的成立需要以非法占有为目的。对此，张明楷教授在《盗伐、滥伐林木罪的重要问题》一文中认为，非法占有目的并不是盗伐林木罪的特别要素，只要行为人擅自采伐并非自己所有的林木，就构成盗伐林木罪。本题中，王某具有非法占有林木的目的，且违反林业和草原局的意志擅自采伐并非自己所有的林木，构成盗伐林木罪。B 项正确。

盗伐林木罪与盗窃罪属于特别法条和一般法条的关系，王某的行为系法条竞合犯，应适用特别法条。A 项错误。

根据《关于审理破坏森林资源刑事案件适用法律若干问题的解释》第 5 条的规定，王某的行为要么采伐的不是本单位所有或者本人所有的林木，要么没有林木采伐许可证（“超过林木采伐许可证的规定的数量”的前提是存在林木采伐许可证）。因此，均不符合滥伐林木罪。C 项错误。

本案中，王某虽假装自己是林业工作人员，引起路人的误解，但路人并非林木的有权处分人，未制止王某的砍伐不具有刑法意义，因此不成立诈骗罪。D 项错误。

2. [答案] D　　[难度] 易

[考点] 盗伐林木罪

[命题和解题思路] 本题考查对盗伐林木罪构成要件的理解以及该罪与其他关联犯罪的法条竞合与想象竞合关系的理解。盗伐林木罪属于“妨害社会管理秩序罪”章中破坏环境资源的犯罪。本题 D 项有一定干扰性，其他选项较为容易判断，考生可以通过排除法作答。

[选项分析] 根据最高人民法院《关于审理破坏森林资源刑事案件具体应用法律若干问题的解释》第 11 条第 1 款的规定，偷砍他人房前屋后种植的零星树木的，以盗窃罪定罪处罚。可见盗伐林木罪中的林木不包括居民房前屋后个人所有的零星树木。A 项错误。

乙在林区盗伐珍贵林木，数量较大，如同时触犯其他法条构成其他犯罪，则属于想象竞合择一重罪论处。B 项错误。

盗伐林木罪与盗窃罪是特殊法条与普通法条的法条竞合关系，因而盗伐林木罪应当符合一般盗窃罪的构成要件，即以非法占有为目的，破坏他人的占有建立新的占有。本项中行为人以非法占有为目的，将国有林区的珍贵林木移植到自己家的林地，破坏了国家对珍贵林木的占有而建立了自己对珍贵林木的占有，符合盗伐林木罪的构成要件。是否将珍贵林木砍伐致死不影响盗伐林木罪的成立。C 项错误。

丁虽然没有直接在林区砍伐数量不多的具有药用价值的树，但其以非法占有为目的偷扒树皮致使数量较大的林木枯死，侵犯了环境资源这一法益，符合盗伐林木罪的构成要件。D 项正确。

第七节　走私、贩卖、运输、制造毒品罪

1. ［答案］ABCD　　［难度］易

［考点］容留他人吸毒罪，走私、贩卖、运输毒品罪

［命题和解题思路］本题主要考查与毒品相关的容留他人吸毒罪和走私、贩卖、运输毒品罪的构成要件。

［选项分析］容留他人吸毒罪，是指容留他人吸食、注射毒品的行为。根据最高人民法院《关于审理毒品犯罪案件适用法律若干问题的解释》第 12 条的规定，容留未成年人吸食、注射毒品的，以容留他人吸毒罪定罪处罚。A 项正确。

走私毒品是指违反毒品管理法规和海关管理法规，逃避海关监管，非法运输、携带、邮寄毒品进出国（边）境的行为。可见只要将毒品携带进入我国国（边）境就构成走私毒品罪既遂。乙随身携带藏有毒品的行李入关被现场查获，已经进入我国境内，因此成立走私毒品罪既遂。B 项正确。

运输毒品是指采用携带、邮寄等方式在我国领域内转移毒品的行为。只要使毒品发生了较长距离的位移，即可认定为运输毒品罪的既遂。C 项正确。

容留他人吸食、注射毒品，并且向吸毒者出卖毒品，以及向他人出卖毒品后又容留其吸食、注射毒品的，由于存在数个行为，行为人分别构成容留他人吸毒罪和贩卖毒品罪，应当数罪并罚。D 项正确。

2. ［答案］BC　　［难度］易

［考点］脱逃罪、贩卖毒品罪、窝藏罪

［命题和解题思路］本题考查脱逃罪、贩卖毒品罪与窝藏罪的构成要件。依法被关押和限制人身自由的强制戒毒人员属于本题中的一个干扰因素，应当注意强制戒毒并非刑罚措施，故强制戒毒人员并非窝藏罪的犯罪对象即犯罪的人，也不是脱逃罪的犯罪主体即依法被关押的罪犯。

［选项分析］脱逃罪，是指依法被关押的罪犯、被告人、犯罪嫌疑人脱逃的行为。脱逃罪的行为主体必须是依法被关押的罪犯，强制戒毒者并非罪犯，不符合脱逃罪的主体条件。A 项错误。

贩卖毒品罪处罚的是出售毒品以及为了出售而购买毒品的行为，对于为了自己吸食而购买少量毒品的，不应认定为贩卖毒品罪，但如果其持有毒品的数量较大则有可能成立非法持有毒品罪。B 项正确。

贩卖毒品罪的既遂标准在于向购毒者交付毒品，是否收取毒资并不影响贩卖毒品罪既遂的认定。C 项正确。

窝藏罪是指明知是犯罪的人而为其提供隐藏处所、财物，帮助其逃匿的行为。可见窝藏罪的行为对象是犯罪的人，强制戒毒人员并非犯罪的人，故不符合窝藏罪的对象条件。D 项错误。

3. ［答案］BCD　　［难度］中

［考点］诈骗罪、贩卖毒品罪

［命题和解题思路］本题考查诈骗罪、贩卖毒品罪的构成要件以及对于不可罚的事后行为的理解。值得注意的是，成立不可罚的事后行为需要具备一定的条件，而不能将其作过于宽泛的理解。就财产犯罪来说，只有在没有侵犯新的法益的前提下，处置此前犯罪行为获得的财产收益才成立不可罚的事后行为。这一点应该是本题的关键点，也是命题人想着重考查的知识点。

［选项分析］对于具有一定财产犯罪性质的犯罪而言，只有在没有侵犯新的法益的前提下，处置此前犯罪行为获得的财产收益才成立不可罚的事后行为。毒品具有一定财产价值，属于特殊的财物，甲盗窃毒品的行为构成盗窃罪；甲在盗窃毒品后将毒品卖出的行为，已经侵犯了禁止毒品进入市场流通的管制秩序，符合贩卖毒品罪的构成要件。前后两个行为侵犯了不同的法益，贩卖毒品的行为不属于前面盗窃罪的不可罚的事后行为，应当数罪并罚。A 项错误。

甲与乙虚构了毒品交易的实际价值，使得购买者产生了认识错误而购买，购买者以 120 克毒品的价格只买到了 40 克毒品，遭受了财产损失，乙的行为符合诈骗罪的构成要件。B 项正确。

甲、乙就贩卖毒品罪与诈骗罪存在意思联络，客观上也实施了贩卖毒品和诈骗的行为，成立这两罪的共犯。C 项正确。

制造毒品是一个使毒品从无到有的过程，在毒品的纯度上掺入杂物造假，不属于“制造毒品”行为，不构成制造毒品罪。D 项正确。

第八节　非法持有毒品罪

1.［答案］A　　［难度］中

［考点］运输毒品罪、非法持有毒品罪

［命题和解题思路］本题考查对运输毒品罪、非法持有毒品罪、贩卖毒品罪的构成要件的理解以及对有关毒品犯罪的司法解释的规定。

［选项分析］贩卖毒品罪的既遂标准在于向购毒者交付了毒品。由于甲尚未交易成功，构成贩卖毒品罪的未遂。甲的行为同时触犯了运输毒品罪，由于只有一个行为，故构成想象竞合，择一重罪论处，按照运输毒品罪定罪处罚。A 项正确。

根据最高人民法院《全国法院毒品犯罪审判工作座谈会纪要》的规定，吸毒者在购买、存储毒品过程中被查获，没有证据证明其是为了实施贩卖毒品等其他犯罪，毒品数量达到《刑法》第 348 条规定的最低数量标准的，以非法持有毒品罪定罪处罚。乙的行为属于为了自己吸毒而购买毒品的行为，由于数量不够非法持有毒品罪的标准，因此乙的行为不应当按照犯罪论处。B 项错误。

运输毒品罪的既遂标准是离开原存放地，发生较长距离的位移，并不要求运抵目的地，即使中途被查获仍构成运输毒品罪的既遂。丙将毒品从 A 地运输到 B 地的行为，符合运输毒品罪的构成要件。C 项错误。

丁在旅游期间购买毒品，并使毒品发生了较长时间的位移，符合运输毒品罪的构成要件。同时，根据最高人民法院《全国法院毒品犯罪审判工作座谈会纪要》的规定，吸毒者在购买、存储毒品过程中被查获，没有证据证明其是为了实施贩卖毒品等其他犯罪，毒品数量达到《刑法》第 348 条规定的最低数量标准的，以非法持有毒品罪定罪处罚。本题中丁为了自己吸食而购买、存储毒品，且数量较大，符合非法持有毒品罪的构成要件。D 项错误。

2.［答案］ABD　　［难度］中

［考点］非法持有毒品罪、贩卖毒品罪

［命题和解题思路］本题考查对非法持有毒品罪与贩卖毒品罪构成要件的理解以及《全国法院毒品犯罪审判工作座谈会纪要》对有关毒品犯罪问题的规定。

［选项分析］最高人民法院《全国部分法院审理毒品犯罪案件工作座谈会纪要》指出，有证据证明行为人不以牟利为目的，为他人代购仅用于吸食的毒品，毒品数量超过《刑法》第 348 条规定的最低数量标准的，对托购者、代购者应以非法持有毒品罪定罪。甲无牟利目的，为江某自己吸食而购买毒品，没有收取差价，故不构成贩卖毒品罪，由于达到了数量较大的标准，构成非法持有毒品罪。A 项正确。

最高人民法院《全国法院毒品犯罪审判工作座谈会纪要》指出，行为人为他人代购仅用于吸食的毒品，在交通、食宿等必要开销之外收取“介绍费”“劳务费”，或者以贩卖为目的收取部分毒品作为酬劳的，应视为从中牟利，属于变相加价贩卖毒品，以贩卖毒品罪定罪处罚。可见代购毒品的场合，如果在交通费等必要花费外还以“劳务费”的名义向购买者收钱，实质上与打着劳务费的名义赚取毒品差价无异，符合贩卖毒品罪的构成要件。B 项正确。

《全国法院毒品犯罪审判工作座谈会纪要》指出，受雇于同一雇主同行运输毒品，但受雇者之间没有共同犯罪故意，或者虽然明知他人受雇运输毒品，但各自的运输行为相对独立，既没有实施配合、掩护他人运输毒品的行为，又分别按照各自运输的毒品数量领取报酬的，不应认定为共同犯罪。本题中丙与曾某受雇于同一雇主，两人彼此之间互不知情，不存在犯意联络，各自的运输行为相对独立，没有相互实施配合、掩护运输毒品并分别按照各自运输的毒品数量领取报酬，因此两人不构成运输毒品罪的共同犯罪，不能将曾某运输毒品的数量归属于丙，丙只应对自己运输的 500 克海洛因负责。C 项错误。

毒品具有一定财产价值，属于特殊的财物，丁盗窃毒品的行为构成盗窃罪；丁在盗窃毒品后将毒品卖出的行为，已经侵犯了禁止毒品进入市场流通的管制秩序，符合了贩卖毒品罪的构成要件。前后两个行为侵犯了不同的法益，贩卖毒品的行为不属于前面盗窃罪的不可罚的事后行为，应当数罪并罚。D 项正确。

第九节　破坏计算机信息系统罪

［答案］D　　［难度］中

［考点］破坏计算机信息系统罪、非法侵入计算机信息系统罪、非法控制计算机信息系统罪、

非法利用信息网络罪

［命题和解题思路］本题考查非法利用信息网络实施犯罪的认定，特别是利用计算机信息网络实施具体犯罪行为时的定性分析。应该说，本题难度不大，只要考生对这几个罪名的构成要件比较熟悉，就不会做错。当然，非法利用信息网络罪、非法侵入计算机信息系统罪、非法控制计算机信息系统罪相对比较生僻，如果复习不扎实，还是可能做错。

［选项分析］非法利用信息网络罪，是指利用信息网络设立用于实施诈骗、传授犯罪方法、制作或者销售违禁物品、管制物品等违法活动的网站、通讯群组，或者发布有关制作或者销售毒品、枪支、淫秽物品等违禁物品、管制物品或者其他违法犯罪信息，或者为实施诈骗等违法犯罪活动发布信息，情节严重的行为。本题丙的行为明显不属于上述行为结构。A项错误。

丙的干扰行为并非对计算机信息系统实施非法控制，因此，也不构成非法控制计算机信息系统罪。B项错误。

非法侵入计算机信息系统罪的对象必须是国家事务、国防建设、尖端科学技术领域的计算机信息系统。C项错误。

干扰定位系统而使车辆定位系统崩溃的行为，属于《刑法》第286条破坏计算机信息系统罪所规定的事项，即违反国家规定，对计算机信息系统功能进行删除、修改、增加、干扰，造成计算机信息系统不能正常运行，后果严重的行为。D项正确。

第十九章　贪污贿赂罪

试　题

第一节　贪污罪

1. 某国企销售矿石，基层员工甲负责在客户购买矿石时对客户运走的矿石称重并记录。甲与私企老板乙合谋，乙向该国企购买矿石，在运走矿石时，由甲故意少记乙运走的矿石重量，乙将多得的矿石变卖后与甲平分。关于本案，下列哪一说法是正确的（不考虑数额或情节）？（2023年回忆版）

A. 不论甲是否构成身份犯，都只能将其认定为从犯

B. 甲系国家工作人员，其利用职务上的便利侵吞公共财物，构成贪污罪

C. 不论乙是否具有身份，都应将乙认定为主犯

D. 乙没有国家工作人员身份，因此不能与甲构成共同犯罪

2. 甲国有公司的派遣员工吴某、乙建筑公司的王某和监理公司的刘某共谋，王某以虚构水泥的方式使甲公司多付款200万元给乙公司，吴某和刘某确认签字，然后王某从中取出60万，三人各分20万元，其余140万元用于乙公司运营。关于吴某、王某和刘某三人的行为，下列哪一说法是正确的？（2022年回忆版）

A. 即使王某不是国家工作人员，仍然构成贪污罪，金额200万元

B. 刘某构成受贿罪，金额20万元

C. 吴某构成行贿罪，金额40万元

D. 吴某虽然不是乙公司工作人员，仍构成职务侵占罪，金额60万元

3. 国有甲公司领导王某与私企乙公司签订采购合同，以10万元的价格向乙公司采购一批设备。后王某发现，丙公司销售的相同设备仅为6万元。王某虽有权取消合同，但却与乙公司老总刘某商议，由王某花6万元从丙公司购置设备交给乙公司，再由乙公司以10万元的价格卖给甲公司。经王某签字批准，甲公司将10万元货款支付给乙公司后，刘某再将10万元返给王某。刘某为方便以后参与甲公司采购业务，完全照办。关于本案的分析，下列哪一选项是正确的？（2017-2-21）

A. 王某利用职务上的便利套取公款，构成贪污罪，贪污数额为10万元

B. 王某利用与乙公司签订合同的机会谋取私利，应以职务侵占罪论处

C. 刘某为谋取不正当利益，事后将货款交给王某，刘某行为构成贪污罪

D. 刘某协助王某骗取公款，但因其并非国家工作人员，故构成诈骗罪

4. 甲曾因公务为 A 公司垫付各种费用 5 万元，但由于票据超期，无法报销。为挽回损失，甲指使知情的程某虚构与 A 公司的劳务合同并虚开发票。甲在合同上加盖公司公章后，找公司财务套取“劳务费”5 万元。（事实三）

关于事实三的分析，下列选项错误的是：（2016-2-91）

A. 甲以非法手段骗取国有公司的财产，构成诈骗罪

B. 甲具有非法占有公共财物的目的，构成贪污罪

C. 程某协助甲对公司财务人员进行欺骗，构成诈骗罪与贪污罪的想象竞合犯

D. 程某并非国家工作人员，但帮助国家工作人员贪污，构成贪污罪的帮助犯

5. 甲送给国有收费站站长吴某 3 万元，与其约定：甲在高速公路另开出口帮货车司机逃费，吴某想办法让人对此不予查处，所得由二人分成。后甲组织数十人，锯断高速公路一侧隔离栏、填平隔离沟（恢复原状需 3 万元），形成一条出口。路过的很多货车司机知道经过收费站要收 300 元，而给甲 100 元即可绕过收费站继续前行。甲以此方式共得款 30 万元，但骗吴某仅得 20 万元，并按此数额分成。围绕吴某的行为，下列论述正确的是：（2015-2-88）

A. 利用职务上的便利侵吞本应由收费站收取的费用，成立贪污罪

B. 贪污数额为 30 万元

C. 收取甲 3 万元，利用职务便利为甲谋利益，成立受贿罪

D. 贪污罪与受贿罪成立牵连犯，应从一重罪处断

6. 国有 A 公司总经理甲发现 A 公司将从 B 公司购进的货物转手卖给某公司时，A 公司即可赚取 300 万元。甲便让其妻乙注册成立 C 公司，并利用其特殊身份，让 B 公司与 A 公司解除合同后，再将货物卖给 C 公司。C 公司由此获得 300 万元利润。关于甲的行为定性，下列哪一选项是正确的？（2013-2-20）

A. 贪污罪

B. 为亲友非法牟利罪

C. 诈骗罪

D. 非法经营同类营业罪

第二节　挪用公款罪

1. 甲是 A 公司（国有房地产公司）领导，因私人事务欠蔡某 600 万元。蔡某让甲还钱，甲提议以 A 公司在售的商品房偿还债务，蔡某同意。甲遂将公司一套价值 600 万元的商品房过户给蔡某，并在公司财务账目上记下自己欠公司 600 万元。三个月后，甲将账作平，至案发时亦未归还欠款。（事实一）

关于事实一的分析，下列选项正确的是：（2016-2-89）

A. 甲将商品房过户给蔡某的行为构成贪污罪

B. 甲将商品房过户给蔡某的行为构成挪用公款罪

C. 甲虚假平账，不再归还 600 万元，构成贪污罪

D. 甲侵占公司 600 万元，应与挪用公款罪数罪并罚

2. 根据《刑法》与司法解释的规定，国家工作人员挪用公款进行营利活动、数额达到 1 万元或者挪用公款进行非法活动、数额达到 5000 元的，以挪用公款罪论处。国家工作人员甲利用职务便利挪用公款 1.2 万元，将 8000 元用于购买股票，4000 元用于赌博，在 1 个月内归还 1.2 万元。关于本案的分析，下列哪些选项是错误的？（2014-2-62）

A. 对挪用公款的行为，应按用途区分行为的性质与罪数；甲实施了两个挪用行为，对两个行为不能综合评价，甲的行为不成立挪用公款罪

B. 甲虽只实施了一个挪用公款行为，但由于既未达到挪用公款进行营利活动的数额要求，也未达到挪用公款进行非法活动的数额要求，故不构成挪用公款罪

C. 国家工作人员购买股票属于非法活动，故应认定甲属于挪用公款 1.2 万元进行非法活动，甲的行为成立挪用公款罪

D. 可将赌博行为评价为营利活动，认定甲属于挪用公款 1.2 万元进行营利活动，故甲的行为成立挪用公款罪

第三节　受贿罪与利用影响力受贿罪

1. 公司股东甲知道股东乙的儿子丙是市领导秘书，为申请贷款，便向乙提出请丙帮忙找关系，让银行批准贷款，承诺事成后给乙5%的回扣。乙便告知丙回扣事宜，请其帮忙。丙找某国有银行行长丁帮忙，丁不知其真实目的，但想到和丙有工作上的联系，便违规向甲的公司发放贷款，丁也并未收取好处。关于本案，下列哪些说法是正确的？（2023年回忆版）

A. 甲对乙构成对有影响力的人行贿罪

B. 乙告知丙回扣事宜，构成对有影响力的人行贿罪

C. 丙构成利用影响力受贿罪

D. 丙成立斡旋受贿

2. 甲向国家工作人员乙行贿，交给乙一张存有100万元的银行卡并告知取款密码。乙收下卡后的翌日，甲在银行工作的朋友请求其帮忙冲业绩，甲便把给乙的银行卡上的100万元转存到该银行，并存成定期，需要甲的身份证才能取出。该笔存款未到期，乙就被调查，当时卡中的钱并未使用。关于本案，下列哪些说法是正确的？（2023年回忆版）

A. 甲虽然把银行卡给了乙，但其后来违背了乙的意志转存了卡中的钱并设置定期，构成盗窃罪

B. 乙成立受贿罪既遂。即使未使用卡里的钱，也不影响犯罪形态的认定

C. 乙并未使用卡中的钱，只能构成受贿罪未遂

D. 甲构成行贿罪既遂

3. 在受贿人收下银行卡后，关于受贿罪既遂、未遂的判断，下列哪一说法是正确的？（2022年回忆版）

A. 如卡里无资金，构成既遂

B. 如卡里资金是定期存款，非活期存款，构成未遂

C. 收下后就构成既遂

D. 如卡里有资金且可支配使用，构成既遂

4. 赵某老公被监察机关依法留置，甲告知赵某自己可以帮忙捞人，但需要花费50万元。赵某给甲50万元，甲得钱后拿出10万元用于偿还自己的债务，用40万元托乙办理捞人事项。乙试图用40万元找监察机关的孙某帮忙，被孙某拒绝。关于本案，下列哪一说法是正确的？（2021年回忆版）

A. 甲成立行贿罪、侵占罪

B. 甲成立介绍贿赂罪、诈骗罪

C. 乙成立行贿罪

D. 乙成立介绍贿赂罪

5. 周某欲向国家工作人员刘某行贿，但并不认识刘某，遂找到非国家工作人员的刘某妻子王某，欺骗王某说自己已与刘某约好，并将10万元交给王某，王某将收取10万元的事情告知刘某时被其斥责，要求退还给周某，王某假意答应，实则将10万元用于自己购买高档物品。关于本案，下列哪些说法是正确的？（2020年回忆版）

A. 周某构成行贿罪

B. 周某构成对有影响力的人行贿罪

C. 王某构成利用影响力受贿罪

D. 王某构成受贿罪

6. 甲设立一公司，注册资本为1000万元。为在公司经营中获得国家工作人员乙的照顾，甲赠送乙10%股份，乙以丙的身份信息登记。一年后公司升值，乙所占股份价值为200万元，经协商，甲以600万元的价格向乙收购股份。关于乙的受贿金额，下列哪一选项是正确的？（2020年回忆版）

A. 100万元　　B. 200万元

C. 400万元　　D. 600万元

7. 关于受贿罪，下列哪些选项是正确的？（2017-2-62）

A. 国家工作人员明知其近亲属利用自己的职务行为受贿的，构成受贿罪

B. 国家工作人员虚假承诺利用职务之便为他人谋利，收取他人财物的，构成受贿罪

C. 国家机关工作人员实施渎职犯罪并收受贿赂，同时构成渎职罪和受贿罪的，除《刑法》有特别规定外，以渎职罪和受贿罪数罪并罚

D. 国家工作人员明知他人有请托事项而收受其财物，视为具备“为他人谋取利益”的构成要件，是否已实际为他人谋取利益，不影响受贿的认定

8. 关于贿赂犯罪的认定，下列哪些选项是正确的？（2016-2-62）

A. 甲是公立高校普通任课教师，在学校委派其招生时，利用职务便利收受考生家长 10 万元。甲成立受贿罪

B. 乙是国有医院副院长，收受医药代表 10 万元，承诺为病人开处方时多开相关药品。乙成立非国家工作人员受贿罪

C. 丙是村委会主任，在村集体企业招投标过程中，利用职务收受他人财物 10 万元，为其谋利。丙成立非国家工作人员受贿罪

D. 丁为国有公司临时工，与本公司办理采购业务的副总经理相勾结，收受 10 万元回扣归二人所有。丁构成受贿罪

9. 甲是 A 公司（国有房地产公司）领导，因私人事务欠蔡某 600 万元。蔡某让甲还钱，甲提议以 A 公司在售的商品房偿还债务，蔡某同意。甲遂将公司一套价值 600 万元的商品房过户给蔡某，并在公司财务账目上记下自己欠公司 600 万元。三个月后，甲将账作平，至案发时亦未归还欠款。（事实一）A 公司有工程项目招标。为让和自己关系好的私营公司老板程某中标，甲刻意安排另外两家公司与程某一起参与竞标。甲让这两家公司和程某分别制作工程预算和标书，但各方约定，若这两家公司中标，就将工程转包给程某。程某最终在 A 公司预算范围内以最优报价中标。为感谢甲，程某花 5000 元购买仿制古董赠与甲。甲以为是价值 20 万元的真品，欣然接受。（事实二）

关于事实二的分析，下列选项正确的是：（2016-2-90）

A. 程某虽与其他公司串通参与投标，但不构成串通投标罪

B. 甲安排程某与他人串通投标，构成串通投标罪的教唆犯

C. 程某以行贿的意思向甲赠送仿制古董，构成行贿罪既遂

D. 甲以受贿的意思收下程某的仿制古董，构成受贿罪既遂

10. 根据《刑法》规定，国家工作人员利用本人职权或者（1）形成的便利条件，通过其他（2）职务上的行为，为请托人谋取（3），索取请托人财物或者收受请托人财物的，以（4）论处。这在刑法理论上称为（5）。将下列哪一选项内容填充到以上相应位置是正确的？（2015-2-21）

A. （1）地位（2）国家机关工作人员（3）利益（4）利用影响力受贿罪（5）间接受贿

B. （1）职务（2）国家工作人员（3）利益（4）受贿罪（5）斡旋受贿

C. （1）职务（2）国家机关工作人员（3）不正当利益（4）利用影响力受贿罪（5）间接受贿

D. （1）地位（2）国家工作人员（3）不正当利益（4）受贿罪（5）斡旋受贿

11. 关于受贿相关犯罪的认定，下列哪些选项是正确的？（2013-2-63）

A. 甲知道城建局长张某吸毒，以提供海洛因为条件请其关照工程招标，张某同意。甲中标后，送给张某 50 克海洛因。张某构成受贿罪

B. 乙系人社局副局长，乙父让乙将不符合社保条件的几名亲戚纳入社保范围后，收受亲戚送来的 3 万元。乙父构成利用影响力受贿罪

C. 国企退休厂长王某（正处级）利用其影响，让现任厂长帮忙，在本厂推销保险产品后，王某收受保险公司 3 万元。王某不构成受贿罪

D. 法院院长告知某企业经理赵某“如给法院捐赠 500 万元办公经费，你们那个案件可以胜诉”。该企业胜诉后，给法院单位账户打入 500 万元。应认定法院构成单位受贿罪

第四节　行贿罪

国家工作人员甲听到有人敲门，开门后有人扔进一个包就跑。甲发现包内有 20 万元现金，推测是有求于自己职务行为的乙送的。甲打电话问乙时被告知“不要问是谁送的，收下就是了”（事实上是乙安排丙送的），并重复了前几天的请托事项。甲虽不能确定是乙送的，但还是允诺为乙谋取利益。关于本案，下列哪一选项是正确的？（2016-2-21）

A. 甲没有主动索取、收受财物，不构成受贿罪

B. 甲没有受贿的直接故意，间接故意不可能构成受贿罪，故甲不构成受贿罪

C. 甲允诺为乙谋取利益与收受 20 万元现金之间无因果关系，故不构成受贿罪

D. 即使认为甲不构成受贿罪，乙与丙也构成行贿罪

详 解

第一节 贪污罪

1. ［答案］B ［难度］中

［考点］贪污罪、共犯人分类

［命题和解题思路］本题借甲、乙共同侵吞国有财物案，考查贪污罪的构成和共犯人的分类。共同犯罪根据作用分类标准，分为主犯、从犯、胁从犯；根据分工分类，分为实行犯、教唆犯、帮助犯。除了帮助犯不能成为主犯外，其他类型都可同时具备。例如，教唆犯既可以是主犯，也可以是从犯，甚至是胁从犯。在身份犯中，不具有相关身份的人，可以成立具有身份人的教唆犯、帮助犯，但不能成立必须要有相关身份才能构罪的实行犯。

［选项分析］甲作为国企员工，其利用自己的职务便利，与乙共谋侵吞国企财物。甲在其中起到了主要作用，应系主犯。A 项错误。

甲的行为完全符合贪污罪的构成要件。应当说，只要记录好重量，就意味着失去了对多运走但没有记录在册的矿石的占有，其是利用自己称重并加以记录的职务便利，与乙共谋侵吞国企财物，成立贪污罪。B 项正确。

是否具有相关身份与是否能够成为主犯没有必然关系，主从犯是根据在共犯中发挥的作用做的分类。但由于乙在本案中不具有身份，只能成立教唆犯或帮助犯。进一步而言，其没有教唆行为，不可能成立教唆犯，只能构成帮助犯，但帮助犯不可能是主犯，乙只能构成从犯。C 项错误。

乙虽然不具有国企工作人员身份，不能成为必须具有身份才能成立犯罪的实行犯，但其完全可以成为帮助犯，事实上，甲、乙二人共谋且共同配合侵吞国有财物，完全符合共犯成立要件。D 项错误。

2. ［答案］A ［难度］中

［考点］贪污罪、受贿罪

［命题和解题思路］本题考查不同职务犯罪在市场交易背景下如何区分的问题，要求考生掌握刑法中国家工作人员的判断、不同职务犯罪罪名的识别与区分以及虚构交易及金额的认定等知识点。答题步骤为：第一，明确本题人物之间的关系以及相关行为的性质（罪与非罪、构成何罪等）；第二，识别相关人员是否属于国家工作人员；第三，若是国家工作人员，则获取相关财物是否利用职务之便；第四，给予的财物金额应当归属于谁。

［选项分析］本题案情交代，吴某、刘某、王某三人就王某以虚构交易的方式造成甲国有公司 200 万元的损失具有意思联络。吴某作为国有企业从事管理的人员，属于国家工作人员，且利用了自己管理的职务，属于利用职务之便。刘某和王某虽然没有国家工作人员身份，但与吴某共谋，虚构交易，使得国有资产遭受损失的行为，构成贪污罪的共同犯罪，其中吴某是贪污罪的正犯，刘某和王某是帮助犯，三人贪污金额都为 200 万元。A 项正确。

吴某、刘某、王某三人共谋以虚构交易的方式造成国有资产损失，并没有侵犯职权的不可收买性，故刘某不构成受贿罪。B 项错误。

同 B 项解析，三人构成贪污罪的共犯，不构成行贿罪。C 项错误。

吴某具有国家工作人员的身份，且利用管理性的职权造成国有资产损失，符合贪污罪的构成要件，而非职务侵占罪。职务侵占罪的主体要件是非国家工作人员。D 项错误。

3. ［答案］C ［难度］中

［考点］贪污罪

［命题和解题思路］本题考查对贪污犯罪的构成要件与共犯的认定。贪污犯罪历年来均是考查的重点，尤其是贪污犯罪主体的识别与行为方式的认定以及共同犯罪的判断问题，需要考生根据案情，对每个要件与行为人进行细致、谨慎的分析。

［选项分析］甲公司是国有公司，王某作为甲公司的领导属于国家工作人员。王某以 6 万元从丙公司购置设备后交给乙公司，再由乙公司以 10 万元的价格卖给甲公司，并将该 4 万元占为己有，从而导致甲公司遭受 4 万元差价损失，符合贪污罪的构成要件。注意，虽然甲公司以 10 万元价格采购机器，刘某也将 10 万元款项返还给王某，而甲公司实际上得到的机器价值 6 万元，故实际损

失为 4 万元，因此甲的贪污数额为 4 万元，而非 10 万元。A 项错误。

职务侵占罪与贪污罪的主要区别在于主体身份，前者为非国家工作人员，后者为国家工作人员。王某身为国有公司的领导，利用职务便利将本单位财物据为己有，符合贪污罪的构成要件。B 项错误。

刘某虽然不是国家工作人员，但是在明知王某利用机器差价获得国有甲公司财产的情况下，依然为其提供帮助，构成贪污罪的帮助犯。C 项正确。

同 C 项解析，贪污罪的身份犯定位是针对实行犯而言的，非国家工作人员可以构成贪污罪的共犯。因此非国家工作人员刘某协助王某骗取公款，成立贪污罪的共犯（帮助犯）。D 项错误。

4. [答案] ABCD　　[难度] 易

[考点] 贪污罪、诈骗罪

[命题和解题思路] 本题主要考查财产犯罪中对于“非法占有目的”的认定问题。非法占有目的是指排除他人占有，建立新的占有的情形。本案中甲对公司享有合法债权，故可以排除甲的非法占有目的，无需考虑甲通过虚开发票的形式来获得债权是否构成其他“妨害社会管理秩序罪”章中的发票犯罪等。

[选项分析] 甲指使程某虚构与 A 公司的劳务合同并虚开发票使公司的 5 万元归自己所有，但甲本身对 A 公司享有 5 万元合法债权，甲对该 5 万元有请求权，并没有在其债权范围之外多侵犯公司财产，因而不能认定甲具有“非法占有目的”。诈骗罪作为财产犯罪要求行为人必须具有非法占有目的，故甲不成立诈骗罪。A 项错误，当选。

贪污罪本质上也属于财产犯罪，其实行行为其实就是财产犯罪的实行行为，只不过比普通财产犯罪多了国家工作人员、利用职务之便、对象是公共财产。甲由于不具有非法占有目的而不构成贪污罪。B 项错误，当选。

既然甲不成立诈骗罪与贪污罪，按照共犯从属性原理，作为协助其套取 5 万元的程某当然也不成立相应犯罪的共犯。CD 项错误，当选。

5. [答案] ABC　　[难度] 中

[考点] 牵连犯、贪污罪、受贿罪

[命题和解题思路] 本题考查贪污罪、受贿罪构成要件以及两者竞合的情形，重点考查贪污罪的对象是否包括财产性利益，以及因为受贿为请托人谋利而贪污能否成立原因与结果型牵连犯的问题。我国刑法中的财物应当作扩大解释而包括财产性利益，贪污贿赂犯罪在本质上也属于财产性犯罪，故对行为对象也应当作同类解释。认定牵连犯的构成要求行为人实施了数个行为，行为之间存在手段与目的、原因与结果之间的牵连关系，且这种关系必须有常见、常发、常伴随的特点。

[选项分析] 本题中的过路费本应由国有收费站收取，而甲以私开高速出口的方式收取该过路费，侵吞了原本属于国家的财产性利益（债权），使得国家财产遭受损失。吴某身为国有收费站的站长，身份属于国家工作人员，其利用职务上的便利与甲合谋侵吞国家财产性利益，构成贪污罪，吴某是实行犯，甲是共犯。A 项正确。

如 A 项解析，甲与吴某二人成立贪污罪的共同犯罪，该 30 万元属于共同犯罪所得赃款，故二人贪污的数额均为 30 万元。甲欺骗吴某只获得 20 万元只是共同犯罪人内部的分赃问题，不影响共同犯罪数额的认定。B 项正确。

吴某利用职务上的便利收取他人财物后为他人谋取非法利益，成立受贿罪。C 项正确。

牵连犯的构成要求行为人实施了数个行为，行为之间存在手段与目的、原因与结果之间的牵连关系，且这种关系必须有常见、常发、常伴随的特点。因此，只有当某种手段通常用于实施某种目的犯罪，以及某种原因行为通常会导致某种结果行为时，才宜认定为牵连犯。本题中吴某同时构成受贿罪与贪污罪两罪，但此二者的发生不具有这种通常性与伴随性，因此难以认定吴某构成牵连犯，而应当数罪并罚。D 项错误。

6. [答案] A　　[难度] 中

[考点] 贪污罪、为亲友非法牟利罪、非法经营同类营业罪、想象竞合犯

[命题和解题思路] 本题主要考查贪污罪的构成要件，以及贪污罪与为亲友非法牟利罪、非法经营同类营业罪之间构成想象竞合时的处理方法。由于贪污贿赂犯罪本质上属于财产性犯罪，故对其对象“财物”应当作扩大解释，认为包括财产

性利益，因此国有企业预期确定可得的财产性利益也是公共财产。

［选项分析］贪污罪是指国家工作人员利用职务上的便利，侵吞、窃取、骗取或者以其他手段非法占有公共财物的行为。由于贪污罪本质上属于财产性犯罪的范畴，故其对象所指的“财物”也包括债权等财产性利益，只要具有财产属性、能够以货币评估作价即可。本题中的 300 万元属于 A 公司的预期财产利益，且属于公共财产。甲以非法占有国有公司财产为目的，以让其妻子注册 C 公司，并以此为工具，利用职权解除 A 公司与 B 公司的合同的方式非法侵吞了本来应该属于 A 公司所有的 300 万元国有财产，符合贪污罪的构成要件。A 项正确。

本题中甲利用职权解除 A 公司与 B 公司的合同后，C 公司之后获得的合同买卖业务已经不属于 A 公司业务范围，因此甲的行为不构成为亲友非法牟利罪。B 项错误。

甲并没有实施诈骗行为，实际也没有公司因为甲的欺骗行为产生认识错误进而处分财产且遭受财产损失。C 项错误。

本题中就能否将 C 公司认定为甲“自己经营”可能存在不同观点。从实质上看，C 公司是甲以妻子的名义成立，而由甲实际操控，则甲的行为属于利用职务便利，自己经营与其任职公司同类的营业，获取非法利益，符合非法经营同类营业罪的构成要件。从形式上看，C 公司登记在甲妻子名下，则甲不构成非法经营同类营业罪。不过，即便甲构成非法经营同类营业罪，其与贪污罪也构成想象竞合，基于贪污罪的法定刑重于非法经营同类营业罪，最后也应以贪污罪定罪处罚。D 项错误。

第二节　挪用公款罪

1. ［答案］C　　［难度］易

［考点］挪用公款罪、贪污罪

［命题和解题思路］本题主要考查挪用公款罪和贪污罪的犯罪构成。挪用公款与贪污的界限关键点在于行为人是否具有非法占有目的，前者没有，后者有。本题中甲将公司一套价值 600 万元的商品房过户给债权人蔡某后在公司财务账目上记下自己欠公司 600 万元这一行为事实，可见此时的甲并没有非法占有目的。仅在甲采用虚假手段将自己的借款平账时，才能认定其具有非法占有目的。本题另一个容易犯错之处在于，挪用单位的房屋归个人使用（还债）究竟能否构成挪用公款罪的问题，对此已有司法解释作了明文规定。

［选项分析］甲在将公司所有的商品房过户给蔡某的同时在单位的财务账目上记下自己欠公司 600 万元，可见甲不具有非法占有公共财产的目的，因此不符合贪污罪的构成要件。A 项错误。

根据最高人民检察院《关于国家工作人员挪用非特定公物能否定罪的请示的批复》指出，《刑法》第 384 条规定的挪用公款罪中未包括挪用非特定公物归个人使用的行为，对该行为不以挪用公款罪论处。由此可见，挪用《刑法》第 384 条第 2 款规定的用于救灾、抢险、防汛、优抚、扶贫、移民、救济款物以外的公共物品，不应认定为挪用公款罪。B 项错误。

从甲采用虚假平账的方式抵销自己欠单位 600 万元这一案情可以看出，甲对公司的该笔公共财物有非法占有目的，符合贪污罪的构成要件。《全国法院审理经济犯罪案件工作座谈会纪要》明确规定，行为人挪用公款后采取虚假发票平账、销毁有关账目等手段，使所挪用的公款已难以在单位财务账目上反映出来，且没有归还行为的，应当以贪污罪定罪处罚。C 项正确。

甲的行为不符合挪用公款罪的构成要件。D 项错误。

2. ［答案］ABC　　［难度］中

［考点］挪用公款罪

［命题和解题思路］本题考查挪用公款罪的不同行为形式的识别，借此题考查考生的逻辑思维能力和解释能力。《刑法》第 384 条就挪用公款的行为表现形式的规定包括进行非法活动、数额较大且用于营利活动、数额较大且超过 3 个月未还，这三种情形彼此不是互相排斥的关系，可以包容评价。例如，营利活动包括合法的营利活动和非法的营利活动。正确认识三者之间的关系是解决本题的关键。

［选项分析］营利活动包括合法的营利活动（如炒股）和非法的营利活动（如贩卖枪支、毒品等）。非法的营利活动同时符合非法活动与营利活动两个要素，而《刑法》第 384 条的规定没有要求挪用公款进行非法活动的数额，所以，当行为

人挪用公款既用于非法的营利活动又用于合法的营利活动，但是两种挪用后的处置公款的方式都未达到最低限度的入罪数额要求时，便可以将用于非法营利活动的数额包容评价为用于合法营利活动的数额。A 项认为甲的两个挪用行为不能包容评价的观点错误，当选。

甲共挪用了两笔公款，其中一笔 4000 元用于非法营利活动（赌博），另一笔 8000 元用于合法营利目的（炒股），两笔款项的性质均属于用于营利活动，即可以视为甲用于营利活动的金额为 1.2 万元，从而达到了挪用公款数额较大且用于营利活动的入罪标准，符合挪用公款罪的构成要件。B 项错误，当选。

需要区分挪用本身的合法性与挪用后公款的实际用途的合法性。甲挪用公款的行为是违法行为，但是在不考虑炒股资金的合法性的前提下，炒股的行为是正常合法的营利行为。C 项错误，当选。

由以上解析可知赌博行为属于非法营利行为，也属于营利行为的范畴，所以可以视为甲挪用的 1.2 万元公款均用于营利活动，符合挪用公款罪的构成要件。D 项正确，不当选。

第三节　受贿罪与利用影响力受贿罪

1. [答案] AD　　[难度] 难

[考点] 对有影响力的人行贿罪、利用影响力受贿罪、斡旋受贿

[命题和解题思路] 本题设计较为巧妙，设计了“三连环”的情节，将对有影响力的人行贿罪、利用影响力受贿罪、斡旋受贿等知识点融入其中，解题的关键在于乙、丙二人具有共同受贿的故意，成立受贿罪的共犯这一点，而非成立利用影响力受贿罪和对有影响力的人行贿罪。

[选项分析] 《刑法》第 390 条之一“对有影响力的人行贿罪”规定，为谋取不正当利益，向国家工作人员的近亲属或者其他与该国家工作人员关系密切的人，或者向离职的国家工作人员或者其近亲属以及其他与其关系密切的人行贿的……甲向乙请求希望其能请作为市领导秘书的丙帮忙找关系的行为，符合该罪构成要件，成立对有影响力的人行贿罪。A 项正确。

丙的行为系斡旋受贿，成立受贿罪，乙把钱分给丙，成立受贿罪的共犯。《刑法》第 388 规定，国家工作人员利用本人职权或者地位形成的便利条件，通过其他国家工作人员职务上的行为，为请托人谋取不正当利益，索取请托人财物或者收受请托人财物的，以受贿论处。需要注意的是，虽然可以认为丙是与国家工作人员丁关系密切的人，但问题是，丙是利用了自己国家工作人员的身份所形成的便利条件与丁斡旋，应成立受贿罪（斡旋受贿）。而乙告知了丙回扣的真相，丙许诺帮忙，则两人成立受贿罪的共犯。BC 项错误，D 项正确。

2. [答案] ABD　　[难度] 中

[考点] 盗窃罪、受贿罪、行贿罪

[命题和解题思路] 本题考查了盗窃罪、受贿罪和行贿罪的认定，属于职务犯罪和财产犯罪叠加的题目类型。按照通说的观点，收受他人贿赂的受贿罪，其既遂标准是接受该贿赂，与是否使用该贿赂款无关。行贿罪的既遂标准是转移了贿赂，即客观上转移至国家工作人员或其亲属控制之下，就成立了既遂。

[选项分析] 国家工作人员乙收下银行卡后，卡中的银行债权就已经转移给乙支配占有了。此时，甲将卡中的钱转存并设置为定期，需要其身份证才能取出，这一情节已经排除了乙对于贿赂款的占有，成立盗窃罪。A 项正确。

乙收下卡后，就已经成立了受贿罪的既遂，与其是否实际使用了卡中的贿赂款无关。B 项正确，C 项错误。

行贿罪的既遂标准是转移了贿赂，即客观上转移至国家工作人员或其亲属控制之下，就成立了既遂。因此，甲以行贿为目的将银行卡交付给乙后，行贿罪已成立，且既遂。D 项正确。

3. [答案] D　　[难度] 中

[考点] 受贿罪、贿赂

[命题和解题思路] 受贿罪以及围绕受贿罪展开的一系列罪名的认定始终是考试的重点和难点。在历年的考试中，受贿罪的考点主要集中在不具有国家工作人员身份的受贿罪共犯的认定、斡旋受贿的判断、间接受贿的认定与利用影响力受贿罪的关系等。本题主要考查了受贿罪贿赂的认定与银行卡的占有管理关系的判断，难度并不大。

[选项分析] 刑法规定的受贿罪收受的“贿赂”是指财物，又因为受贿罪本质上属于财产性

犯罪，因此应当对财物进行扩大解释，即包括可以用货币评估作价的财产性利益。而既遂的关键在于对财物与才财产性利益是否实际占有、控制。因此，在收下银行卡但卡里没有资金的情况下，由于行为人并未对资金形成实际支配、控制的状态，因而不构成既遂。A 项错误。

银行卡内资金由持卡人实际占有，银行只是占有辅助人。受贿罪既遂的标准在于对财物进行实际管领和控制，活期与定期并非受贿罪既遂的标准，因此受贿人只要掌握银行卡、获取密码，就能实际控制银行卡账户、支配银行卡内的资金，构成受贿罪的既遂，与活期或者定期无关。B 项错误。

收下银行卡并不意味着受贿罪就既遂了，还需要判断卡内有无资金、金额多少以及受贿人主观上是否有管领和控制银行卡的受贿故意。C 项错误。

收下银行卡并对银行卡的资金具有实际控制的管理权限，应当认定为受贿罪的既遂。D 项正确。

4. ［答案］C　　［难度］难

［考点］贿赂犯罪

［命题和解题思路］本题考查贿赂犯罪，涉及行贿罪、介绍贿赂罪等多个知识点，同时考查了实践中多发且有较大争议的截贿行为的定性，具有较高难度。因此，要做对此类题目，要求考生熟练掌握贿赂犯罪的罪名体系，特别应当注重贿赂犯罪中中间人的行为定性，这对于贿赂犯罪行为人及其罪名、罪数的确定至关重要。

［选项分析］本案中，赵某意图通过给予国家工作人员孙某以财物来实现捞人的目的，可见其具有行贿故意。甲、乙二人受赵某的委托向孙某行贿，构成赵某行贿罪的共同犯罪，而并非作为赵某与孙某的中间人向双方介绍贿赂，故不构成介绍贿赂罪。甲以非法占有为目的，通过虚构 50 万元行贿款的方式截取其中的 10 万元据为己有，甲只有行贿 40 万元的故意，因此对于截贿的 10 万元成立诈骗罪。甲构成行贿罪但并不成立侵占罪，不符合侵占罪的构成要件。A 项错误。

甲对其中的 10 万元成立诈骗罪，但并不成立介绍贿赂罪。B 项错误。

乙与甲、赵某成立行贿罪的共同犯罪。C 项正确。

D 项与 C 项形成互斥关系，且乙并非居中介绍，而是行贿一方的共同犯罪。D 项错误。

5. ［答案］AD　　［难度］中

［考点］贿赂犯罪、共同犯罪

［命题和解题思路］本题考查贿赂犯罪体系中的一系列作为行贿与受贿对向犯行为与罪名的认定及共同犯罪的问题。首先需要准确识别行为主体的特定身份，其次分析各行为主体之间是否构成相关贿赂犯罪的共同犯罪，最后再根据行贿人对受贿行为主体的身份认识情况来确定行贿人的具体罪名。本题中刘某虽然具有国家工作人员的身份，但是并不具有受贿的故意，故不符合受贿罪的构成要件。其妻王某属于与国家工作人员关系密切的人，尽管王某属于非国家工作人员，但是并没有相应职权，故不符合非国家工作人员受贿罪的构成要件。王某利用的是刘某的职务身份，因此，需要根据王某受贿时的罪过形态判断其构成受贿罪的共同犯罪（刘某对王某受贿知情）还是利用影响力受贿罪（刘某对王某受贿不知情）。

［选项分析］周某为谋取不正当利益对国家工作人员刘某有请托事项，意图通过欺骗刘某之妻王某转交贿赂款的方式向刘某行贿，可见周某的行贿对象是刘某而非王某，并未利用王某与刘某之间的特定关系，且刘某对周某拒贿后对王某未退还贿赂款之事并不知情，故构成行贿罪而非对有影响力的人行贿罪。由于行贿对象刘某并未占有、控制贿赂款，故周某构成行贿罪未遂。A 项正确。

虽然客观上实际收取财物的人是与刘某关系密切的王某，但是周某主观上的行贿故意是针对刘某而非王某，其并未利用王某与刘某之间的特定关系，不构成对有影响力的人行贿罪。B 项错误。

国家工作人员刘某本身并无受贿故意，且对其妻王某占有贿赂款的行为并不知情，不构成受贿罪的共同犯罪。王某属于与刘某关系密切的人，王某向刘某转交贿赂款，认为自己与丈夫共同受贿，并非利用不知情的国家工作人员的身份收受财物，不构成利用影响力行贿罪。C 项错误。

虽然王某不具有国家工作人员的身份，但其主观上存在认识错误，在发现错误之后有意利用行贿人的欺骗和行贿故意，因此，王某属于片面帮助刘某受贿，虽然刘某因不具有受贿故意而不成立受贿罪，但王某单独成立受贿罪。D 项正确。

6. [答案] D　　[难度] 易

[考点] 干股受贿及其金额

[命题和解题思路] 本题考查的是干股的金额计算标准和依据。考生需要了解《关于办理受贿刑事案件适用法律若干问题的意见》中关于干股受贿金额计算方式的规定，区分转让、分红以及既未转让亦未分红等不同情形下的干股受贿金额计算。干股转让方式不同会导致受贿金额的计算方式的差异。实际收受干股后既未转让亦未分红的，应以干股市值计算受贿金额；干股股份实际转让的，应以转让行为时股份价值计算受贿金额；未实际转让，以股份分红名义获取利益的，应以实际获利数额计算受贿金额。本案属于实际转让的干股受贿情形。

[选项分析] 司法解释和司法实践并不以注册资本所占比例折算干股金额作为干股受贿金额的计算依据。A 项错误。

C 项虽然形式上符合"以明显高于市场价格向请托人出售物品"之规定，并以差价作为受贿金额计算依据，但该选项忽略了干股受贿的特殊性。C 项错误。

收受的干股股份实际转让的，受贿数额按照转让行为时股份价值计算。本案中，股份是以 600 万元转让的，符合司法解释之规定。B 项错误，D 项正确。

7. [答案] ABCD　　[难度] 易

[考点] 受贿罪

[命题和解题思路] 在我国反贪反腐刑事政策的指引下，贪污贿赂犯罪成为每年考查的重点。要求考生对"贪污贿赂罪"章罪名以及相关的构成要件进行深入理解、全面掌握。本题主要考查受贿罪"为他人谋取利益"等基本构成要件，属于基础性知识，难度不大。

[选项分析] 受贿罪，是指国家工作人员利用职务上的便利索取他人财物，或者非法收受他人财物为他人谋取利益的行为。成立受贿罪，主观上要求行为人明知请托人有谋利目的而给予自己财物，客观上侵害了职务行为的不可收买性的法益。A 项中国家工作人员对近亲属利用自己的职务行为收取请托人财物知情，也就意味着其认识到自己的职务行为换取了不正当报酬，侵犯了其职务行为的不可收买性，符合受贿罪的构成要件。A 项正确。

"为他人谋取利益"只要求国家工作人员许诺办事即可，不要求实际上有谋取利益的行为和结果。这里的许诺，既可以是真实的，也可以是虚假的，只要许诺的内容与其职务行为有关，并且许诺行为与财物之间形成对价关系，就符合受贿罪的构成要件。B 项正确。

渎职罪与受贿罪规定在不同的罪章，保护不同的法益，且两者法益不能相互吸收。因此，行为人既实施渎职犯罪又收受贿赂，构成渎职罪和受贿罪的，原则上应当数罪并罚，而不按照牵连犯的规则处理。但有例外，对于司法工作人员实施了四种渎职犯罪又收受贿赂，构成受贿罪的，成立牵连犯，依照处罚较重的规定定罪处罚。C 项正确。

《关于办理贪污贿赂刑事案件适用法律若干问题的解释》第 13 条第 1 款规定，具有下列情形之一的，应当认定为"为他人谋取利益"：（1）实际或者承诺为他人谋取利益的；（2）明知他人有具体请托事项的；（3）履职时未被请托，但事后基于该履职事由收受他人财物的。D 项正确。

8. [答案] ABCD　　[难度] 中

[考点] 受贿罪、非国家工作人员受贿罪

[命题和解题思路] 本题主要考查受贿罪的犯罪主体认定以及共同犯罪问题。受贿罪属于身份犯，行为主体必须具有国家工作人员的身份，在工作性质上也必须是从事公务，具有公共职权的性质，这也是区分行为人构成受贿罪还是非国家工作人员受贿罪的关键，属于高频考点。有鉴于此，考生应当熟悉国家工作人员范围界定有关的重要立法解释和司法解释。本题的 BC 项便可以在相关解释中找到答案。

[选项分析] 国家工作人员的判断关键在于从事公务的判断。学校委派甲行使公立高校招生的工作，该工作属于从事公务，具有公共职权的性质，因而甲在此情境下属于国家工作人员，其利用职务之便收受考生家长财物，符合受贿罪的构成要件。A 项正确。

B 项是重点干扰项。最高人民法院、最高人民检察院《关于办理商业贿赂刑事案件适用法律若干问题的意见》第 4 条第 1、3 款明确规定，医疗机构中的国家工作人员，在药品、医疗器械、医用卫生材料等医药产品采购活动中，利用职务上的便利，索取销售方财物，或者非法收受销售方财物，为销售方谋取利益，构成犯罪的，依照《刑法》第 385 条的规定，以受贿罪定罪处罚。医疗机构中的医务人员，利用开处方的职务便利，以各种名义非法收受药品、医疗器械、医用卫生材料等医药产品销售方财物，为医药产品销售方谋取利益，数额较大的，依照《刑法》第 163 条的规定，以非国家工作人员受贿罪定罪处罚。乙尽管是国有医院副院长，但由于其是利用开处方的职务便利非法收受药方代表的财物，按照司法解释的规定，应当认定为非国家工作人员受贿罪。B 项正确。

根据全国人民代表大会常务委员会《关于〈中华人民共和国刑法〉第九十三条第二款的解释》这一立法解释的规定，村委会等村基层组织人员只有在协助人民政府从事救灾、抢险以及国有土地的经营管理等行政管理工作事项时，才属于国家工作人员。C 项中村委会主任丙在村集体企业招投标过程中收受他人财物，不属于司法解释中规定的协助人民政府从事行政管理工作，故在此情境下丙不属于国家工作人员，不符合受贿罪的构成要件，但是符合非国家工作人员受贿罪的构成要件。C 项正确。

临时工丁虽然不具有国家工作人员身份，但其与作为国家工作人员的副总经理收受 10 万元回扣，成立受贿罪的共犯，其中副总经理为正犯，丁为帮助犯，受贿罪的共犯不要求具有国家工作人员身份。D 项正确。

9. ［答案］A　　［难度］中

［考点］串通投标罪、受贿罪、行贿罪

［命题和解题思路］串通投标罪在司法实践中较为常见，且往往与贪污贿赂犯罪、渎职犯罪等国家公职人员犯罪相结合，具有较强的可考性。本题要求考生熟悉串通投标罪的构成要件，而不能想当然地理解。而对于行贿罪与受贿罪的构罪数额应当结合相关司法解释的规定予以认定。

［选项分析］串通投标罪，是指投标人相互串通投标报价，损害招标人或者其他投标人利益，情节严重的行为。可见串通投标罪的成立要求投标行为实际损害了招标人或者其他投标人的利益，属于实害犯。本题中甲与其安排的两家公司商议，一旦两家公司中标就将工程转包给程某，表面上似乎存在相互串通投标的行为，但投标的公司之间并没有串通标价，并且程某也在 A 公司预算范围内以最优报价中标，在最终结果上既没有损害招标人利益，也未损害其他投标人利益。由于未造成相应的实害结果，故不符合串通投标罪的构成要件。A 项正确。

尽管甲存在唆使安排程某以及其他两家公司投标的行为，但投标人相互之间在客观上并未相互串通投标价格，也没有造成相应的实害结果，因此由于程某等人的行为欠缺串通投标罪所要求的刑事违法性，根据共犯从属性原理，甲也不成立串通投标罪。B 项错误。

最高人民法院、最高人民检察院《关于办理贪污贿赂刑事案件适用法律若干问题的解释》第 7 条规定，行贿数额在 1 万元以上不满 3 万元的，仅在符合向 3 人以上行贿或者将违法所得用于行贿等六种特殊情节的，才能构成行贿罪。由于程某赠送的仿制古董仅值 5000 元，且没有其他特殊情节，不成立行贿罪。C 项错误。

上述司法解释第 1 条规定，受贿数额在 1 万元以上不满 3 万元的，只有在满足曾因贪污、受贿、挪用公款受过党纪、行政处分等特定情形时，才能论以受贿罪。据此，甲不成立受贿罪既遂。D 项错误。

10. ［答案］D　　［难度］易

［考点］受贿

［命题和解题思路］本题考查刑法关于斡旋受贿的规定以及对斡旋受贿的本质与行为方式的理解。本题在《刑法》第 388 条中有明确规定，只要考生能够熟练记忆即可答对。这要求考生在理解了法条的原理以及相关犯罪的构成要件的基础上，提高对法条的记忆与运用的能力和水平。

［选项分析］《刑法》第 388 条明确规定："国家工作人员利用本人职权或者地位形成的便利条件，通过其他国家工作人员职务上的行为，为请托人谋取不正当利益，索取请托人财物或者收受请托人财物的，以受贿论处。"本条是对斡旋受贿行为方式的规定，斡旋受贿不是一个独立的罪名，而是属于受贿罪的一种表现方式，都是利用

国家工作人员职务上的行为，只不过前者是利用其他国家工作人员的职务行为，后者是利用自己作为国家工作人员的职务行为，但本质上都是权钱交易。ABC 项错误，D 项正确。

11. [答案] ABCD [难度] 易

[考点] 受贿罪、利用影响力受贿罪、单位受贿罪

[命题和解题思路] 本题主要考查考生对受贿罪、利用影响力受贿罪、单位受贿罪的理解。这三个罪名都属于身份犯，其主要区别在于主体身份资格的不同。

[选项分析] 受贿罪的保护法益是国家工作人员职务行为的不可收买性，目的在于规制权钱交易的行为。因此，只要行为人收受了请托人的财物并许诺利用自己的职务行为为其谋利，无论财物的性质合法与否，均不影响受贿罪的成立。因此，利用职务便利为他人谋取利益后收受毒品的，符合受贿罪的构成要件。A 项正确。

根据刑法及其相关司法解释的规定，利用影响力受贿罪的主体包括国家工作人员的近亲属或者其他与国家工作人员关系密切的人、离职的国家工作人员、离职的国家工作人员的近亲属或其他与离职的国家工作人员关系密切的人。本题中，乙是人社局副局长，乙父属于国家工作人员的近亲属或者其他与国家工作人员关系密切的人，符合利用影响力受贿罪的主体要件。其通过乙的职务行为，为请托人谋取不正当利益，收受请托人财物，符合利用影响力受贿罪的构成要件。B 项正确。

根据刑法及其相关司法解释的规定，离职的国家工作人员或者其近亲属以及其他与其关系密切的人，利用该离职的国家工作人员原职权或者地位形成的便利条件，通过其他国家工作人员职务上的行为，为请托人谋取不正当利益，索取请托人财物或者收受请托人财物，数额较大或者有其他较严重情节的，构成利用影响力受贿罪。本题中王某是国企的退休厂长，在身份性质上属于离职的国家工作人员。如果现任厂长对王某收取财物知情，那么现任厂长成立受贿罪，王某构成受贿罪的共犯，同时构成利用影响力受贿罪，想象竞合，择一重罪论处；如果现任厂长对此不知情，那么现任厂长不构成受贿罪，王某仅构成利用影响力受贿罪。本题选项并没有交代现任厂长是否知情王某收受了贿赂，因此，王某不构成受贿罪。C 项正确。

单位受贿罪是指国家机关、国有公司、企业、事业单位、人民团体，索取、非法收受他人财物，为他人谋取利益，情节严重的行为。法院属于国家机关，非法收受当事人财物，为当事人谋取利益，符合单位受贿罪的犯罪构成要件。D 项正确。

第四节 行贿罪

[答案] D [难度] 易

[考点] 受贿罪、行贿罪

[命题和解题思路] 本题主要考查对于受贿罪构成要件以及刑法总则中故意的罪过形态的理解。考生应当注意，某些罪名的罪过形态在司法实践中通常表现为直接故意，但并不意味着其不具有由间接故意构成的可能性。

[选项分析] 受贿罪，是指国家工作人员利用职务上的便利，索取他人财物，或者非法收受他人财物，为他人谋取利益的行为。可见受贿罪的行为方式可以是行为人主动索取、收受财物，也可以是被动地收受。A 项错误。

故意的罪过形态包括直接故意与间接故意，尽管受贿罪在司法实践中通常表现为直接故意，但并不意味着其不具有由间接故意构成的可能性。B 项错误。

即便甲不能十分确认这 20 万元是乙送的钱，也能够推测出该钱大概率是乙送的，也正因为有此内心认定，甲才会许诺为乙谋取利益。因此，应当认为乙的送钱行为与甲的许诺行为之间存在因果关系。并且，对于受贿罪来说，“非法收受他人财物”与“为他人谋取利益”之间存在关联性即可，而并不要求具有严格意义上的因果关系，因为事后受贿的场合显然不存在非法收受他人财物后才（允诺）为他人谋取利益的问题。C 项错误。

乙为谋取不正当利益，托丙送给国家工作人员甲以财物，二者成立行贿罪的共同犯罪。D 项正确。

第二十章　渎职罪

试　题

第一节　滥用职权罪

1. 关于渎职罪，下列哪些选项是正确的？（2017-2-63）

A. 省渔政总队验船师郑某，明知有8艘渔船存在套用船号等问题，按规定应注销，却为船主办理船检证书，船主领取国家柴油补贴640万元。郑某构成滥用职权罪

B. 刑警曾某办理冯某抢劫案，明知冯某被取保候审后未定期到派出所报到，曾某也未依法传唤冯某或将案件移送起诉或变更强制措施。期间，冯某再次犯罪。曾某构成徇私枉法罪

C. 律师于某担任被告人马某的辩护人，从法院复印马某贪污案的案卷材料，允许马某亲属朱某查阅。朱某随后游说证人，使数名证人向于某出具了虚假证明材料。于某构成故意泄露国家秘密罪

D. 公安局协警闫某，在协助抓捕行动中，向领导黑社会性质组织的李某通风报信，导致李某等主要犯罪分子潜逃。闫某构成帮助犯罪分子逃避处罚罪

2. 关于渎职犯罪，下列哪些选项是正确的？（2016-2-63）

A. 县财政局副局长秦某工作时擅离办公室，其他办公室人员操作电炉不当，触电身亡并引发大火将办公楼烧毁。秦某触犯玩忽职守罪

B. 县卫计局执法监督大队队长武某，未能发现何某在足疗店内非法开诊所行医，该诊所开张三天即造成一患者死亡。武某触犯玩忽职守罪

C. 负责建房审批工作的干部柳某，徇情为拆迁范围内违规修建的房屋补办了建设许可证，房主凭此获得补偿款90万元。柳某触犯滥用职权罪

D. 县长郑某擅自允许未经环境评估的水电工程开工，导致该县水域内濒危野生鱼类全部灭绝。郑某触犯滥用职权罪

3. 朱某系某县民政局副局长，率县福利企业年检小组到同学黄某任厂长的电气厂年检时，明知该厂的材料有虚假、残疾员工未达法定人数，但朱某以该材料为准，使其顺利通过年检。为此，电气厂享受了不应享受的退税优惠政策，获取退税300万元。黄某动用关系，帮朱某升任民政局局长。检察院在调查朱某时发现，朱某有100万元财产明显超过合法收入，但其拒绝说明来源。在审查起诉阶段，朱某交代100万元系在澳门赌场所赢，经查证属实。

关于朱某帮助电气厂通过年检的行为，下列说法正确的是：（2015-2-89）

A. 其行为与国家损失300万元税收之间，存在因果关系

B. 属滥用职权，构成滥用职权罪

C. 属徇私舞弊，使国家税收遭受损失，同时构成徇私舞弊不征、少征税款罪

D. 事后虽获得了利益（升任局长），但不构成受贿罪

第二节　徇私枉法罪

1. 关于渎职罪（不考虑情节），下列哪些说法是正确的？（2023年回忆版）

A. 法院执行人员甲明知领导乙有错误而不提醒，造成严重后果，应追究甲的渎职罪刑事责任

B. 行政执法人员甲应该移交司法机关的人员而不移交，造成严重后果，不论其是否有动机，都按渎职罪定罪处罚

C. 甲被非法拘禁，家属向司法人员乙求救，乙收到求救信息后故意不予解救，乙构成滥用职权罪

D. 法院审委会委员乙明知甲无罪，为了显示自己公正廉洁，认定其有罪，乙构成徇私枉法罪

2. 关于虚假诉讼罪，有如下表述：①《刑法修正案（九）》增设了虚假诉讼罪；②普通公民通过虚假诉讼骗取他人财物，构成虚假诉讼罪与诈骗罪的想象竞合；③虚假诉讼行为人与案件审理法官串通，法官枉法裁决的，法官构成诈骗罪；④虚假诉讼行为人没有与审理案件法官串通，法官明知事情真相，仍枉法裁决，虚假诉讼行为人构成

虚假诉讼罪，不能构成诈骗罪。关于上述表述的判断，下列哪一选项是正确的？（2021年回忆版）

A. ①②③④均正确

B. ①②③正确，④错误

C. ①②正确，③④错误

D. ①正确，②③④错误

3. 丙实施抢劫犯罪后，分管公安工作的副县长甲滥用职权，让侦办此案的警察乙想办法使丙无罪。乙明知丙有罪，但为徇私情，采取毁灭证据的手段使丙未受追诉。关于本案的分析，下列哪些选项是正确的？（2014-2-63）

A. 因甲是国家机关工作人员，故甲是滥用职权罪的实行犯

B. 因甲居于领导地位，故甲是徇私枉法罪的间接正犯

C. 因甲实施了两个实行行为，故应实行数罪并罚

D. 乙的行为同时触犯徇私枉法罪与帮助毁灭证据罪、滥用职权罪，但因只有一个行为，应以徇私枉法罪论处

4. 乙的孙子丙因涉嫌抢劫被刑拘。乙托甲设法使丙脱罪，并承诺事成后付其10万元。甲与公安局副局长丁早年认识，但多年未见面。甲托丁对丙作无罪处理，丁不同意，甲便以揭发隐私要挟，丁被迫按甲的要求处理案件。后甲收到乙10万元现金。关于本案，下列哪一选项是错误的？（2013-2-21）

A. 对于“关系密切”应根据利用影响力受贿罪的实质进行解释，不能仅从形式上限定为亲朋好友

B. 根据A选项的观点，“关系密切”包括具有制约关系的情形，甲构成利用影响力受贿罪

C. 丁构成徇私枉法罪，甲构成徇私枉法罪的教唆犯

D. 甲的行为同时触犯利用影响力受贿罪与徇私枉法罪，应从一重罪论处

详　解

第一节　滥用职权罪

1. ［答案］AD　　［难度］易

［考点］滥用职权罪、徇私枉法罪、故意泄露国家秘密罪、帮助犯罪分子逃避处罚罪

［命题和解题思路］本题主要考查滥用职权罪、徇私枉法罪、故意泄露国家秘密罪、帮助犯罪分子逃避处罚罪，其中滥用职权罪、徇私枉法罪是“渎职罪”章的重要罪名，需要考生重点把握。对于非重点罪名，考生仍需了解其体系地位，方便在无法解题的时候即时进行法条定位。

［选项分析］滥用职权罪的核心在于有职权者故意违规行使职权，致使公共财产、构架和人民利益遭受重大损失。郑某行为完全符合滥用职权罪的构成要件，构成滥用职权罪。A项正确。

徇私枉法罪是指司法工作人员徇私枉法、徇情枉法，对明知是无罪的人而使其受追诉，或者对明知是有罪的人故意包庇不使冯某受追诉，或者在刑事审判活动中故意违背事实和法律枉法裁判的行为。本案中，曾某并没有故意包庇不使冯某受追诉的行为，也不符合其他行为类型，因此不构成本罪。B项错误。

国家秘密是指关系国家安全和利益的秘密，而案卷材料属于审判秘密，并不事关国家安全和利益，因此，于某不构成故意泄露国家秘密罪。C项错误。

帮助犯罪分子逃避处罚罪，是指有查禁犯罪活动职责的国家机关工作人员，向犯罪分子通风报信、提供便利，帮助犯罪分子逃避处罚的行为。认定是否属于国家机关工作人员，应当以其所行使的职责是否为公务来认定，协警虽然不具备国家编制，但其从事的仍然是公务，因此其应当属于国家机关工作人员，可以构成帮助犯罪分子逃避处罚罪。D项正确。

2. ［答案］CD　　［难度］易

［考点］玩忽职守罪、滥用职权罪

［命题和解题思路］本题主要考查滥用职权罪与玩忽职守罪。这两个罪名是这一章的重点罪名，其二者之间的区别也一直是命题的重点。考生尤其需要重点把握两罪在主观方面的差异。

［选项分析］玩忽职守罪，是指国家机关工作人员严重不负责任，不履行职责或不正确履行职责，致使公共财产、国家和人民利益遭受重大损失的行为。而其他办公室人员操作电炉的行为并不在秦某的职责范围之内，与秦某无关。也就是说秦某的擅离岗位行为并没有致使公共财产、国

家和人民利益遭受重大损失。A 项错误。

虽然非法诊所属于武某的职责范围之内，但该项中的非法诊所私藏在足浴店内，并且开业 3 天便发生严重事故，要求武某在 3 天内即发现该非法诊所并不现实。也就是说，武某并没有严重不负责任，不履行职责或不正确履行职责的行为，不应认定武某成立玩忽职守罪。B 项错误。

滥用职权罪是指国家机关工作人员不按规定行使职务上的权限，致使公共财产、国家和人民利益遭受重大损失的行为。负责建房审批工作的干部柳某，徇情为拆迁范围内违规修建的房屋补办了建设许可证，属于无权行使，致使房主获得补偿款 90 万元，造成了公共财产、国家和人民利益的重大损失，成立滥用职权罪。C 项正确。

县长郑某擅自允许未经环境评估的水电工程开工，属于不按规定行使职权，导致该县水域内濒危野生鱼类全部灭绝，造成了公共财产、国家和人民利益的重大损失，成立滥用职权罪。D 项正确。

3. [答案] ABD　　[难度] 易

[考点] 滥用职权罪、受贿罪

[命题和解题思路] 本题主要考查滥用职权罪、受贿罪和徇私舞弊不征、少征税款罪。滥用职权罪与玩忽职守罪是这一章的重点罪名，已经进行过多次考查，考生需要重点关注，尤其是在这两罪的区分以及行为特征的认定上，对于玩忽职守罪的认定，必须紧扣主体的职责范围进行认定。此外，受贿罪与该两罪名往往具有并发关系，要正确认定二者并发则“数罪并罚”的原则。在此基础上，了解其余一般罪名，就可以较为容易地得出答案。

[选项分析] 朱某明知其同学黄某任厂长的电气厂的材料有虚假、残疾员工未达法定人数，但朱某以该材料为准，使其顺利通过年检，由此使电气厂享受了不应享受的退税优惠政策，获取 300 万元退税款，由此直接导致国家损失了 300 万元税收，朱某的行为与国家税款的损失之间存在因果关系。A 项正确。

滥用职权罪是指国家机关工作人员不按规定行使职务上的权限，致使公共财产、国家和人民利益遭受重大损失的行为。朱某违规使用职权让不该通过年检的电器厂通过年检，由此造成国家税收损失 300 万元，造成了公共财产、国家和人民利益的重大损失，成立滥用职权罪。B 项正确。

徇私舞弊不征、少征税款罪的犯罪主体是税务机关的工作人员，而朱某是民政局工作人员，在犯罪主体上不符合构成要件，不可能构成徇私舞弊不征、少征税款罪。C 项错误。

受贿罪的核心是“权钱交易”，非经济性利益无法被评价为贿赂。事后虽获得了利益（升任局长），但这并不属于经济利益，因而不构成受贿罪。D 项正确。

易混淆点解析

滥用职权罪也是考试时常命题的分则罪名。考生需要掌握其典型的四种表现形式：第一，超越职权擅自决定或处理无权具体决定、处理的事项；第二，玩弄职权，随心所欲地对事项作出决定或者处理；第三，故意不履行应当履行的职责，或者说任意放弃职责；第四，以权谋私、假公济私，不正确地履行职责。

第二节　徇私枉法罪

1. [答案] ABCD　　[难度] 中

[考点] 渎职罪的认定

[命题和解题思路] 本题考查了司法人员渎职罪中的若干罪名，包括执行判决、裁定滥用职权罪、徇私舞弊不移交刑事案件罪、滥用职权罪、徇私枉法罪等。应当说，上述罪名大多较为生僻，考生可能没有完全掌握。D 项中，还涉及对徇私、徇情的理解，具有一定难度，容易做错。

[选项分析] A 项中的甲构成《刑法》第 399 条第 3 款规定的执行判决、裁定滥用职权罪。在执行判决、裁定活动中，滥用职权，不依法采取诉讼保全措施、不履行法定执行职责，或者违法采取诉讼保全措施、强制执行措施，致使当事人或者其他人的利益遭受重大损失的，构成执行判决、裁定滥用职权罪。A 项正确。

B 项中，甲对依法应当移交司法机关追究刑事责任的不移交，情节严重，构成《刑法》第 402 条规定的徇私舞弊不移交刑事案件罪。B 项正确。

C 项中，根据选项中提供的材料，虽然还无法构成《刑法》第 416 条第 1 款规定的不解救被拐卖、绑架妇女、儿童罪，但已经可以成立第 397

条规定的滥用职权罪了，即国家机关工作人员滥用职权，致使公共财产、国家和人民利益遭受重大损失的行为。需要注意的是，滥用职权罪主观上是故意心态。C 项正确。

D 项中，乙成立《刑法》第 399 条第 1 款规定的徇私枉法罪的第三种行为类型，即司法工作人员徇私枉法、徇情枉法，在刑事审判活动中故意违背事实和法律作枉法裁判的行为。虽然该条中还存在“徇私”“徇情”的规定，**但只要排除因法律水平不高、没有掌握全部事实等过失导致错判的情况，便可以认定为“徇私枉法”“徇情枉法”**。D 项正确。

2. ［答案］C　　［难度］难

［考点］虚假诉讼罪、罪数关系

［命题和解题思路］本题考查了虚假诉讼罪，另外还结合了总则中的竞合理论，加大了难度。虚假诉讼行为在实践中多与诈骗等其他犯罪并发，考生需要打好基础，牢记诈骗罪的行为构成，准确认定题干中是否存在诈骗行为。在此基础上，考生需要掌握虚假诉讼罪的构成要件，并能正确处理竞合问题。

［选项分析］《刑法修正案（九）》第 35 条增设了虚假诉讼罪，这属于直接考法条的选项，难度不大。故表述①正确。

行为人通过虚假诉讼骗取他人财物，不仅构成虚假诉讼罪，还构成诈骗罪，这个知识点在三角诈骗部分涉及过，在虚假诉讼罪设立前，对于此类行为就是以诈骗罪来认定的。行为人一行为触犯数罪名，应当按想象竞合择一重罪论处。故表述②正确。

《刑法》第 399 条第 2 款规定，在民事、行政审判活动中故意违背事实和法律作枉法裁判，情节严重的，定民事、行政枉法裁判罪。因此，法官枉法裁决的，应当优先定此罪名，不一定只能定诈骗罪。故表述③错误。

如果虚假诉讼行为人并未与司法工作人员串通，且司法工作人员明知虚假诉讼行为人系虚假诉讼的情形下枉法裁判，司法工作人员系虚假诉讼的片面帮助犯，而行为人则成立诈骗罪的未遂，即仍构成诈骗罪。故表述④错误。

综上分析，表述①②正确，表述③④错误。故 C 项正确，ABD 项错误。

3. ［答案］AD　　［难度］中

［考点］滥用职权罪、徇私枉法罪、间接正犯、想象竞合犯

［命题和解题思路］本题主要考查滥用职权罪与徇私枉法罪，该两罪名为本章的重点罪名，考生需要重点把握，熟练掌握其构成要件，并且了解徇私枉法罪中“司法工作人员构成本罪与他罪不并罚”的法条特殊规定。此外本题还结合考查了总则中的共同犯罪理论，但考查不深，总体来看难度不大。

［选项分析］滥用职权罪是指国家机关工作人员不按规定行使职务上的权限，致使公共财产、国家和人民利益遭受重大损失的行为。题干已经明确交代副县长甲分管公安工作，属于违规行使职权，形成了丙不受刑事追诉的后果，致使国家和人民利益遭受重大损失。甲的行为符合滥用职权罪的构成要件，构成滥用职权罪。A 项正确。

徇私枉法罪的主体是司法工作人员，**甲是分管公安工作的副县长，属于行政官员而非司法工作人员，不具备主体身份**，不可能成立徇私枉法罪的正犯。B 项错误。

甲只实施了一个滥用职权行为，并没有两个实行行为，考生需要注意区分刑法上的行为与生活上的行为。C 项错误。

乙作为侦办此案的警察，具备主体身份，包庇罪犯使其不受追究，成立徇私枉法罪。此外其行为还符合帮助毁灭证据罪以及滥用职权罪。因此一个行为触犯数个罪名，想象竞合择一重罪论处，应以最重的徇私枉法罪论处。D 项正确。

4. ［答案］D　　［难度］中

［考点］利用影响力受贿罪、徇私枉法罪

［命题和解题思路］本题主要考查利用影响力受贿罪。该罪容易与斡旋受贿混淆，考生需要重点关注“关系密切的人”的认定要点，既不能不当缩小该范围，将除亲戚关系之外的人都不认定为“关系密切”，也不能不当扩张该范围，将工作上的支配关系认定为“关系密切”。此外，本题还结合了总则中数罪的理论，考生要注意法条规定，正确处理一罪与数罪的关系。

［选项分析］利用影响力受贿罪的主体应当从实质上进行认定，只要是与国家机关工作人员具有私人关系，利用的是这种私交，就可以构成该

罪，不能仅从形式上限定为亲朋好友，否则会不当限缩主体范围。A 项正确，不当选。

结合上述分析，这种私人关系不仅包括情感关系，还包括利益关系。与国家机关工作人员存在利益关系，利用这种利益关系也可以构成本罪。甲以揭发国家工作人员丁的隐私为要挟，属于一种利益关系，甲成立利用影响力受贿罪。B 项正确，不当选。

徇私枉法罪，是指司法工作人员徇私枉法、徇情枉法，对明知是无罪的人而使其受追诉，或者对明知是有罪的人而故意包庇不使他受追诉，或者在刑事审判活动中故意违背事实和法律作枉法裁判的行为。丁故意包庇丙使其不受追诉，符合徇私枉法罪的犯罪构成。同时徇私枉法罪虽然是身份犯，但是成立该罪的教唆犯、帮助犯并不要求身份，因此甲可以成立徇私枉法罪的教唆犯。C 项正确，不当选。

甲收受乙的贿赂利用国家工作人员丁为乙谋取不正当利益，构成利用影响力受贿罪；与此同时，甲教唆丁故意包庇使丙不受追诉，另构成徇私枉法罪。有考生认为徇私枉法罪与其他犯罪只能“择一重”，但仔细观察法条就会发现，“择一重”的“优待”只限于司法工作人员，而非任何构成本罪的人。因此，甲非司法工作人员，存在两个行为，触犯两个罪名，应当数罪并罚。D 项错误，当选。

桑磊法考

2024客观题网络辅导

咨询电话：400-839-3366　　报名通道：扫描下方二维码

以上内容由桑磊法考提供，为广大考生提供服务，有效期截至2024年12月31日。